U0601752

社会学译丛

CULTURE AS PRAXIS

Zygmunt Bauman

作为实践的文化

[英]齐格蒙特·鲍曼/著

苏婉/译

中国人民大学出版社

·北京·

目录

导　言

CULTURE AS PRAXIS
作为实践的文化

vii 重印一本将近三十年前诞生的书需要一个解释。如果碰巧作者还活着，那么这个解释的工作就会落在他的身上。

这个工作的第一项任务，是在书中找出多年后仍然足够具有话题性和新鲜感的内容，再一次把它们提供给读者——比这本书首次出版时的第一批读者年轻一两代的不同读者。第二项任务与第一项相反但互补，就是思考如果现在重写或者首次写这本书，作者会在内容上做哪些改动。

第一项任务以任何标准来看都是不易完成的，因为在这个一切思想和事物都可以计算的时代，所有的想法都在以难以置信的速度消失并为世人所遗忘，它们没有适当生长和完全成熟的机会。正如乔治·斯坦纳（George Steiner）所说，“轰动一时，却也迅速过时”；也正如另一位作家与时俱进的观察，在这个时代，一本畅销书的保质期介于牛奶和酸奶之间。因此初看之下，这是一项令人丧气甚至也许根本无法完成的任务……

尽管如此，我们仍然能从绝非空想的怀疑中得到一些安慰，鉴于流行的“街谈巷议”（talks of the town）被取代和遗忘的速度之快，人们不能真正确定过去的想法是否真的已经过时、失去效用，或者因为过于陈旧而被抛弃。话题的终结是因为它们不再具有话题性了？还是因为人们已经厌倦讨论而使它们不再具有话题性？至于我们这些社会科学家，戈登·奥尔波特（Gordon Allport）曾经说，我们从来无法解决任何问题，我们只会逐渐厌倦它们。但是从那以后，整个社会的标志就是我们不再发生改变，我们相信社会将“侧偏”而非“向前”，并且经常是以向前之后再倒退回去的方式移动。与此同时，我们生活在一个**循环利用**的年代；似乎没什么东西会永久消逝，也没什么东西——甚至是永恒的生命——注定永存。

因此，思想在“彻底死亡”之前可能会被活埋，它们表面上的死亡只是消失于人们视野之中的假象；是埋葬这个行为本身，而非任何“临床诊断”，宣告了它们的死亡。如果将它们从为集体失忆所弃置的沉睡中挖掘出来，谁知道呢，它们可能重获新生（虽然时间肯定不会太长）。这种情况会发生，并不仅仅是因为这些思想在最初出现时没有被真正“榨干”，而且是在话语机制的运转中这些思想刺激了讨论，并且使讨论在其持续的“冲击”下向前推进，而这些讨论并不会完全围绕这些思想带来的最初影响。原则
上并不存在对这些思想进行反复讨论的次数限制，每一次的“冲 viii
击”都会产生新效果——就好像是第一次对这些思想进行讨论一样。如果一个人不能两次踏入“同一条”河流是真理，那么思想之河不会让“同一种”想法汇入两次也同样是真的。我们当下的推进不太依靠连续性和累积性的学习，而是依靠遗忘和回想的相互混合。

这本身似乎就是重印一本书的充分理由，更何况事实上本书不止是“独自重返”。这本书是在与其他著作的积极对话中写成的，

这些著作在当时还处于思想争论的前沿，但现在却也在图书馆的书架上落满灰尘；重新回到这些著作曾经共同争论并尝试解决的问题，对于所有沉浸并专注于当今问题的人来说是有所裨益的。

第二项任务至少从表面上看相对简单，而且更能令作者感到满足。重印本书要求作者完成在日常的思考和写作中少有时间去做的事：回顾他们走过的路——或者更确切来讲，是将过去分散的脚印重整为一条清晰的道路。为了完成这项任务，作者获得一个少有的机会去想象（发现？发明？）自身思想的逻辑发展脉络，将曾经经历的“单个”问题或 / 和“一次性”的主题整理到其中，而这一回顾性的任务通常留给梳理他们的工作以写成学位论文的学生来做。同时，再次面对早先的思想，作者可以让自己现在的思考清晰起来。毕竟所有认同——包括思想的认同——都是由差异性和连贯性构成的。

这篇序言的目标就是尝试完成这两项任务。

我想，这种尝试将朝着以下方向进行。在写就本书近三十年之后来读，这本书似乎很好地通过了“真理”的测试。但是如果用“只讲真理”的标准来衡量，它则差强人意。而如果用“包含全部真理”的标准来衡量，它则令人失望地彻底失败了。我相信它主要错在缺失了一些应该呈现的内容，正如我现在看到的，是任何全面且持久的关于文化的叙述都应该具备的内容。如果重写这本书，我可能几乎不会删除旧的文本内容，但是很可能会加入相当多的新主题，并且肯定会重新调整重点。因此，导言的余下部分，将会包括一些修订内容，但主要还是集中于填补原来版本所忽视的空白之处。

导　言

鉴于大家的集体记忆具有众所周知的短暂性，还有一点需要说明。一本 30 年前关于文化的书所面对的读者，必然跟它第二版所面对的读者迥然不同。30 年前一本书的写作很少考虑到读者会具有的一些根深蒂固的想法，然而同一本书放在今天可能要依靠在“文化的问题化”上颇有经验的读者，他们具有基本的认知框架和牢固确立的基本观念。某些思想 30 年前还必须费力解释，在今天看起来则是不证自明的常识了。

关于这一点最引人注目的例子，正是文化的概念：在英国，这个概念在公共领域中几乎是完全缺席的，尤其不存在于 20 世纪 60 年代的社会－科学话语中——尽管早期在马修·阿诺德 ix
（Matthew Arnold）开创性的努力下，“文化”被加入受教育阶层的词汇表中，随后雷蒙德·威廉斯（Raymond Williams）和斯图亚特·霍尔（Stuart Hall）又勇敢地争取到它的合法性。我愿意承认——对于英国学界真是一大幸事——在今天很难相信这是仅仅 30 年前的状况；但是在这本书第一版问世之后的若干年里，我经历了向大学策划委员会的杰出学者们解释“文化”一词究竟代表什么的极大痛苦，当时的情况是计划组建一个跨学科的文化研究中心——那时在不列颠群岛上这种机构还是“稀有物种”。那是在安东尼·吉登斯（Anthony Giddens）的“结构化”（structuration）概念还未使结构思想（the idea of structure）成为社会学一年级的课程标准之前，彼时，作为历时性而非共时性现象的结构思想还很难表达清楚并被潜在的读者领会和消化。

这似乎已经成为惯例，即一度大胆的智力冒险沦为不假思索的惯例（routine）的重复。这就是思想的本质：作为一个不受待见的异端诞生，最后作为无聊的正统观念走向死亡。只有足够强大的想象力量才能使它们重生，更不用说复活它们曾经富有解放性的、思想刺激性的有力影响了。比如列维－斯特劳斯（Claude Lévi-Strauss）将文化视作一系列永无止境的排列（permutations），在学术界引发了类似的振奋。毕竟，所有惯例的功能就是使得反思、审视、检验、警惕和其他代价高昂且耗时费力的付出变成非必需的奢侈品。

因此，除了前面所提到的两项任务，作者应该义不容辞地重新明确当前一些“常规性”的思想，如果可能的话去恢复它们曾经锐不可当的力量，或者，你如果愿意就用一支催眠曲重新吹响它曾经的号角……

作为现代社会自我意识的文化

与 30 年前盛行的社会学视野相一致，我把文化视作社会现实（social reality）的一个特征，视作众多需要充分掌握、描述和表现的“社会事实”（social facts）之一，这本再版书主要关注的也是如何恰当地实现以上目的。我假设存在一个被称为“文化”的客观现象，因存在众所周知的“知识的滞后性”（knowledge lag）而可能很晚才被发现，但是被发现之后便可以发展为测量和评估任何认知模型适当与否的客观参考点。“文化”这个术语可能出现在三种不同的话语（discourses）中并造成了一定程度的语义混淆，因此需要仔细地将它们区分开来，这个术语在每种情形中的含义才能足够清晰和不受其他用法的干扰。然而，这三种话语的存在、共存和相互干涉对我来说本身并不是个问题。这只是另一个“社会事实”而已，并非一个需要考古挖掘或“解构”的难题，因此目前还不需要米歇尔·福柯（Michel Foucault）和雅克·德里达（Jacques Derrida）来帮忙……

对文化概念的解构最终是在社会科学“文化化”（culturalization） x
的觉醒中开始的，这只是类似悖论中的一个。在18世纪的下半叶，文化的概念原本被创造出来用作将人类的成就和“不可违背”（hard and fast）的自然区分开来。“文化”代表着人类可以做的事，“自然”则代表着人类必须服从的部分。整个19世纪的社会思想的总体取向是将文化“自然化”，这一取向在埃米尔·涂尔干（Émile Durkheim）“社会事实”的概念中登峰造极：文化事实也许是人类的产物，但是一旦被制造出来，就以不可撼动的顽固本质对抗其本来的创造者——而社会学思想家则专注于努力展现这一过程并解释其原因和方式。直到20世纪的下半叶，这个思想取向才逐渐但却坚决地走向逆转：将自然“文化化”的时代到来了。

促成这种转向的原因可能是什么？人们只能推测，一个由疯狂寻找人类秩序坚实不可撼动的基础主宰的时代，在意识到其脆弱性并丧失信心之后，一个由厚重的人类造物层遮蔽自然以致其几乎消失不见的时代到来了——同时自然的边界尤其是还无法通过的那些，越发遥远且难以企及。人类生存具备的人造基础（man-made foundations）足够深厚到使得人类失去对其他更好的基础的兴趣。反击的时代可能开始了，武器、决心和自信现在都已就位。“文化”不必再掩盖其人性的脆弱，也不必为其所做选择的偶然性道歉。文化的自然化是对世界进行现代性祛魅中的一部分。由于世界后现代性的复魅（re-enchantment），文化自然化的解构——伴随着自然的文化化——或许是无法避免的。

莱因哈特·科塞勒克（Reinhart Koselleck）将 18 世纪称为“转折的时代”[the age of mountain-passes(Sattelzeit)]。[①] 这一称呼的确名副其实，因为在那个世纪结束之前，一个陡峭的哲学分水岭在从几个方面被重新讨论并抛至身后；这个事件之于人类思维的故事的开创性意义相当于恺撒渡过卢比孔河（Rubicon）之于政治史。1765 年，“历史哲学”的概念出现在伏尔泰的《风俗论》（*Essai sur les moeurs*）当中，由此开辟出一连串历史哲学（*geschichtsphilosophische*）的地带。1719 年，戈特弗里德·马勒（Gottfried Muller）开始教授哲学人类学课程。在这门课上，马勒将笛卡尔式的认知主体扩大到“等身尺寸”的“完整的人”（the life-size model of the“whole man”）上。1750 年，亚历山大·戈特利布·鲍姆加滕（Alexander Gottlieb Baumgarten）出版了他的《美学》（*Aesthetica*），将“人性”的思想进一步扩大，在人类的理性能力之外添加了感性和创造冲动。总而言之，“人”的图景自此出现了，并且在往后的 200 年左右中，关于世界的想象都在围绕这个中心转动。

这是一种新的图景，一种新哲学的集体产物，它将世界视为本质上是人类的创造物和人类能力的试验场。从那时起，世界
xi 主要被理解为人类追寻、选择、胜利和失误的布景。为了解释这种世界观（*Weltanschauung*）的突然出现，奥多·马夸德（Odo

① See Reinhart Koselleck, ‘Richtlinien für das Lexikon politisch-sozialer Begriffe der Neuzeit’, A rchiv für Begriffsgeschichte, vol. 9. Also Odo Marquard, *Abschied von Prinzipiellen: Philosophische Studien*, Stuttgart, Philipp Reckam jun, 1991 .

Marquard）引用了乔基姆·里特（Joachim Ritter）的说法：突然间，未来从过去中“解耦”（uncoupled）——人们开始意识到，发端于人类社会的未来并不是过去的延续。科塞勒克本人指出了对现实和期待之间差距产生的新体验，人们不再是习惯的生物，不再能基于现在和过去推测未来的事态。随着变化的步伐逐渐加快，世界似乎不再像是由上帝掌控，也就是说，不再那么永恒、神秘和不可战胜。相反，它由人掌控，变得更符合“人的形象”——更加善变、浮躁、摇摆、异想天开、充满变数。

更甚的是，快节奏的变化揭示了所有世俗安排的暂时性（temporality），这种暂时性是人的特征，而不是神圣存在的特征。在以前的几代人看来还是神圣造物的东西，是不能向任何世俗法院提出异议的裁决，现在看来则像是人类事业的确凿痕迹——无论对错，都是有期限和可以撤销的。如果这种印象没有误导性，那么这个世界以及人们生活在世界上的方式都只是一项任务，而不是预先设定且不可更改的某种东西。这项任务如何以一种或多或少令人满意的方式实现，取决于人们如何着手完成。人们可能搞砸，但也可能为了幸福或者生命的安全和意义而完成得很好。为了保证成功和避免失败，有必要从一份详细的“人力资源清单”开始，它的主要内容包括：当人们最大限度地拓展认知能力、逻辑能力并最大限度地下定决心时他们所能做的那些事情。

简言之，这就是新的世界观，也就是现代人文主义的前提，如约翰·卡罗尔（John Carroll）所言：

> 它试图用人来取代上帝，将人放在宇宙的中心……它的

> 野心是在地球上建立一种人类秩序，崇尚自由和幸福，不用任何超验的或者超自然的支持——一种完全的人类秩序……但是如果人类个体要成为宇宙的支点，他必须站在一片坚实的土地之上。人文主义需要建造一块基石，它必须从虚无中创造一种同《新约》信仰一样强大的可以移动山川的东西。[①]

在《立法者与阐释者》（*Legislators and Interpreters*，Polity Press，1987）中，我追溯了一种介于社会生活管理者面临的新挑战（他们的任务是用人造的、人工的、以合法性为基础的秩序取代衰落的神性或自然秩序）与哲学家用基于理性的真理取代启示的关切之间的“选择性的亲和”（elective affinity），这是二者之间具有的共同根源和共鸣。这两个本质上是现代的并且紧密关联的关注点与第三个关注点汇聚在一起，即生产秩序的实用方法，这一方法包括对行为进行控制和教育的技术，即塑造思想和意志的技术。这三个新产生但同时是急迫和强大的兴趣汇集在一起并最
xii 终混合成为“文化”的思想——它与历史哲学、人类学、美学一道成为18世纪“转折点”（mountain pass）的标志，“文化”可能还是四者中最突出的。

对人类生存境况是否具有可靠的神圣保证的怀疑，将17世纪的思想带向这一转折点。突然间，原本由最高权力颁布的不容协商的判决看起来像是人类时而智慧时而无知与愚蠢沉淀下来的产物，在创世纪之时所注定的命运看上去更像历史上

① John Carroll, *Humanism: The Wreck of Western Culture*, London, Fontana Press, 1983, p.2.

的一个时刻——一项人类的成就，一种对人类智慧和意志的挑战。这不再是一目了然的简单故事，而是等待由情节中的角色继续完成的篇章。换言之，曲折的命运之下已然昭示了人类的自决。

自决的自由是恩赐，也是诅咒。自由使胆大和聪明的强者兴奋，但是却令精神、战斗和决心上的弱者感到恐惧。不止如此，自由是一种社会关系：为了实现让一些人达到目的的自由，其他人则可能失去抵抗的自由。一个人的自由可能并不令人愉快，因为这种自由中孕育着犯错的风险；而别人的自由乍看起来则是对某人实现自身自由的不利阻碍。就算个人自由能够像天赐之福一样得以顺利实现，然而人们未必希望其他所有人都得到不受限制的自由。哪怕是人类自决最热情的拥护者，也不会对“自由需要必要限制”的思想感到特别陌生。对人类自由进行神圣化的最激进的表现形式存在于解放性和超然性的思想当中，这种表现形式将神圣化的自由作为一项规则，而对参与者行动限度的谨慎是这项规则必要的补充部分。当自由被视作一项普遍适用的可能性时，那种根据个人自身情况而被引以为豪称为自由意志的实践往往被认为是怪异、不负责任、带有偏见或者只是异想天开的举动。双重标准的传令者不会总是敢于像所谓的原法西斯主义者尼采(proto-fascist Nietzsche)（“绝大多数人无权生存，他们的存在是高级人类所遭遇的不幸”[①]）或社会主义者赫伯特·乔治·威尔斯（H. G. Wells)（“那些成群黑色、棕色、脏白色以及黄色的人种”由

① Friedrich Nietzsche, *The Will to Power*, trans. by Walter Kaufmann and R.J. Hollingdale, London, Weidenfeld & Nicholson, 1968, p.476.

于没有达到人类自主决定的高级标准而“必须消失”[1]）走得那样远，但是人们需要将不可信任的双手捆绑起来，这一点不会有人质疑。

18 世界末期普遍使用的文化概念忠实地反映了这种矛盾态度。文化所具有的双刃性（double-edged）——兼具“允许”与“限制”——这一特征近几年被写得很多，事实上从文化初现时起就展现在其形象当中。在一个“普遍的人类”的文化模型当中，两种截然不同的人类困境合并在一起，因此从一开始就存在一种与文化相关的悖论。

文化这个概念之所以被创造出来，是为了区分并聚焦于人类境况中一个不断扩大的领域，这一领域注定是“悬而未决”的，
xiii 或者说是没有人为选择干预其中就不能完全确定：一个为自由和自主开辟出空间的领域。然而这个概念原本意在同时代表着这样一种机制，这一机制允许这种自由限制其范围，以一种有限的、可理解的和可处理的模型来封闭潜在的无限选择。“文化”这个概念调和了一系列令人不安的表面上不具有相容性的对立两方，比如自由和必然、自愿和强制、目的论和因果论、可选择的和已决定的、随意和定型、随机应变和奉公守法、创造性和常规性以及新颖和重复，简言之即调和了自我主张与标准规范。文化概念旨在回应“转折时代”的关切和焦虑，而这些回应必然与那些产生于焦虑的渴望一样模棱两可。

① H. G. Wells, *Anticipations of the Reactions of Mechanical and Scientific Progress upon Human Life and Thought*, London, Chapman & Hall, 1901 , p.317. See John Carey’s discussion of the above in *The Intellectuals and the Masses: Pride and Prejudice among the Literary Intelligentsia 1880—1939*, London, Faber & Faber, 1992, chapter ‘H. G. Wells getting rid of people’.

探讨文化的作者们努力尝试消除这种模糊性，但是他们不可能成功，因为“文化”作为“自决之决定”的概念正是因其在现代情境所特有的矛盾性所产生的内在模糊性引起的回响才获得了智识吸引力，除非试图为自由和不自由同时“打下基础”，否则这个概念将失去意义。在这方面，它必然与德里达的“药物”（Derridean pharmacon）（一种毒品）一样具有“不确定性”，兼具毒性和治疗性，或者和处女膜的存在一样，既表示贞洁又表示失贞的可能……

人尽皆知的是，文化话语总是将不同的主题和观点混合起来，事实上它们很难在同一个有内在聚合力且完全不相矛盾的叙述中相互协调。大量存在的“反常”和逻辑矛盾应该早就推翻了托马斯·库恩（Thomas Kuhn）建立的最为持久的“范式”（paradigms）理论。并且，我们也很难再构思出另一种话语能够比文化话语更好地阐明福柯关于话语机制能够生成互相矛盾但又不会分崩离析的命题的观点。

30 年前，我曾尝试通过区分三个截然不同但因文化概念纠缠在一起的话语情境，并从每个话语情境中归纳不同的含义，从而消除文化概念使用中明显的不一致性。在那个尝试中我认为这个不一致性的问题原则上是可以纠正的，我相信不一致主要源于分析上的错误，并且希望只要合理注意，同一个术语背后隐藏的不同分类之间的混淆是可以避免和预防的。现在，我依然认为将为文化概念提供了三种相关但不同意思的话语区分开来仍旧是尝试澄清不一致性所应具备的前提条件，但是我不再相信这种操作最终能够消除文化话语所必然包含的矛盾性。更重要的是，我不认为消除这种矛盾性会是一件好事，即使这是可能的，即使这样做可以提高文化这个术语在认知上的有用性。我尤其不再同意，这种需要得到真正重视的矛盾性是方法论的忽视或错误所导致的偶然结果。这种矛盾性最早促使我剖析文化的复杂含义，但是它却完全不受任何分析操作的影响，并仍然作为一个难以捉摸的目标
xiv 保持着。相反，我相信，文化概念固有的矛盾性忠实地反映了它意在捕捉和叙述的历史情境的模糊性，并且使得这个概念成为如此有效且持久的感知与思考工具。

那真正重要的模糊性，那赋予意义的矛盾性，那将人类栖息地设想为“文化世界”的有效认知所依赖的真正基础，是“创造力”（creativity）和“规范性控制”（normative regulation）之间的矛盾。这两个概念相去甚远，却都出现在——而且必须保留在——文化的复合性观念当中。“文化”既是关于发明的，也是关于保存的；既是关于不连续的，也是关于延续的；既是关于新奇的，也是关于传统的；既是关于常规的，也是关于打破模式的；既是关于遵循规范的，也是关于超越规范的；既是关于稀缺的，也是关于普遍的；既是关于变化的，也是关于单调复制的；既是关于意外的，也是关于可预测的。

文化概念的核心矛盾性反映了创建秩序的观念（the idea of order-making）的矛盾性，这种观念是所有现代存在（modern existence）的核心。如果人类没有选择的自由，没有在想象中超越现实的能力以及承受和抵抗现实压力的能力，那么人类创建秩序则不可想象。但是与人创秩序的思想不可分割的假设是，自由最终会导致建立无法抵抗的现实，自由将会为实现自由的消亡而

被部署。

人类创建秩序的**观念**中的**逻辑**矛盾，反过来映照出创建秩序的**实践**所造成的真实的**社会**矛盾。

“秩序”是随机性的反面。它代表了对各种可能性的削减。一个时间序列是有序的并且不是随机的是指，并非每件事都可能发生或者至少不是每件事的发生都具有同等可能性。创建秩序换言之意味着操纵事件发生的概率。如果秩序所规制的对象是一些人，那么秩序化的任务包括增加某种行为模式的可能性，同时降低或者消除其他行为的可能性。这项任务有两个必要条件：第一，必须设计最佳的概率分布；第二，必须确保符合这一概率分布。第一个条件需要选择上的自由，第二个条件则明确了对选择的限制或完全排除。

两个必要条件都被投射到文化的概念中。立法与被立法、管理与被管理、制定规则与遵循规则等这些情况之间存在着真正的对立（这种对立同样沉淀在真实的不同角色的社会分工和行动的潜在可能性当中），这些对立必须被同一个概念纳入、调和、克服和破除——这是一项永远不大可能成功完成的任务。

文化的观念是一个历史性的发明，是由在智识层面同化一种不容置疑的历史经验的冲动促成的。然而就人类的状况而言，除非是用超历史术语，否则文化观念本身无法把握这种经验。与
一个由历史决定的创建秩序的[没有决定会自我施加，伽达默尔 XV
（Hans Gadamer）指出，除非它被认为如此]任务进行角力的过程所显示出的复杂性，通过将文化作为所有人类生命形式的普遍特性的观念，被提升到了人类存在悖论的高度。

正如保罗·利科（Paul Ricoeur）所提醒我们的，“悖论”（paradox）与“矛盾”（antinomy）都具有不可解决性的特质——这两种情况中“两个对立的主张同等程度地抗拒反驳并且因此只能同时被接受或同时被拒绝”；但是悖论与矛盾的不同之处在于，悖论中的两方都建立在相同的“话语宇宙”（discursive universe）之中。从这个意义上说，人们可能会谈到文化概念不可救药的**悖论性**虽然形成于现代之初，然而却投射在所有时代的人类境况中，因为统一于这个概念中不相容的思想都来自相同的历史经验。

在文化话语宇宙中出现的悖论存在于**自主性**（autonomy）与**易受伤害性**（vulnerability）——或者如利科更偏向的用词——**脆弱性**（fragility）之间。自主的人不能不是脆弱的，没有脆弱性就没有自主性（即没有稳定的基础，则不会存在所谓的不确定和偶然性），“自主性是脆弱而易受伤害的存在的一种特征”。观察一下会发现，自主性和脆弱性之间的亲密关系只有在被认为是哲学问题的时候才会变成一个“悖论”，而哲学本质上必然去寻找这个世界所不具有唯一性（*Eindeutigkeit*）、逻辑性、连贯性和清晰性。当被视为哲学问题处理时，自主性和脆弱性的紧密关系中的确存在一个棘手的问题：

> （易受伤害性和脆弱性）带有特殊标记，对现代性来说是适宜的，但却使得哲学话语变得困难。这些现代性的标记会让哲学话语遭到谴责，因为它们会把现代甚至完全当代的情况与被当作即使不普遍也至少是长期甚至长时段的特征混同起来。①

① See Paul Ricoeur, ‘Autonomie et vulnérabilite’, in *La justice et le mal*, ed. Antoine Garapon & Denis Salas, Paris, Odile Jacob, 1997, pp.166-167.

我们可以补充一点，对自主性 / 脆弱性的哲学处理毫无前景的原因在于它拒绝认真对待历史（由于它侧重于“人类的普遍境况”，而不是典型的个案）；这种拒绝将带来一种趋势，即忽视反映在逻辑悖论当中的社会性矛盾。从社会学的角度来说，自主性 / 脆弱性这对属性反映了能力和无能、资源丰富和资源贫瘠、独断专行与优柔寡断的两极化。本质上讲，现代性境况就是标志着所有人类个体依照某种连续性被编排进去的两极之间的位置永远不能完全固定，而需要永远处在持续的谈判和抗争之中。这就是现代——无拘束因此也是不确定的——个体的命运，未被完全建构因此注定要自我建构，在强权和无权的两个极端之间摇摆，他们的自由也被视为一件“福祸相依”的事情（a “mixed blessing”），一种充满矛盾的形态。

当上述问题被转化为哲学问题时，生活的真正矛盾变成了一
个逻辑悖论。构成真实的生活之流的矛盾性问题不再是一个需要
解决的问题，取而代之的是需要驳斥一个违背逻辑的悖论。正如 xvi
利科所说：

> 许多当代思想家尤其是政治学家认为民主时代是从先验性保证（transcendental guarantees）的丧失开始的，这就把填补“基本空缺”的任务留给了契约和程序上的安排……然而，从某种意义上说，他们在实现这些基础之后，在道德大爆炸（a moral Big Bang）之后，无法回避定位自身的问题，也无法避免从先在性、优越性和客观性这三方面来设想权威的现象。[1]

[1] See Paul Ricoeur, ‘Autonomie et vulnérabilite’, in *La justice et le mal*, ed. Antoine Garapon & Denis Salas, Paris, Odile Jacob, 1997, p.178.

哲学家们想在思想上消除生活矛盾的愿望是非常强烈的，并且这种动力不太可能永远丧失它的大部分力量。矛盾就像悖论一样具有反弹性：那个按照优雅和谐模式重整人类经验的混乱世界的艰巨目标，如同哲学肉身中痛苦的刺，只能在平静有序的思想秩序中才能得以实现。

文化概念具有这种哲学愿望的所有标志，它包含了作为逻辑悖论而被“回收利用”的人类境况的现代图景。它的目的是克服被视为命题的自主性和脆弱性之间的对立——同时掩盖“真实生活”的自主性和脆弱性之间的矛盾，也就是自我建构的任务和被建构的事实之间的矛盾。

由于解决悖论的努力并未带来令人信服的结果，难怪另一种趋势应运而生，其目的是要把两个将就着合并在一起的主张拆分开来，还要淡忘或淡化它们命定的共同起源和共同命运，要把同根但不同质这一不可解决的**悖论**转换为两个相互陌生且缺乏关联的力量的**矛盾状态**——这就相当于一场由两支不同军队发动的战争，因此也是一场原则上能够决出胜负的战争，在其中一方最终失败或者消耗殆尽时战争就会结束。然而，被简单混合进同一个概念的诸种思想容易产生离心力，这种力量迟早会破坏脆弱的整体。

因此也就不奇怪，从同一主干分出的两种截然不同且不易调和的话语会背道而驰，渐行渐远。简言之，其中一种话语认为文化是一种自由翱翔的精神活动，是创造、发明、自我批判与自我超越的场所；另一种话语则将文化设想成一种常规化和连续性的工具，犹如社会秩序的女佣一般。

第一种话语的产物是作为抵抗规范和超越平庸之能力的文

化概念——像是诗歌（*poïesis*）、艺术、上帝的造物（God-like creation *ab nihilo*）。这种意义上的文化所代表的最大胆、最不顺从和墨守成规的精神，通过以下方式表现出来：对传统的轻视、对既存界限的破除、对严密防守的边界的跨越以及开辟新道路的勇气。文化因此被理解为可以被拥有或不能被拥有的东西，只能归少数人所有，而且必然一直如此。对于其他人来说，文化充其量以礼物的形式出现：它沉淀为“艺术作品”，是可以被其他人欣赏或至少能够被学着欣赏的实物——“其他人”指的是不具有创造性的人们。他们学习如何欣赏高雅文化产品的努力并不会使他 xvii
们具有创造力，在那之后，他们仍然是或多或少的被动接受者（观众、听众或者读者）。但是如果能够深入洞察高级精神的奥妙世界，那么不具有创造性的大多数人在经历精神提升、增强并且高贵化的过程之后将会变成“更好的人”。

第二种话语的产物是形成并运用于正统人类学中的文化概念。在那里，“文化”代表规律和模式——自由被置于“打破规范”和“离经叛道”的标题之下。文化是一个集合，或者最好称为连贯体系，由以制裁作为后盾的压力、深入人心的价值观和规范以及习惯构成，这些习惯能够在个体层面上保证行动的重复性（因此也具有可预测性），在集体层面上保证文化千篇一律的再生产、跨越时间的连续性以及“传统的保留”[也就是利科所说的相同性 (*mêmeté*)]。这种意义上的“文化”，换言之代表的是“填补”先定秩序（pre-ordained order）消失之后的“缺口”（无论是在现实经验中，或是作为一个解释策略）。它呈现了一种不稳定且不确定的选择凝固成为坚实基础的景象。它暗示着人类所创秩序的“自然化”；它讲述了一个关于潮流的故事，在这个故事中，一个注定自由的物种用自由召唤出的必然性比盲目、无目的的“自然”的必然性要更具威力与适应性。正统人类学的“文化”叙事出现在现代早期的“秩序恐慌”之中，它是社会和谐的理论，也是关于道德的故事。

这两种文化观念彼此尖锐对立。一种观念否定另一种所主张的立场；一种关注人类的现实层面，另一种则完全不提或充其量破例呈现这种现实层面。“艺术的文化”解释了为什么人类的方法和手段不能长久；相反，正统人类学的“文化”则解释了为什么它们是经久不衰且难以改变的。第一种“文化”讲述了一个关于人类自由、关于所有人造生命形式的随机性和偶然性的故事；第二种“文化”则把自由和偶然性归为类似于起源神话（aetiological myths）的角色，并且相反地专注于它们打破秩序的潜能被削减且徒劳无果的方面。

正是第二个故事在社会科学界盛行了一个世纪左右。它在塔尔科特·帕森斯（Talcott Parsons）具有里程碑意义的理论体系中达到了最充分的展现（正如所料，恰在它即将崩溃和失去权威的时候）。在帕森斯的理论体系中，文化被赋予了“去随机化”（de-randomizing）的角色。

帕森斯将社会科学的历史重写为一系列试图回答霍布斯之问（Hobbesian query）的失败尝试：为何被赋予了自由意志并且追求明显个人化且自由选择的目标的自愿行动者，仍然会以极其统一并且规律的方式行动，以至于让他们的行为“遵循某种模式”？在对这个恼人问题的恰当回答中，帕森斯断言：文化在“社会”系统与“个性”系统之间扮演了一个确保彼此“相适宜”的决定性的中介角色；“如果没有文化，人类的个性系统和人类的社会系统都是不可能的”；只有在相互协调中两者才得以可能，文化正是作为思想和信仰的体系与表达符号和价值取向的体系，从而确保了这种相互协调的永久性。 xviii

> (价值取向) 的选择当然总是个体的行为，但是在社会系统中这些选择的随机性*并不是*个体层面的。实际上，社会系统维持下去的最重要的影响条件之一是同一社会系统中的不同行动者的价值取向*必须*在一定程度上整合到*共同*的系统当中……一套共享的价值取向尤为重要……如果没有一个能够定义角色并对服从与违背进行判定的制度，那么维持这个系统或子系统以充分整合的方式运转下去的所有分配程序和功能的实现将是*不可能的*。①

“并不是”“必须”“不可能的”……如果不是因为共享和共同接受的价值观、戒律和角色分配规范（也即文化）所实现的协调功能，那么无序的生活（也即无法实现自我平衡和自我存续，不能持久且保持认同的系统）将成为可能。文化是社会系统的服务站，它努力通过在模式维持（pattern-maintenance）的过程（即通过“社会化”过程“内化”）中渗透“人格系统”，从而保证了系统随着时间推移而“与自身保持的一致性”——它使社会以其清晰可辨的形式“运转下去”。

换言之，帕森斯的“文化”是一种使得对已建立模式的偏离

① See *Towards a General Theory of Social Action: Theoretical Foundations for the Social Sciences*, ed. Talcott Parsons and Edward A. Shils, New York, Harper & Row, 1951 , pp.16, 24(斜体为作者所加).

变得不可能或者至少是高度不确定的东西。文化是一种不流动的“稳定”因素；事实上，文化的稳固性极好，以至于除非文化“失灵”，否则所有模式的变化都是不可思议的，并且实际变化的发生变成了一个不能在相同的理论框架中解决的难题，而这个理论框架本可以解释系统的惯性。在关于“必须”“只能”的文化的理想－典型描述中，已确立的模式是不可改变的。众所周知，解释变化是帕森斯（也是最具权威性的）正统文化观版本的阿喀琉斯之踵（Achilles' heel）①，也让现存文化人类学方法的致命弱点暴露出来。

正是这种弱点最终使得那种试图通过将一枚硬币劈作两面并且分别处理的方法来逃离文化悖论的希望完全破灭。文化理论性工作的当前状况反映了人们面对这个悖论的新决心（或抛弃共识），决心面对它全部复杂性中的悖论，存在于许可 / 禁止和自由 / 限制中的所有矛盾。

正如社会理论中的很多“新”思想一样，早在帕森斯企图将文化的图景压缩到只具有两个不可分割的面向之其中一个，从而试图避开悖论的失败但弄巧成拙之前，格奥尔格 · 齐美尔（Georg Simmel）就已经预见到所有类似的努力到头来都是徒劳无功的，并且预见到将文化进行理论化的需要，比如接受文化存在方式的内在矛盾性，以及既不尝试将这种矛盾性理论化也不将其贬低为一种方法上的错误。

xix 齐美尔更喜欢谈论文化的悲剧（tragedy）而不是文化的悖论。

① 指某人或某事物具有的唯一但最大的弱点。该词来源于希腊神话中英雄阿喀琉斯(Achilles)的故事。阿喀琉斯出生时，他的母亲海洋女神忒提斯（Thetis）抓着他的脚跟将他浸泡在冥河水之中，这使其刀枪不入、智勇过人。但由于被抓住的脚跟没有沾水，这个地方成为阿喀琉斯身上唯一的弱点——在特洛伊战争中，他被射中脚跟而死。——译注

在他看来，最适合解决文化谜团的比喻不是从逻辑上的两难中得来的，而是从希腊戏剧的宇宙中汲取的。的确，在人类的存在模式中，两种强大的力量激烈对立："主观生活（subjective life）与主观生活的内容之间的对立，前者躁动但在时间上并非无限，后者一经创造就固定下来并永久有效……文化形成于这两种要素的汇合，而不能单独为其中一种元素所涵盖。"① 使戏剧成为真正悲剧的是两个对立面具有密切亲缘（close relatives）关系的事实。"固定而永久"是"躁动而有限"的后代——前者是后者过去自我表达的凝固化和"具体化"的印迹；但前者又忤逆它的先辈，厄勒克特拉② 式地（Electra-style）将后者作为一种异己的、敌对的力量。寻求解放的动力催生出束缚，不安定性在固定性中遭到反弹：任性和叛逆的精神制造了自己的枷锁。

> 每当生活产生某种形式来表达和实现它自身的时候，我们就会谈到文化——艺术作品、宗教、科学、技术、法律和数不胜数的其他形式，它们包含了生命的流动并且为其提供了内容与框架，自由与秩序。然而尽管这些形式源于生命过程，却因为其独一无二的杰出性而并不与生命共享永不停息的节奏……它们拥有固定的身份、自身的逻辑和合法性，这种新的坚固性无可避免地将它们置于精神动力之外的某处，而正是这种精神动力创造并使它们获得独立……这就是文化

① Georg Simmel, 'On the concept and the tragedy of culture', in *Conflict in Modern Culture and other Essays*, trans. by K. Peter Etzkorn, New York, Teachers College Press, 1968, pp.29, 30.

② 厄勒克特拉为父杀母复仇是希腊神话中的经典悲剧。厄勒克特拉是特洛伊战争中希腊联军统帅阿伽门农的次女，她的母亲伙同情夫杀死她的父亲，多年后厄勒克特拉与弟弟俄瑞斯忒斯联手杀死母亲为父报仇。——译注

> 也会成为历史的终极原因……任何文化形式一经创造，就会为生命的力量（the force of life）以不同的速率所吞噬……

这是一场永不停息的战争，这是适于所有文化的生命模型。所有形式的沉淀及其腐蚀是同时进行的，尽管是以“不同的速率”进行的，因此文化进程这两方面之间的平衡总是因时而异。根据齐美尔的说法，我们现代的标志是生命力量的某种特定的不安定性（restlessness）：“当代文化背后的基本冲动是消极的，这就是为什么我们不像早期时代的人而在相当长一段时间里的生活没有任何共同理想，甚至可能根本就没有任何理想（ideals）。”①

我们想知道为什么会出现这种情形，可能是因为现代性对秩序的追寻——一种从片刻到永恒、从叛逆到保守的大胆的、自觉的跳跃——根本上是弄巧成拙的（self-defeating）。如果除了人类创造力所产生的基础之外没有任何“稳固的形式”可以宣称具有这种基础，那么没有任何一种形式可能达到一种“理想”的地位——一旦达成“最终状态”或者“最终目标”，就会使得对形式的批评停滞不前，并且促使“主观生活”和“主观生活的内容”和平相处。创造秩序的冲动越是自觉、自主和源源不断，作为其产物诞生标志的脆弱性就更加明显；产物的权威越弱，它们的固定性就越不能永恒。

像所有悲剧一样，齐美尔的文化悲剧没有快乐的结局。就像所有悲剧一样，它讲述了一个故事，其中的角色与某种力量搏斗，他们越是尝试驯服它，这股力量就越是狂野，是他们所控制不了

① Georg Simmel, ‘On the concept and the tragedy of culture’, in *Conflict in Modern Culture and other Essays*, trans. by K. Peter Etzkorn, New York, Teachers College Press, 1968, pp.11, 15.

的命运在左右它。用更加通俗但不那么戏剧化的术语来说，齐美尔的开创性思想现在在整个社会科学领域被排练（rehearsed）—— XX
尤其体现在乌尔里希·贝克（Ulrich Beck）的风险社会模型和安东尼·吉登斯的人为的不确定的思想中。或者就此而言，体现在科内利乌斯·卡斯托里亚迪斯（Cornelius Castoriadis）关于现代民主的构想中。他将现代民主视为“反身性和自我限制的政体”，视作一个知道并且应当知道自身没有确定意义的社会，它依靠混乱而生，并因其也是混乱本身，从而需要给自己一个永远不会彻底固定的形式。[①]

综上而言，正如我们现在所见，文化既是导致失序的能动者，也是维持秩序的工具；既会陈旧过时，也会永垂不朽。文化的运转并不在于保存自身，而在于确保进一步实验和变革的条件。或者不如说文化的“自我保存”并不在于保持模式，而在于改变、修正这一模式并以其他模式取而代之的动力，在于让这一动力始终维持着可持续性和有效性。由此，文化的悖论可以重新表述为任何有助于模式保持下去的东西也在同时破坏着模式的控制。

对秩序的追求使得所有秩序都变得脆弱且难以永恒，文化可能只会不断生产变化，虽然除了通过秩序化的努力之外它也不能产生变化。正是对混乱的恐惧所诞生的秩序的热情，对文化的探索以及人类对秩序的命运的掌握——引领着现代世界进入一个新的时代，这个时代中的所有形式和模式都处在无法停顿且不断加速的动态之中。在对秩序与明确性（*Eindeutigkeit*）的追寻中，自由的矛盾性已经找到了自我保存的专门方法。

① Cornelius Castoriadis, ‘Le délabremet de l’Occident’, in *La Montée d’insignifiance*, Paris, Seuil, 1996, pp.67, 65.

系统还是矩阵？

文化的形象就像一个工厂，社会的稳定模型在其中得以修复和维持，它与所有文化事物——价值观、行为规范、人工制品的感知——一起形成一个系统。

说到作为一个“系统”的事物的总和，我们就会在脑海中浮现事物“相互联结”（interconnected）的形态。也就是说，每样东西的状态都取决于其他东西所呈现的状态。每样东西可能变化的状态范围因此保持在它所置于其中的相互依赖所形成的网络所施加的某种限度（limits）之内。只要能够遵守这种限度，系统就处于“均衡状态”（equilibrium），即保持了能够恢复到正常形态的能力，以便在受到局部或短暂的干扰时能够保持自身的一致性，也能够防止任何单元走向无法回归的状态。只要这些东西（单元、成分、变量）都还在系统之中，它们必然会被捆绑在一个相互决定的网络当中，并且保持一致以免越过既定的限制而使整体失去平衡。或者以一种否定的方式重述上述要求，即任何不能与整体保持一致或者在需要时不能被一致化的元素都无法或者说不可能保留为整个系统的一部分。本质上讲，系统性就是使元素的自由服从于“模式维持”的一种方式。

根据之前的说法，为了满足系统性的标准，一整套的元素都
xxi 需要限定在一个范围之内，即一定要有边界。除非始终能够确定哪个元素属于系统而哪些不属于，否则系统就无从谈起。系统不接受灰色地带和无人地带。边界必须得到守卫，跨越边界的行动应当受到限制且首先受到控制，不受控制的边界通道意味着系统

的崩溃。外部元素可以在某些情况下进入系统，但是必须经历适应和安顿的过程，即一种使它们“符合”（fit）系统的要求从而允许系统同化它们的修改过程。同化（assimilation）是条单行道：系统建立准入规则、设定同化的步骤并且评估适应的结果，并且只有完成以上这些工作，系统才能继续作为系统而存在。对于新元素而言同化意味着转化，而对于系统而言这意味着自我认同的再次确认。

很有可能，是多样经验的混合组成了如此自我封闭和具有系统化风格的文化概念。人们可能会据此猜测，局内人和局外人观点之间“不顺心的婚姻”（an uneasy marriage）才会召唤出对系统的想象。

局外人的观点是文化人类学家实践的产物，肇始于布罗尼斯拉夫·马林诺夫斯基（Bronislaw Malinowski）。这种实践通过造访生活方式与自己完全不同的“土著居民”（ native populations），沉浸到他们的日常生活中，记录当地本土的方式方法，然后通过把观察到的或者从“报道人”（informers）那里获得的习惯和仪式联结成一个日常生活（routines）的综合总体，从而“理解”这些方式方法。而这个日常生活的综合总体被认为能够使所调查的生活方式持续有效且得以自我保存（self-perpetuation）。

而局内人的观点则取决于局内人所在社会的选择性、包容性/排他性的实践，以及在民族－国家边界一侧对“外来元素”施以同化的压力和对其独特认同所进行的斗争。

如果秉持正统的文化模型，人们自然可以同时获得局外人与局内人的两种观点。然而全球还有很多地区与它们的邻居之间少有或没有交流，当地的人群在没有太多事实被扭曲（fact-twisting）的情况下可以被作为自足的整体而加以谈论。还有一些民族－国家明确而有力地促进一国语言、日历、教育标准、历史版本和由法律支撑的道德准则的统一化，国家关心的是将松散的方言、地方习俗和集体记忆的集合整合到一系列国家化的共同的信仰和生活方式当中。

正如今天的文化探索者会自然而然切合实际地假定所有被调查的人群必然关心的问题是来自探索者自身的本土实践（home-ground practices）的问题，我们现在也会自然而然怀疑正统文化人类学幻想出的类系统（system-like ）的“整体”的可信度。很难确定，将被探索的文化当作系统来对待是一种受到历史性塑造的短暂观点所促成的视觉假象，还是对过往已久的现实的充分感知。无论情况究竟如何，这种对文化的想象与我们当下的一些经验产生了强烈的矛盾：比如文化符号的模棱两可性，一些人希望
xxii 收紧但终究无人能够收紧的边界漏洞；再比如积极推动“多元文化主义”的国家政府，不再想给任何特定的民族文化模型以特权，但是却很小心地不去侵犯无数由个体或小群体做出的“文化选择”。马克·富马罗利（Marc Fumaroli）这样尖刻地评论今天的法国——一个在过去尤其以其政府用民族文化将国家地位和公民权利等同起来而著称的地方：

> 说起法国社会，人们仍然会提到法国的文化政策，但“法国的”这个形容词仅成为一个方便术语，为了记录短暂的当下以及汇集民意测验所记录的舆论之流……法国不再是一个

> 地方或一种环境，而只是一个地带（zone）而已。人们谈论文化时，即便还是用到“法国”一词，但也只是对更通俗的“巴别塔”（Babel）一词的委婉替代……
>
> “文化”这个词已经变成一个由“诸多文化”组成的巨大集团，每种文化都与其他文化具有平等地位……“文化的国家”（cultural state）尽管希望自己能够具有民族性，但也希望满足每个人的心愿，从而成为一个傀儡，甚至像变色龙一样追随着时尚与世代的潮起潮落。①

按照目前的共同经验，似乎无论是否真实存在一种“类系统”的文化，将文化现象视作一个内在凝聚并自我封闭的整体（一个在从前已经阐明的意义上的“系统”）的可能性（并且十有八九）都是出于一种历史偶然。我们现在有机会比从前更能理解另一种老套观察的真实意义，那就是空间现象是社会性地产生的，因此它们在分离和聚集社会实体方面所起到的作用可能随生产技术和程序上的变化而变化。

回顾历史，人们会问在何种程度上地理－物理因素、自然或人为的区域单元的边界会将不同的人群及文化认同区分开来，将任何社会－文化实体“内部”与“外部”的特征区分开来，这些边界从本质上讲不过是“极限速度”的物理表现 / 方式的概念衍生物（conceptual derivatives），或者更普遍来说是时间－成本对迁徙自由施加限制的概念衍生物。

保罗·维利里奥（Paul Virilio）最近提出，虽然弗朗西斯·福

① Marc Fumaroli, *L'état culturel: Essai sur la religion moderne*, Paris, Fallois, 1991 , pp.42,171-172.

山(Francis Fukuyama)关于“历史的终结”的宣称听起来为时过早，但随着信心的增长,不久之后将会有人提出“地理的终结”[①]。距离已经不像从前那样重要，同时地理－物理边界的观念在“真实世界”中越来越难以维持。我们似乎突然间可以清晰地看到，从前大陆和地球的其他各个部分之所以会如同一个整体分成的或多或少自我封闭甚至是自我维持的飞地,都是由于距离产生的作用——不折不扣归功于交通原始性和旅行的艰难险阻及高昂成本。

的确，“距离”是一个社会产物，而远不是一个无关于人的物理上既定的客观存在；距离的长度取决于通过它所需要的速度，这是所有实践的意图和目的需要克服的（虽然在货币经济中达到
xxiii 何种速度也要考虑成本）。社会生产出来的所有其他建构、拆解、维持集体认同的要素——比如国家边界或文化障碍——回想起来都只是速度的次级反应。“这里”与“那里”、“近”与“远”的对立，以及“内部”与“外部”之间的对立，记录了对周围世界中其他各种（人类和非人类）部分的驯服、教化和熟悉的程度。

“内部”是对“在家”的外延，踩在家乡的土地上，即是一种熟悉到不言而喻甚至浑然不觉的程度。“内部”必须是在日常中对看到、遇见的人与事物进行处理、互动，与习惯性常规和日常活动交织在一起。“内部”是一个人们很少（如果有的话）发现自己不知所措、感到无话可说或者不确定如何行动的空间。“外部”——“外面”——则是一个只会偶尔一次进入或者根本不会进入的空间，

① Cf. Paul Virilio, ‘ Un monde surexposé: Fin de l’histoire, ou fin de la géographie?’, *Le Monde Diplomatique*, August 1997, p.17. The idea of the ‘end of geography’ was first advanced, to my knowledge, by Richard O’Brien(cf. his *Global Financial Integration: The End of Geography*, London, Chatham House/Pinter, 1992).

这个空间中常常发生不可预料和理解的事情，并且一旦发生人们则不知如何做出反应。“外部”是一个包含着人们知之甚少的事物的空间，在这里人们不会期待太多，也不会感到有义务去关心什么。与待在家乡的舒适安全相比，发现自己置于这样的空间是一种令人不安的体验；“在外”冒险意味着超出一个人的能力范围，处在不适合也不擅长应对的环境中，只会招致麻烦和担心受到伤害。

简而言之，“内部－外部”之对立的关键维度在于确定与不确定、自信与犹豫之间的对立。在“外部”意味着招致并担心困难——因此要求聪明、诡诈、狡猾或勇气，学习一些在别处用不着的陌生规则，并且通过危险的试验和经常是代价高昂的错误去掌握它们。“内部”的概念则意指不成问题的，在内部意味着可以毫无痛苦地获得，并在半有意识的状态下掌握一些习惯和无须反思的技能，这些就已足够——而且由于是这样，内部的人感到毫无压力也无须选择，当然更没有痛苦的选择，因为不存在容易令人焦虑的犹豫不决的场合。任何后来被称作“共同体”（community）的东西都是由“在这里”和“在那里”、“内部”和“外部”之间的这种对立而产生的。

现代历史的特点是交通工具的不断进步及其所带来的大量迁移。运输和旅行是一个尤为彻底和快速变化的领域，正如熊彼特（Schumpeter）指出的，在很久以前这种进步不是公共马车（stagecoach）数量增加的结果，而是火车、汽车和飞机这些全新的旅行工具的发明和大量生产的结果。正是主要由于旅行的快捷工具可以普遍获得，从而触发了侵蚀和削弱所有本土根植的社会性和文化性“整体”（ totalities）的典型现代化进程，这一进程首先在滕尼斯（Tönnies）著名的现代性公式中得以洞察，（他将之浪漫化为）从共同体（*Gemeinschaft*）走向社会（*Gesellschaft*）的道路。

所有移动的技术因素当中，信息传输扮演了一个极为重要
的角色——信息交流不涉及或者只是次要和少量地涉及物理实体
xxiv 的运动。技术手段发展允许信息**独立于**其有形载体和其所指向的
目标而漫游，这种手段使得“能指”（signifiers）摆脱了“所指”
（signifieds）的控制。信息可以脱离载体及其目标之间的空间位移
而流动，从而造成了两种流动速度的区分；信息流动以一种远远
超过实体物旅行的速度或信息所送达的目的位置的变化速度的节
奏加速。最后，计算机服务的万维网的出现——就信息而言——
摧毁的正是“旅行”的概念（以及旅行要通过的“距离”概念），
并使信息在全球都可以即刻获得。这一最新发展总体上的后果是
巨大的，它对社会性结合与社会性分散之间的相互作用的影响已
经得到了广泛的注意和详尽的描述。

然而，其中一项后果对我们的论证尤其重要。马丁·海德格尔（Martin Heidegger）提出，“锤子的本质”（essence of hammer）只有在锤子被用坏的时候才能引起我们的注意，并且因此变成我们的认知客体。与海德格尔所提出的原因相似，我们现在比从前任何时候都能更加清楚地看清时间、空间的角色，以及将它们置于形式、不稳定性或灵活性还有社会 / 文化和政治整体最终消亡中的手段所扮演的角色。正如我们现在所看到的，所谓过去“紧密结合的共同体”是凭借小规模共同体 [其规模是由“湿

件”(wetware)[①]固有属性决定的，并且因此受到人类视野、听力和记忆能力的自然局限的限制] 内部几乎即时实现的通信和在各地间传递信息所花费的大量时间和成本之间的鸿沟而产生并保持活力的。与此同时，当今共同体的脆弱性、短暂的生命周期及其边界的模糊性和渗透性似乎主要是这一鸿沟缩小乃至完全消失的结果，因为如果二者都能瞬间发生，那么共同体内部的沟通相对于共同体之间的交流就失去了优势。“内部”和“外部”失去了它们曾经如此清晰的意义。

迈克 · 本尼迪克特（Michael Benedikt）这样总结了我们回顾性的探索以及对旅行速度和社会凝聚力之间紧密联系的新理解：

> 在小规模共同体中，这种团结通过近乎同时发生且近乎零成本的自然语音的交流、海报和传单得以实现，而在更大规模的共同体中则会崩溃。任何意义上的社会团结是公意(consensus）及共享知识的一项功能，在没有不断的更新和互动的情况下这种团结的关键取决于在文化及对文化的记忆方面的早期且严格的教育。相反，社会的松散性则取决于遗忘和廉价的沟通。[②]

让我们补充一下，这段引文中最后一句的“和”是多余的。遗忘和廉价（且高速）的沟通是同一种情况的两个方面，很难将

① 湿件指人脑，对应于计算机的硬件（hardware）与软件（software）。作为一个计算机术语，自美国计算机科学家、作家鲁迪 · 拉克（Rudy Rucker）1988 年出版科幻小说《湿件》之后，这个词开始广泛地出现在人文社科领域。——译注

② Michael Benedikt, ‘On cyberspace and virtual reality’, in *Man and Information Technology* [1994 年在瑞典皇家工程科学学院 (IVA) 召开的由人类、技术与社会委员会举办的国际专题讨论会上所做的演讲], Stockholm,1995, p. 41 .

二者进行拆分。廉价的沟通意味着信息的获得如同汹涌的潮水一
xxv 般令人窒息地涌来，同时意味着新闻的快速到达。由于至少从旧石器时代以来，“湿件”的性能很大程度上没有发生变化，因此廉价的沟通淹没并窒息了记忆，而没有供养并稳定记忆。记忆的能力不再能够匹配不断争抢注意力的大量信息。新的信息很难沉淀下来并被记住，也很难成为连续的知识楼层得以建立的坚实地基。很大程度上说，观念没有被添加到“记忆库”当中，而是始于一片“空白”。迅捷的沟通服务于“清场”和遗忘的活动，而不是学习和积累知识。

可以说，近来最具开创性的发展是传输信息的成本在地方、超地方或者全球范围内（无论“地理上相距多远”，你都能通过互联网发送信息，并按照当地通话标准付费；文化环境和经济环境的重要性是等同的）差异的缩小；反过来，这意味着最终送达并强烈引起注意并进入且（短暂地）留在一个人记忆中的信息往往源于最多样化和相互独立的网站。因此，人们不可能拥有任何“系统性”的用具——所谓的系统性，首先是连贯性和有序性。相反，可能表达相互抵触或者相互取消的信息，与之前常流动在没有硬件和软件而依赖于“湿件”的共同体内部的信息也就是那种倾向于重复和相互加强从而促进选择性记忆过程的信息形成鲜明对比。现在，与信息来源在空间上的接近不再具有显著优势。从这个重要的方面而言，“内部”和“外部”之间的区分已经丧失意义。

正如蒂莫西·W. 卢克（Timothy W. Luke）[①] 所说，“传统社会

① Timothy W. Luke, ‘Identity, meaning and globalization: Detraditionalization in postmodern space-time compression’, in *Detraditionalization*, ed. Paul Heelas, Scott Lash and Paul Morris, Oxford, Blackwell, 1996, pp.123, 125.

的空间性是围绕无需中介的平常人身体的能力组织而成的”：

> 传统上，行动的表现常常诉诸关于有机体的隐喻：冲突是下巴对下巴的，战斗是徒手对徒手的，正义是以眼还眼、以牙还牙的，辩论是心交心的，团结是肩并肩的，社区是面对面的，友谊是臂挽臂的，而变化则是一步接着一步的。

随着各种手段的出现，这种情形的变化已经超出认知，这些手段可以将冲突、团结、战斗、争论和正义的执行扩大到远远超过人的眼睛和臂膀的范围所及。用卢克的话来说，空间因此成为“过程化的/集中的/组织化的/规范化的”，最重要的是从人体的自然局限中解放出来的。因此，技术的能力及其运转的速度、使用的成本都构成“组织化的空间”。

> 这种技术所构筑的空间完全不同：它是工程化的，而不是天赐的；是人工的，而非自然的；由硬件调节，而不是直接针对“湿件”；它被理性化而非社区化；它是国家的，而非地方的。

坦率地说，空间——现代空间——是被支配和管理的对象。
空间是权力的游乐场，负责“主要协调”、对统一“内部”同时使 xxvi
其与“外部”区分开来的规则进行立法，抚平现存的规范和行为模式之间粗糙的边缘和摩擦，将多样性进行同质化并且统一差异，简言之就是把松散的总体重塑为统一的体系。全球空间被划分为主权领域——独立的领土和独立的主权机构——来执行现代权威的这些任务。这种安排不会给“无人岛”“无首领的人民”以及非模式化的行为和相互矛盾的信息留出任何空间。在进入可通过图表来管理的模式之后，文化作为“系统”的形象成为空间管理任务/野心的投射。

经过设计的现代空间是要坚硬、稳固、永恒和不容置疑的。混凝土和钢铁是它的肉，铁轨和高速公路是它的血管。现代乌托邦的作家们没有区分社会秩序和建筑秩序，也没有区分社会性单元和领土单元，对于他们来说——就像他们同时代的社会秩序一样——有序社会的关键要在空间组织中寻找。社会整体成为一个大到可以包容不同地方的等级制度，具有超地方性的国家权威位居顶层并且监视整体，而它自身因受到官方秘密保护而不受日常干预。

然而这种情况本身已从过去开始逐渐消失。经过地域化/城市化/建筑化的空间、工程化的空间，第三空间也就是**控制论**（cybernetic）的人类世界的空间已经被全球信息网络时代的到来而影响。根据保罗·维利里奥的观点，这种空间的要素“缺乏空间维度，但是嵌入在瞬时扩散的每个时刻中。从此之后，人们不能为物理障碍或者暂时的距离所分隔。随着计算机终端和视频监视器的接入，*这里*和*那里*的区分不再具有任何意义”[①]。

赛博空间（cyberspace）并不以领土为限，并不与全球“国家权力”的运转处在同一维度之上，它无法被触及，更不用说可以被操控了。可以说，流动的信息和控制图（chart of control）[②]之间“基本上是不可协调”的。如果文化的形象作为一个系统与

① Paul Virilio, *The Lost Dimension*, New York, Semiotext(e), 1991 , p.13.

② 控制图是用以研究一个过程如何随时间变化的统计学图表，常用于分析和判断这个过程是否处于受控状态。——译注

一般的“管理”或“行政”实践有机地联系在一起，特别是民族－国家的运转连在一起，那么它将不再能够掌握生活的现实。全球信息网络没有也不可能有“模式维持”机构，也没有权威能够将规范与失范、正常与异常区分开来。任何可能出现在网络空间中的“秩序”都是自然发生而非刻意创建的，即便如此，这一秩序也可能只是一个短暂的秩序，一个“等待进一步通知”的秩序，一个绝不会束缚未来秩序的形态以及决定其是否发生的秩序。

第一个洞见到文化概念系统论之徒劳无益的巨大成就来自列维－斯特劳斯，他的作品激发了本书中的大部分讨论。列维－斯特劳斯并没有将文化视作一个监督着整个互动领域的有限数量的价值观列表，或者一个紧密相关且相互补充的行为戒律的牢固准 xxvii
则，而是将文化描述为选择的结构（structure of choices）——一个由可能在数量上有限但是在实践中具有无限组合的排列方式构成的矩阵（matrix）。顺便一提，如果没有列维－斯特劳斯强大的说服力所造就的文化话语的决定性转折，福柯的话语结构的思想（即能够产生相互矛盾的观点同时又能保持自身的一致性）将很难想象，尽管福柯巧妙地否认了与列维－斯特劳斯理论上的亲缘关系。

社会科学家对于秩序的热情延伸到自己的游乐场中，因此列维－斯特劳斯很快被称作结构主义者（就像齐美尔一样，由于很多年来他被归类为“形式主义者”，由此其社会学的革命性的利刃被钝化、驯服和瓦解），但是这个奇怪的“结构主义者”在推翻将结构作为单调再生产、重复性和同一性的载体的正统思想方面比任何其他思想家都做得更多。在列维－斯特劳斯的想象中,“结构”从笼子变成了弹弓，从裁剪 / 删节 / 压缩 / 束缚的工具变成自由的决定因素，从保证稳定的盾牌变成发生无穷无尽和永远未完的变化的发动机。此外，列维－斯特劳斯强烈否定任何诸如“社会”结构或“文化”结构的东西的存在：虽然所有的人类活动——从选择婚姻伴侣的神话叙述到为宠物命名和烹饪——都是结构化的，但是“这种**结构**”（structure as such）的概念，只是对无限多样的人类互动的非随机性抽象。

回想起来，这是具有决定意义的一步，在当时则像是一个解放性的事件，解决了很多长期占据研究文化的学者们思想和实践的空洞问题，并且将很多本是“死胡同”的道路封闭起来。就我个人而言，列维－斯特劳斯发动的革命中最具吸引力的特征在于，不再将文化片面地归结为连续性－非连续性困境中“连续性的一面”。文化不再是对人类发明的限制，不再是一种单调的生活形式的自我复制工具，也不再除非受到巨大外力推拉就抗拒变革。列维－斯特劳斯认为的文化本身就是一股动力 [从这里到德里达的“重复”（iteration）概念——在每一次重复行动中固有的创新——只剩下一小步]，而连续性和非连续性之间的对立似乎也不再那么令人讨厌了。在一个无止境的文化创造过程中，之前的敌人更像是忠诚的盟友了——连续性现在被认为是无穷无尽的排列和创新的链条。

我现在认为，由于列维－斯特劳斯关注了另一个误导性的两难困境，即共时性和历时性（synchrony versus diachrony）的问题，他所带来的启示在某种程度上被削弱了。也许列维－斯特劳斯的不幸在于被让-保罗·萨特（Jean-Paul Sartre）引入了那场关于历史和历史性的著名论战之中，从文化理论的视角来看，这场争论中的话题本身已经变成从属地位，但因为贪图轰动效应而实际上又是一知半解的学术观点持续了太长时间。然而这一不幸的巧合 xxviii
并不能因为是评论家误认为列维-斯特劳斯过分坚持了文化共时性与历时性之间的对立就免除他的部分责任。共时性的径路源自弗迪南·德·索绪尔（Ferdinand de Saussure）向词源学发动的“解放战争”及其之后对语言学研究的主导，是对进化论或传播论对文化研究领域进行的越发无知浅薄的蒙蔽所进行的有效补救。对于一个需要进行大量清理操作的良好起点而言，共时性策略如果只是用于构建全新改良版本的文化理论，则很容易变成另一个错误的方法，尤其是如果关于共时性和历时性之间被论辩合理化的对立尖锐到从文化的方法论领域扩展到“本体论”领域，则情况更是如此。

我认为共时性-历时性的两难困境只是对文化生活的连续性和不连续性之间对立在方法论上的反映。列维-斯特劳斯重建文化理论的伟大功绩是展现了揭示后一种对立之无效性的方法。然而，在随之而来的关于理解文化如何运作、连续性和非连续性在文化生活中如何相互缠绕和相互制约的革命中，对共时性和历时性径路所作的进一步观察也并没有与这一革命匹配起来，而且几乎没有采取任何措施提醒文化学者注意到这样一种真相，即两种方法论原则不是选择性的——且当然不是在强烈的二选一意义上的。

今天，我倾向于把科内利乌斯·卡斯托里亚迪斯的批判结合起来重读列维－斯特劳斯的启示——他所提出的对“共时激进主义”的合理批评，并且他及时提醒人们在意义的文化生产及理解中，存在着细微但又极其重要的历时和共时的网络之间的相互作用。我们能从卡斯托里亚迪斯的批评中学到，无论多么务实地强调历时性与共时性之间的对立以及从前被忽视的共时性视角的观点，都很难从一个构建于“现时”（now）之平面的理论模型中获得对文化的理解。卡斯托里亚迪斯在以下段落中所写的关于语言的评论，很可能延伸适用于整个文化：

> 法语的“共时状态”，就这一语言本身来说总是处在变化之中，比如在1905—1922年之间普鲁斯特（Proust）每写完一个句子，法语就会变化一次。因为与普鲁斯特同时写作的还有圣约翰·佩尔斯（Saint-John Perse）、阿波里奈尔（Apollinaire）、纪德（Gide）、伯格森（Bergson）、瓦雷里（Valery）等其他许多人——如果不能通过在自己的作品中做出改动以在大量的“所指领域”中留下印记，那么他们就算不上是作家，但是这种改动从此就归属于整个法语的含义——那么当在指涉这些含义的期间，法语作为一种语言的“共时状态”又是什么呢？……
>
> 这显然是语言的基本属性，也是历史的基本属性……就是能够不断对自身做出改变，以便持续有效地去运作，持续将不寻常转变为寻常，将原初状态转变为既定状态，不断获取和不断排除，并在这个改变的过程中保留能够使自身永久存在的能力。语言，在与意义的关联中向我们展示了构建中

> 的社会如何持续运转……以及只有在完成构建的状态中才能 xxix
> 运转的社会如何又能不妨碍社会活动的持续重构。[①]

社会和文化，如同语言一样保留了其独特性，也就是它们的“认同”，但独特性并不是经久不变的，唯有通过不断变化，独特性才能延续。此外，在文化中不存在“现在”，不是在共时性的教条所假定的意义上不存在，而是在与自身的过去割裂开来的、在忽视未来开放性的情形下保持自足的时间点的意义上不存在。再次诉诸保罗·利科对独特性与持久性（*l’ipséité and la mëmeté*）之间做出的区分，认同的两种成分，遵循于卡斯托里亚迪斯的说法，可以说第二种成分——认同的持久性——存在于第一种成分也就是认同的独特性之中；但是独特性如果外在于或者独立于持久性的存在则是不可想象的，这样就让独特性之连续的、不同的形式从属于同一种认同，并由此从差异当中想象认同。

这里，再次引用卡斯托里亚迪斯的表述：

> 如果今天一个普通的法国人都不能理解《红与黑》（*Le Rouge et le Noir*），甚至不能理解圣西门的《回忆录》（*Mémoires*）或者一个原创作家的开创性著作，那么包括语言、社会、历史在内的任何东西将不会存在。

简而言之，“精通一种文化”意味着掌握一个出现各种排列方

---

① Cornelius Castoriadis, *L’institution imaginaire de la société*, Paris, Seuil, 1975. Here quoted in English translation by Kathleen Blamey, Cambridge, Polity, 1987, pp.218-219.

式的矩阵，从未完全实行且总是远未完成——而不是由意义与识别意义之载体的艺术构成的有限集合。将文化现象收集到“文化”中的正是这一矩阵的存在方式，不断要求改变而非“系统化”，也就是说，绝非是固化一些（“正常”）选择和排除另一些（“异常”）选择的混合体。

这就将我们引向了另一个在现有的重印版本中未能受到充分关注但目前处在文化讨论之中心的主题：文化既是认同的制造厂，又是认同的庇护所。

文化与认同

当今认同问题所吸引的强烈关注本身也是一个非常重要的文化事实，至少具有潜在的启发性力量。

当经验的各个方面不再被视为理所当然，不再是不证自明的，或者没有谨慎的深思支撑就不能独立存在，它们也就成为焦点并且进入认真的辩论之中。它们看起来越是无力，则发现和创造的冲动就越是强烈，但最重要的还是去证明其基础之坚实。

“认同”也不例外。一旦它不加反省就能幸存的可能性开始降低——当它不再是显而易见的东西并被假定为某种存在疑问且成为一项任务的东西，它就变成了一件需要深思的事情。这种情况随着现代的到来而出现，与之相伴的还有从“归属”（ascription）
xxx 到“成就”（achievement）的过程：让人类的所有个体不再受到禁锢，以便使得他们可能或者说需要、必须决定自己在社会上的位置。

当“归属”（belonging）是自然而然而并非奋斗、争取、宣称和守卫而来的，当人们显然是因为缺乏竞争者而按部就班地获得“归属”，那么人们无须考虑认同的问题。这样的归属使所有对认同多余的担忧成为可能，但正如我们从前看到的，这种归属只存在于一个**局限于地方**（locally confined）的世界：只有当人们思考和真正尝试之前就归属的“总体”（totalities）是出于所有实际的目的而由“湿件”的能力所清晰界定的情况下才是如此。在这样的微型世界中，存在于“其中”和存在于“其外”的感受是明显不同的，也几乎不存在从“这里”到“那里”的通道。然而，如果当这里讨论的总体超出了“湿件”的能力，这时的总体就会变成一个抽象的、“想象的”共同体，那么这种归属就将是不可实现的。对于一个不过处于日常或周期性碰面的面对面、私人交往的网络的人群体量而言，人们可以在其中获得**归属**；但对于想象的总体而言则必须寻求**认同**。认同是需要特殊努力的任务，与日常事务无关,从而被作为一项单独的学习活动,包括通过某些考验，并要求某种形式来确认这些考验是切实地成功通过了的。

现代性的标志是流动的量级和范围的不断扩大，因此避免不了削弱地方性的控制和地方上的互动网络。出于相同的原因，现代性也是超地方（supralocal）总体的时代、寻求力量支持或追求“想象共同体”的时代，也是构建国家且制造、假设与构建文化认同的时代。

弗里德里希·尼采（Friedrich Nietzsche）凭借一贯的洞察力，看到了现代民族主义（modern nationalism）的高涨：“当今在欧洲被称为‘民族’（nation）的东西更像是人造（*res facta*）而非自然（*nata*）之物（确实，有时和人造与虚构具有令人困惑的相似性)。”①厄内斯特·盖尔纳(Ernest Gellner)解释了情况为何如此:“作为一种自然的、上帝所赋予的分类方式,一种固有而拖延已久的政治命运,民族可以说是一个迷思(myth);民族主义,有时接受先在的文化并将其转化为民族性的,有时创造发明民族文化同时常常将先在的文化彻底抹去。无论结果是更好还是更坏,这都是不可避免的事实。”②

正如弗雷德里克·巴特(Frederick Barth)着重指出的,“种族类别提供了一个组织化的容器,能够在不同的社会－文化系统中被赋予不同的内容和形式。它们可能与行为紧密相关,但并非必须如此;它们可能弥漫于整个社会生活,也可能仅与社会活动中有限的部分相关”。无论哪种选择成为现实都将是一个开放性的问题。现代国家的任务是领悟到“弥漫于整个社会生活”的选择应当优于对民族成员资格的边缘化或偏向性。毕竟“民族分类”的存续唯独依赖于边界的维持,无论选择出来作为界标的文化要素如何变动。由于能够
xxxi 对强制手段进行垄断,现代国家拥有宣称和守护边界的力量。

巴特坚持,最终是“种族边界定义了群体,而不是其中包含的文化性的东西(cultural stuff)”③。归根结底,这种文化性的东西

① Friedrich Nietzsche, *Beyond Good and Evil*, trans. by Helen Zimmern, Quoted after *The Philosophy of Nietzsche,* ed. Geoffrey Clive, New York, Mentor Books, 1965, p.211 .

② Ernest Gellner, *Nations and Nationalism*, Oxford, Blackwell, 1983, pp.48-49.

③ Frederick Barth, *Ethnic Groups and Boundaries: The Social Organization of Cultural Difference*, ed. Frederick Barth, Bergen, Universitets Forlaget, 1969, pp.14-15. 这是埃利亚斯·卡内蒂(Elias Canetti)就边界的作用、愚蠢和代价所必须说的话:“为边界牺牲的英雄,以及在坟墓里才能摆脱边界的他们的后代。那些筑错地方的墙,以及那些实际上应该筑造墙的地方(如果它们在很久以前不必被筑于他处)。那些死去的边境官员的制服,以及那些在艰难的路途、永恒的越界、错位和摇摇欲坠的碎石中的捣蛋鬼。那傲慢的海洋;不可控制的蠕虫;从一国飞向另一国的鸟儿,一份要灭绝它们的提议。”(*The Human Province*, trans. Joachim Neugroschel, London, Deutsch, 1985, p. 20)

（它的“统一性”“总体性”和“独特性”）的认同是固若金汤且守卫森严的边界的产物，尽管边界的设计者和守卫者一贯坚持倒置二者之间的因果关系。正统的文化理论家和这些掌管边界的人站在一边，他们据说支持的是所谓自然和真实的边界，但事实上只是人造的且常常是假定的边界而已。

“拥有一个身份”似乎是人类最普遍的需求之一（尽管如此，让我重申，身份是否能够作为一种需求还远未达成共识——事实上，这恰好能历史性地证明它的脆弱性）。我们似乎都在追求米歇尔·莫里诺（Michel Morineau）所戏称的“乐在其中”(*la douceur d' être inclu*)：

> 从某种意义上说这一表达自身说明了一切；它符合一种原始的欲望，那就是归属，归属一个群体的欲望，需要被另一个人以及一群人接纳，需要获得承认并被铭记以及得到肯定的支持和同盟……但比一个接一个地单独获得那些所有的特定满足更重要的是根本性的且包容一切的感觉，这是获得受到很多人认可、确认和接受的个人认同的巅峰体验——是获得第二种身份的感觉，即一种社会认同。①

个人认同赋予“我”以意义。**社会**认同则保证了这重意义，并且另外使得人们可以谈到“我们”，在“我们”之中不确定的和不保险的“我”得以寄宿、稳居下来，甚至可以清除自身的焦虑。

① 'La douceur d'être inclu', in *Sociabilité, Pouvoirs et Société*, Actes du colloque de Rouen, Novembre 1983, textes réunis par F. Thelamon, University of Rouen Press, 1987, p.19. 替代“乐在其中”的是“被排斥的残酷性”(p. 31)，有人可能会猜想，正是对排外的残酷性的恐惧才使得归属的前景如此美好。排外的经验（这种经验有时从驱逐中获得，有时从某种能够确保归属因此也是不需反省的框架的消失或衰微中获得）优先于把包容作为一种结局和一项任务来接受。它创造了对身份的渴求和对归属的“玉露琼浆”的积极寻找。也就是寻求对身份的权威认证，寻求给自己的通行证上盖上印章。

由包容、接受和确认所组成的“我们”是一个令人感到满足的安全国度，把由“他们”所构成的外部世界的恐怖荒野隔绝在外（尽管很少如人们渴望的那样保险）。除非相信“我们”拥有认可的能力和保护那些已经被接受的人的力量，这种安全才能获得。如果“我们”的力量似乎能被证明胜过“他们”——那些陌生人、反对者和充满敌意的人也就是在自我确认的过程中用解释“我们”同样的方式所理解的“他们”——那么这份认同将是牢固可靠的。“我们”必须是强大的，否则社会认同将不能使人感到满足。正如海因里希·海涅（Heinrich Heine）曾评论的那样，最无效的保护墙之一就在种族聚集区，居于其中的人们毫无快乐可言，因为“胆怯守卫在内，愚蠢守卫在外”。

（“我们”的认同）所需的力量并不会自我产生，而是必须被创造，它需要创造者和权威，需要**文化**——来教育、训练和讲授。欧内斯特·雷南（Ernest Renan）在反思 19 世纪法国需要智力和道德改革时哀叹“民众的状态”（ state of the masses），然而民众最无能为力的就是依靠他们自己的意愿和力量从那种状态中解脱出来：“民众的生活困苦而粗糙，受到与他们利益相关的最肤浅的想法所左右。”“愚蠢和无知的人是最好统一起来的，但是这种联合往往不能带来什么益处。”“穷人所受的肉体上的无尽困苦无疑是令人悲痛的，然而我必须承认，这种悲痛显然要比大多数
xxxii 注定的智识上的狭隘所带给我的痛苦要轻很多。”[1] 从道德和实践层面能够汲取到的显见教训是，为了一个可预见延续的将来，民众必须变成悉心呵护以提高其精神面貌的**客体**，而要防止他们成

[1] Ernest Renan, from ‘L’avenir de la science’, in *Pages Choisis*, Paris, Calman Levy, 1896, pp.27, 31.

为自主行动的主体，因为他们不太可能作出可以**让人接受的**（one would be ready to accept）选择。正是民众的存在构筑了精神领袖存在的基础，如此也提供了精神领袖存在的理由（*raison d'être*）。雷南写下的以上那些观点在当时是受到广泛接受的，不久之后被利本（LeBon）、塔德（Tarde）和索雷尔（Sorel）等人进一步阐释。这些观点成为对一个世纪乃至更久的关于**隔离**（estrangement）和**重新征服**（reconquest）的概括。

"民众"是伴随着现代性所诞生的成员众多的门类中的一个——这些门类都反映了现代性在一种全新、超地方和同质化的安排中消解各种各样地方性认同的野心，通过命令和控制、训练和教化以及必要时的强制来统一混杂的人群。这种政治过程所形成的智识上的必然结果就是将具有各种宗教的、法律的和职业的身份的人们（*le petit peuple*）聚集成为不加区分的"群众"，或者"盲流"（乱民）——这种情形真正始于17世纪，并只在启蒙运动的思潮中达到了概念上的成熟。根据罗贝尔·穆尚布莱（Robert Muchembled）的说法：

> 15、16世纪所有的社会群体在当时世界中的同一水平上移动，这与我们的情况相去甚远。出身或者财富所造成的鸿沟并没有在统治者和被统治者之间造成感情和日常行为方面的深刻差异……
>
> 然而从18世纪开始，这两个群体在精神世界上的断裂加剧了。文明化的人不再能在正确的意义上感受"人"，拒绝所有对他们来说野蛮、肮脏、淫荡的东西，为了更好地抵抗在

他们身上相似的欲望……不同的气味（odour），成为社会区分的标准。①

在**神圣的存在之链**（divine chain of being）当中——也就是基督教的欧洲在前现代时期用来拼接其生活世界的思想——有很多或大或小的类别和次类；事实上对于一个已经无所不包和全面定义的“次分类之类别”，出现了很多如同“开化”与“未开化”之间的现代分类——生的、下等的、粗俗的、未精致化的、有待提高的。

始于17世纪的“文明化进程”（civilizing process）是精英们第一次也是最重要的一次以真正革命性的方式从“其余人”中将自身分离出来的动力所在——所谓的“其余人”，尽管在内部存在诸多差异，但现在都被强有力地混合成为同质化的“民众”：一个激进的**去文化共时化**（cultural de-synchronization）的过程。对于主动的精英一方而言，这个过程产生的当务之急是自我形塑、自我训练和自我提升；对于被动接受的“民众”一方而言，这是

① Robert Muchembled, *L'invention de l'homme moderne: Sociabilité, moeurs et comportements collectives dans l'Ancien Régime*, Paris, Fayard, 1988, pp.12, 13, 150. “文明化进程”[由诺伯特·埃利亚斯(Norbert Elias)推广的旨在挑战“下渗”模型的概念]向两个方向急剧分化的效应的思想也在穆尚布莱的其他著作中得到系统性的阐述（See particularly *La violence en village: Sociabilité et comportements en Artois du XVe au XVIIe siècle*, Paris, Bregnols, 1989)。根据穆尚布莱的观点，日常的感知和行为标准中最深刻的变化受制于一小部分精英；他们既作为一种自行疏远的工具，也作为一种新观点发挥着优势地位，从这种新观点出发，除了他们之外剩下的人都被统一审视为粗俗的而且至少在初期阶段也是不文明的。自我完善作为精英的一种策略，曾与在对付“民众”的过程中所采取的限制、管理和普遍的监督一道部署实施。文明化进程最好被理解为一种控制与统治的新结构的“重组”，一旦整合社会的前现代制度被证明是不充分且逐渐分崩离析的，这种“重组”就会开始进行[我已经在我的著作中充分论证了这一点(*Legislators and Interpreters: On Modernity, Postmodernity and the Intellectuals*, Cambridge, Polity Press, 1987）]。

一个将“民众”生物化、医学化、犯罪化并对其进行日益严格监管的趋势——“判别出野蛮、下流和完全不能控制感情的行为，以便适合于文明的模式”。

总而言之，在现在性的开端，人们会发现接受教化和启蒙了的精英**自我**形塑的过程（通过精神提升和身体训练两个方面，精 xxxiii
英现在被一种“文明的风格”分区出来）；这同时也是一个由权力促成的、塑造民众的过程，作为由精英们主导运转、行动和负责的潜在领域。精英的**责任**在于领导民众变得更加具有人性(humanity)；**行动**则采取劝说或强制的形式。正是这种责任和相关的行动驱动了对“民众”的定义——以共存互补，即便有时是表面对立的两种形态存在:“乱民”(一旦武力成为秩序)和“人民”(当寄希望于教化取代武力)。

那些用于产生重大分离的事物一定在随后的重大重组中发生作用。四分五裂的社会将在新一代受过教育的文明精英的领导下重新整合，他们现在已经牢牢地掌控局势。再次用盖尔纳的话来说就是：

> 现代社会的秩序基础并不在于刽子手，而是教授。国家权力的工具和象征是博士学位（*doctorat d'état*）（这一命名很是恰当），而非断头台。对于合法教育的垄断现在越发比合法暴力更加重要和享有中心地位。[①]

① Ernest Gellner, *Nations and Nationalism*, Oxford, Blackwell, 1983, pp.34. 让我们回想一下，雷南（尽管关于这一主题他被记住的主要是其将国家描述为“日常的公民投票”，这一表述经常被引用）永远不会接受人民（*le peuple*）（他并非无缘无故将他们视作并害怕他们是笨拙和粗俗的）在表决中具有投票权。他认为教育自由是荒谬的，教育活动的对象所需要的是权威，而不是他们不知如何运用的选择的自由。直到教育实现其目标之前，学生们都应该以正确的方式塑造和规训，“宣扬自由就是宣扬破坏；这就像明知道熊

社会整合和再生产的任务不再留给自发和非反身性的社会运转力量，这种力量基于众多紧凑的地方（localities）而运转，每一个地方都独立地依赖于当地的资源。准确来说，现代精英早已有意识且坚决地与他们现在视为不合理的情势决裂了，即那些回想起来仍令人厌恶的、去中心化的、弥散的、混乱的因此也是危险且常孕育灾难的情势。

整合和再生产社会秩序的过程早已成为专门化的领域——一个合法确定的权威的领域，这些领域强化和巩固了先于它们完成的分离过程。“启蒙工程”塑造了博学和“有教养”的精英来掌舵，也将余下的社会成员塑造为自然而然由精英教导和“教化”行动的对象，因此再生产出一套全新、现代形式的统治结构：超越前现代时期剩余产品再分配的任务，主要将塑造统治对象的精神和身体作为必需，并深刻地渗透到他们的日常行为和生活世界的结构当中。教育民众的需要不仅是对民众自身“社会性无能”（social incompetence）的宣告，同时也是对专家独裁的呼求（或者用受教育精英自己的话来说，就是对理性、人道的举止和良好品位进行捍卫的“启蒙的专制主义”）。

民族（nation）的建立本质上就是这样一种努力。因此，这与统治结构一样是现代的，一种新的社会整合正是借此生成，或者作为社会阶层在此过程中被提升到管理者的位置。在现代历史

和狮子的天性，却还是要打开动物园里的笼子”（Cf. Ernest Renan, from ‘L’avenir de la science’, in *Pages Choisis*, Paris, Calman Levy, 1896, pp.28-34.）。在雷南前的大约一个世纪（1806 年），约翰 · 费希特（Johann Fichte）提出，新教育必须“在将自由意志扼杀在可能滋生和培育它的土壤中，相反，决定性意志是非常必需的……如果你想完全影响他[也就是教育的对象]，你必须不止是对他讲话；你必须以一种使他只会产生你希望他产生的意志的方式去塑造他，塑造他，再塑造他”(Quoted after Elie Kedourie, *Nationalism*, London, Hutchinson, 1960, p.83)。

的进程中，民族主义（nationalism）起到了将国家（state）和社
会（后者被概念化，也就是等同于国家）紧密链接的作用。在民 xxxiv
族主义者的视线中，在复兴大业的冲刺终点线处，国家和民族是作为自然而然的联盟出现的。国家供给民族建设所需的资源，同时假定的民族之联合和共同的民族命运为国家权威发号施令提供了合法性。

在通过国家管理的法律秩序来确保超地方性整合的现代性努力，与超地方、民族性的文化防卫之间存在着紧密然而却是选择性的密切关系。人们可能会说，无论是否有意为之，新兴国家通过站在既有存在或重新煽动的民族主义一边来寻求合法性支持；同时民族主义工程则在现存或待建立的国家权力中寻求有效性的工具和保证。的确，由精英推动的民族性和国家性之间的联盟已经变得极为紧密，以至于19世纪末莫里斯·巴雷斯（Maurice Barrès）在回顾国家和民族的关系时将其视作完全**自然**自发的过程，一种自然法则之类的产物：“人们（peoples）依自然权利从历史的束缚中解放出来，大革命将他们组织到民族（nationalities）中去……他们依据共同的传说和休戚与共的生存而自发地形成各种群体。”[①] 为了成为民族，文化必须首先否认它是一种规划的结果，而必须假扮成是自然形成的结果。

巴雷斯问道：“何为祖国（*la patrie*）？”他继而回答：“是土地和亡者（*La Terre et les Morts*）。”“祖国”的这两个所谓的组成部分有一个共同特征：都无关乎选择，都不能被**自由选择**。一个

① Maurice Barrès *Scènes et doctrines du nationalisme*, Paris, Emile Paul, 1902, p.443.

人在作出任何经过深思熟虑的选择之前，就已经出生并成长于此处此刻的土地，而且成为其祖先的继承者。一个人可以迁移到别的地方，但却不能带走这片土地，也不能把其他土地变为自己的土地。一个人也可以选择自己的伙伴，但却不能改变亡故的祖先，祖先是自己的而不能是别人的，而别人的祖先也不能变成自己的。在评论克里昂（Creon）和安提戈涅（Antigone）的冲突时，巴雷斯明确了选择的限度：

> 克里昂是来自域外的大师。他说："我知道国家的法律，我会遵守这些法律。"这来自他智识上的判断。但是智识——却是我们自身最浅层的微不足道之物啊！而安提戈涅则刚好相反……她秉承深层的血统，受到潜意识领域的鼓舞，在这个领域中尊重、爱和恐惧都无法与崇高的力量区分开来。[①]

只以智力和恰当无误的也即后天学来的知识武装自己的克里昂所不具有的，是安提戈涅的脊梁（*l'épine dorsale*），人类生命体的全部都由它支撑且依其所生（巴雷斯强调，脊梁并不是个隐喻，而是"最有力的类比"）。与坚实的脊梁相比，智识不就是"最浅层的微不足道之物"？脊梁是决定其他东西位置所在的定点，决
xxxv 定了全身的动作和身体的每个部分的活动是否可行（即是否会威胁到脊梁使其折断）。如同脊梁，真理同样也是一个定点：不是到达点（即不是学习过程的**终点**），而是所有知识的**起点**，一个不能创造，只能被发现或者在错失之后重新觅回的点；"一个独一无二、

① Maurice Barrès *Scènes et doctrines du nationalisme*, Paris, Emile Paul, 1902, pp.8-13.

只存在于一处而不在他处的点，所有事物依此在我们面前才呈现出恰当的比例”。

> 我应当把自己置身于我的眼睛所要求的那个点，因为这双眼睛是历经世纪所形成的：从这个点出发，所有事情都为其自身提供了一个法国人的衡量标准。在给定的客体和决策人之间的权利总体和真正关联，是法国人，是法国的真理和正义。纯粹的民族主义就是关于这个定点之存在的知识，包括去寻找它，并且一旦找到便坚守，以从中获得我们的艺术、政治及所有活动。

换言之，这个点在我出生之前就是固定的，我自身在开始思考它或者其他任何事情之前，也正是为它所“固定”，然而寻找这个定点仍是我的任务，是必须通过运用理性来做的事。我必须积极地寻找，并选择无关选择的事情（not a matter of choice）：**自愿地**拥抱**不可逃避**的事情，在完全的**意识状态下，有意选择**屈服于那些一直存在于我**潜意识**中的东西。自由选择的结果是预先给定的，尽管运用意志，却并不是真正自由的意志，因为于我而言只有一件事是能够被真正意愿的，那就是我将由土地和亡者决定。为了取悦我严苛的主人，我对自己说：“我愿接受这些主人，并且通过使他们成为我崇拜的对象，从而分享他们的力量。”

然而，还存在一些我可能要碰巧意愿或者（错误地）想成可以自由意愿的事。比如，否认自己的主人或者占有并非属于我的主人，这两种情况中我可能会真的相信我是自由的，而我的理性主导的选择如同理性本身一样并无束缚。两种情况的结局是一样的：是连根拔起（*déracinement*）和无根性，即那没有脊梁的无力肉身和那没有定点可栖的徘徊浮躁的思想。

将特定人类物种联合（并且将其他一些排除在外）在一起的不是**团结**（solidarity）——那种可以通过意志、谈判、同意或拒绝就能伪造或抵赖的东西——而是**亲属关系**（kinship），亲属关系是不能随意留置或者交易的。“同一种族、同一家族的事实塑造了一种心理学上的决定论；正是在这个意义上我使用了亲属关系一词。”亲属关系的作用并不稳固，虽然其足够强大到可以激发团结就能最终获胜的信念，但并不足以滋养出自满与寂静主义（quietism）[①]的合法化。真正的民族主义（当然是巴雷斯风格的民族主义）会无一例外避开非个人化的、压倒性的种族决定论：“从准确的字面意义上而言，说存在一个法国种族（French race）是完全错误的。我们不是一个种族，而是一个民族（nation），一个每天都在不断创造自身并且防止其消弭、毁灭的民族，我们——构成这个民族的每一分子——必须保卫它。”[②]

如果群体的成员资格取决于种族，那么任何事在来得及思考
xxxvi 和言说之前就都被说完或做过，并且所有重要之事都将一成不变，无论还将出现什么样的思想或说法。与此同时，如果群体的患难与共依赖于对命运的自愿接受（如果民族是雷南所说的“公民日常投票”），那么也将（最重要地）依赖于谈论的内容、谈论的频率以及凭借怎样的说服力，还有谈论之人是谁。与种族不同，民

① 寂静主义是高级宗教中常见的一种神秘的灵修态度或运动，指信徒在灵修中追寻“被动”的寂静与弃绝个人的“主动”以便与神相通甚至合一，由此把人的活动与责任减到最低限度。——译注

② Maurice Barrès *Scènes et doctrines du nationalisme*, Paris, Emile Paul, 1902, pp.16, 20.

族如果没有“唤醒良知”的发言人就是不完整的；与种族不同，意识是民族所定义的属性之一；它必须通过自身的努力实现从自在（*en soi*）到自为（*pour soi*）的转变——然而最重要的，是通过民族文化的守卫者每日辛勤耕耘的努力来实现。

民族主义工程最显著的一个特征常常是**保证**实现巴雷斯意义上的“我必须”的强烈驱动，确保每个人都去“发现脊梁”（discovery of backbone），并“坚守”住“所有活动”中所发现的事物。[①]并且只有一种保证的方法，那就是用国家法定强制力的特权尽可能不让“错失定点”的情况发生，还要实际上确保能够“找到定点”。没有国家力量支撑的民族只是众多“参照群体”（reference group）中的一个——它们忧患于生存，为不断变化的潮流所冲击，必须长久地求助于飘忽不定的忠诚，还要依赖于提供自己胜于竞争者的优势证明。与此同时，民族－国家（民族观念已融入国家的血肉当中）能够为忠诚立法并预先决定自由选择的后果。假定的“根”可以通过立法而存在，并且由法定的国家机构、国家定义的文化遗产标准和国家认可的历史教育课程去维护。

回顾所有这些措施的目的，其实都是放松或解除各个“共同体”（communities）（即地方性的传统、习俗、方言、历法、忠诚）对可能成为只忠心于一个不可分割民族的爱国者的人们的控制。现代民族－国家作出的所有努力的指导思想，是将忠诚叠加在社群主义的马赛克也就是地方“特殊主义”之上。就政治实践而言，就意味着将所有中间力量（*pouvoirs intermèdiaires*）进行拆分或

① 关于发现脊梁的内容见本书边码 xxxv 页。——译注

者在法律上解除其权力，任何民族－国家之外的团体，除了声称其是民族－国家意志的执行者和行使代表性权力之外，都无法拥有更多的自治性。

正如查尔斯·泰勒（Charles Taylor）所指出的，大约在历经两个世纪之久的所有这些(最终非决定性的)民族统一的努力之后，“少数人的共同体”(minority communities) 开始“奋力维持自身”。他们**作为一个共同体**而奋力维持自身。这就意味着“这些人”（泰勒并没有说明“这些人”是谁，只是默默接受了“牧羊人”和“羊群”声称的利益和命运相连的假设）“拼命争取**超出作为个体之外的权利**”（即存在一种极为重要的东西，能够将对个体**之为**个体的权利的悬置进行合理化），那么斗争当然无法避免，并且任何仁慈的智者都应给予这些斗士以同情和援助。但是，这个“超出（个体之外）的东西”是什么呢？

xxxvii “超出（个体之外）的东西”（一种能够限制个人权利作出合意甚至受欢迎的选择的“东西”）是“**生存**目的”（goal of survivance)，这意味着“通过未来几代人来保证的共同体的延续”。简单而言，或者尤其是用**实用**的话来讲，对“生存目的”的追寻要求共同体拥有**限制或抢占**年轻人甚至还没出生的一代人的选择的权利，并替他们决定其选择应该是什么样的。换言之，这里要求的就是强制性的力量，来确保人们按照这种而非其他方式行动，缩小他们选择的范围，操纵各种可能性，**使得个体做别无他法的事，使他们如果选择其他就会更不自由**。为什么这样做如此重要呢？泰勒指出，这是按照人们完全了解的自身利益所做出的（这并非一个新论据，正如知识分子的历史所呈现的），因为“人类只能依靠其所在社会的语言和文化传统提供的方案，对生活方式进行有意义的选择”[①]。

相似的思想为民族－国家一代代的先知和宫廷诗人所反复表达,但我们并不能直截了当地看出在泰勒笔下这应当成为支持“抗争的少数族群”的理由。为了理解这种“叙述上的变化”，人们首先需要探究其中隐藏的推论，也就是意识到民族－国家并没有兑现它的承诺，出于这样或那样的原因，它作为“对生活方式进行有意义的选择”的源泉而枯竭，意识到缺乏国家基础的民族主义已经丧失权威，高于一切的个体选择权既是不再可行也无法再被接受的，并且意识到在这样的情况下正是“抗争的少数族群”被认为是战壕的第二道防线，在此“有意义的选择”能够得以被保护而幸存。现在，成功完成民族－国家失败了的任务的希望落在了“抗争的少数族群”身上。

民族主义和社群主义在愿望和矛盾之间的惊人相似性（事实上，是认同禁止了叙述上的变化）绝非偶然。两种“完美未来”的幻想终究只是哲学家对于人们从认同中急剧“脱嵌”(disembedment）的经验的广泛性作出的反应，这是由于当下认同所习惯性嵌入于其中的框架的加速崩溃造成的。民族主义是对“家庭工业”(cottage industry）认同大规模消失以及地方性（事实上也是非反思性地）生产及其所背书的生活模式的贬值。

民族主义的幻觉产生于一种急切的渴望，即表面上作为前现代生活标记的生存的明确性和安全性能够在民族成员资格和国家

① See Charles Taylor, ‘Can liberalism be communitarian?’, *Critical Review*, vol. 8 no. 2,1994, pp.257-262.

公民身份合二为一时在社会组织更高和超地方的层次上得以重建。出于这里难以一一详述的大量原因，这种渴望最终没能实现。民族－国家被证明是现代社会的孵化器，支配这种现代社会的并非整齐划一的感情，而主要是五花八门的非情感性的市场利益。回顾起来，根除地方性忠诚的全部工作与其说是更高层次的认同的
xxxviii 产物，不如说是为市场导向的信任游戏而进行的清场操作，这一游戏的内容关于对自我描述的快速组装（quickly-assembled）和快速拆解（fast-dismantled）。

因此人们很难再获得“有意义的认同”（即曾是民族主义者、现在是社群主义者所假定的“有意义”）。因为让认同原封不动地保留哪怕短暂的瞬间，都需要个体具有超出其能力范围的被教授/所学到的杂耍技巧（juggling skills）。由于被国家制度化的社会会伸出援手的观念已经站不住脚了，我们的眼光转向了另一个不同的方向也就不足为奇了。然而历史的讽刺之处在于我们的目光向曾经被彻底破坏的实体投射过去，它们的毁灭自现代开端以来就被作为“有意义的选择”的必要条件（the condition sine qua non of “meaningful choice”）：现在受到诸多诋毁的原始的、“地方的”和必然**比民族－国家小的**自然共同体，曾被现代化宣传描述为偏狭的、闭塞的、充满偏见的、暴虐的、愚昧的，而且成为以“有意义的选择”为旗号的文化圣战的靶子；如今，则被期待是高效的、非随机化的、充满意义的并值得信赖的选择的实现者，去实现民族－国家、民族文化都完全没能实现的这些选择。

诚然，过时的国家导向的民族主义远未自生自灭，尤其是在后殖民世界，在非洲和东欧，在崩溃的资本主义的残骸中更是如此。

在这里，国家为迷失者和困惑者提供归属的观念仍是新鲜和未经检验的，它牢固地寄托于未来当中（即使民族主义像社群主义一样，兴致昂扬地以传统的语言、起源和共同的过去来展开部署），而未来也是投入人们心愿和渴望的天然场所。与此同时，对欧洲来说（除了最东边和后殖民地的部分之外），民族主义和它的最高成就民族－国家则一道丧失了往日的荣光。它现在仍没能解决过去要解决的问题，如果再次期待它能表现得更好就显得很愚蠢了。欧洲同样知道后殖民世界所不知道也不在乎的事：民族－国家的事业越是接近于一个坚实基础和安全家园的典范，那么“在房子周围四处走走”的自由就越少，且“房子”内部的空气就会变得越恶臭和污秽。由于以上和其他方面的原因，如今的民族－国家所习惯、所能做和所希望的任何事都不能解决不确定性（uncertainty）的痛苦，正是不确定性吞噬了现代晚期或后现代个体的心灵资源。

这种情况下，让出现在社群主义书写中的幻象或“自然的共同体”如此具有吸引力首先在于，它们是独立于甚至对立于国家及其积极推动的同质化的“国家文化”而被构想出来的。看上去就像与大众感情所共鸣的国家已经被社群主义哲学家们弃作人类生存中“制造风险”（risk-producing）的一面了：它关心个体自由，
但却出于同样的原因在个体追寻“有意义的选择”时又抛下个体 xxxix
独自承受明显不充足的资源。正如民族之前所做的，现在是“自然的共同体”代表着意义之梦（dream of meaning）——因此代表着认同之梦。矛盾的是，无论社群主义者多么渴望在真正或发明的但通常是前现代的过去中为有意义的选择“根植”新的庇护所，对哲学家及与其相似的读者所产生吸引力的仍是渴望冒险、渴望

探索未经探索、渴望尝试未经尝试的现代精神。

从政治的角度来讲，社群主义关于文化的想象与“民族文化”（按照“文化”的原初意义来讲，即培育、启蒙、改变、转化和发动文化圣战的活动）同质化的野心对立，这种野心包含在其自称为民族－国家的守护者和管理者的实践当中。站在社会学的角度上讲，这些对立却并没有那么明显。

国家对“民族文化”的促进，正如以上所述的，是要求将文化作为一个“系统”——一个自我封闭的整体，通过根除所有不适合标准化模型的残存的风俗习惯得以推进，并意味着这在国家主权的领域（这个领域现在与民族的领土等同起来）中成为必需。这个模型与“多元－文化主义”是有机对立的——从民族文化的视角看来，“多元－文化主义”只能被消极地认为是国家管理计划失败的状况，因为坚持多种独立和自主的价值体系和行为规范会造成一种统治性的、没有其他竞争的文化权威的缺位。社群主义原则上并不与这种看法决裂。就像民族文化的规划一样，社群主义关于多元－文化主义只是默认了文化的系统性、“整体性”特征，只是推翻了对很多这样的“整体”共同存在于一个政治领域中的评估，并且预设了这种共存能够在得到权力协助的民族文化规划消融于同一个民族的文化系统中时仍能有力地延续下来。

对民族－国家文化野心产生怀疑，以及对国家所承诺的有意义的、理由充分的认同失去信心并非是毫无理由的。国家促进的文化，被证明在面对文化产品的商品化以及对所有价值标准（除了具有诱惑力、营利性和竞争性的那些）的侵蚀时只能提供微弱的保护。并且，也正因为如此，曾牢固树立路标和里程碑的地面上留下了很多坑洞。而且存在对于认同的经验——“脱嵌”、“毫无阻碍”、自由漂浮、非固定的脆弱而易受伤害的认同——的普遍恐惧和不满，当对认同的建构和保护的任务留给个体，留给“不受管制的”和“私有化”的自发形成且大多匮乏的个体资源时，这种经验就会大规模地滋生。让这种现代状况成为个体命运和责任的自我主张（self-assertion）需要大量的资源，但是向所有社会成员提供资源的前景却总是虚无缥缈的。随着可以公开炫耀的大量选择和个人进行选择的有限能力之间的鸿沟逐渐加深，人们对“甜蜜的归属”（sweetness of belonging）的怀旧只增不减。国家促 xl
进的民族文化本来是要为无助的绝望者提供一个平衡力（counter-weight）来减轻其心理上的伤害，并限制由市场竞争释放的力量带来的原子化、相互疏远及孤独感；然而它失败了，或者说它曾经许诺的希望落空了，因为市场驱动的原子化正在奋力前行，而不确定感则越发强烈。

社群主义从民族－国家的手中接管了倒下的（丢掉的？）旗帜，并许诺实现国家所失信的东西，即甜蜜的归属。在对“脱嵌”、“去除管制”、为完全自由竞争的去私有化力量所发起的战争中，社群主义采用了国家在文化圣战时期的相同策略，即通过精神统一来疗愈心理创伤，但对最初造成这些伤害的分散性的强大力量则听之任之。共有的文化（shared culture）在两种情形中都被认为是对市场造成的去根（uprooting）效应的补偿。对补偿的许诺尤其针对那些在汹涌的竞争激流中下沉淹没而不会游泳的人。值得注意的是，民族文化的规划和社群主义的规划都认为替代方案是不可行的，即通过给每个个体提供所需的资源及相匹配的自信来使得自我主张的自由变得真正普遍，从而使得如上的补偿成为多余。

最近在“真假问题”(False and Real Problems)[①]这个巧妙的标题下的一项研究中，阿兰·图海纳(Alain Touraine)要求我们对两种经常混淆以致对公共讨论造成损害的现象进行区分，即“多元－文化主义”(multi-culturalism)和“多元－社群主义”(multi-communitarianism)：

> 除非摧毁需要根据与一个社会、一种权威和一种文化之间的关系来定义的共同体，否则文化多元主义不可能实现。*为了保护多元－文化社会的观念，就必须要拒绝多元－社群主义社会的观念。*

多元－文化主义与多元－社群主义远非一枚硬币的两面，它们完全是截然相反的两种观念：“在文化认同和共同传统的基础上创造社会和政治权威，与多元文化主义的观念是背道而驰的。”真正的结论应当如下：

> 破碎的文化空间变成社群主义各种各样的堡垒，也就是在政治上组织起来的群体，它们的领导者们从文化传统中获得其合法性、影响力和号召力。

向共同体呼吁保护其文化独特性的权利，往往“在一层单薄的文化主义外壳下隐藏独裁权力的残暴性”。在被驱逐者的绝望和

① Alain Touraine, ‘Faux et vrais problèmes’, in *Une société fragmentée? - Le multiculturalisme en debat,* sous la direction de Michel Wiewiorka, Paris, La Découverte, 1997, pp.312, 306, 310.

很多害怕被驱逐的人的不安全感中，存在着巨大的政治资本——同时存在着想要成为共同体领袖的人，在文化网络的帮助下渴望从中获得政治资本。

目前为止，我们已经追溯了民族主义规划和社群主义规划之 xli
间的相似性，这种相似性在最后归结为二者关于文化“系统性”安排的既得利益，它们都抑制差异性和抹去文化选择中的矛盾性，并创造一个能够解决社会认同的棘手问题的想象的整体。然而值得注意的是，在两种规划之间还有一些不同，而且无疑是最根本的不同。

第一，民族－文化的规划被设想为应对另一种现代背离（modern departure）即公民权的普及的必要补充。民族共同体是权利义务平等的共和政体的另一张面孔——由于公民平等，民族共同体对公民可能做出的文化选择并不干涉。这种公民共和政体也同样是承担着风险的个体的共和政体，正如约瑟夫·布罗茨基（Iosif Brodski）曾经谈到的，一个自由的人是即便失败也不抱怨的人，而成为一个自由的公民则需要经受不断失败的可能并具有为其后果承担责任的意愿。民族－文化的补充作用实际上在于整合由公民的非人格性所分离的东西，原则上尽管在实践中并不总是如此，但民族－文化能够使得平等公民的共和政体运转顺畅，因为其能够集体化地保护公民对抗其个体选择所带来的不良后果，并允诺在个体所走的钢丝（tightrope-walking）下面延展公共团结的安全网（safety-net）。安全网的作用事实上是双向的：共和政体保障了公民的权利，同时也保护其避免陷入文化圣战的绝境。民族文化规划和共和政体规划的关系不能免于摩擦，然而恰恰归功于两种规划之间的张力，现代性才能出现和发展。

从这个意义上讲，社群主义规划暴露出一种颇为明显的反现代倾向（antimodern streak）。它并不受民族－国家对共和政体和公民自由所作的承诺的约束和限制。文化共同体如其所说只是一个**文化**共同体，只存在于共同传统（或者共同传统的假设）的恩惠之中，文化共同体都是关于无法赎回的自由选择权，关于对一种文化选择的偏好的促进和对其他所有选择的排斥——关于严格的监视和审查。文化共同体所施加的要求服从的压力，并不会因为对促进法律普遍主义（这种普遍主义可以阻止对未经同意且缺乏引渡的文化选择的惩罚）的需求而减轻。因此我们有充分理由预期共同体会将文化忍耐度推向连最不宽容的民族－国家也很少达到的极限。的确，社群主义的文化共同体被置于“要么服从，要么死亡”的处境中。

第二个不同点紧随着第一个。社群主义规划的文化共同体——必然是一个具有自我意识和自我宣称的共同体，一个假定的共同体——除了具有其成员对团结一心的矢志不渝的忠诚之外别无一物。从这个角度说，这种共同体明显不同于它所宣称要复兴和效仿的前现代共同体——一个真正的“总体”。现在被从生活本身分割出来的方方面面而后又合成为“文化”的东西，在真正的“总
xlii 体”中本是与生活的其他方面相互缠绕和混合在一起的，并且从来没有被编成一套需要学习和遵守的规则，更不用说作为一项任务了。社群主义规划的文化共同体也明显不同于“民族共同体”的现代规划，“民族共同体”的现代规划——无论是否现实——旨在超地方的层面上重建这种真正的“总体”。由于这个原因，“文

化”在**假想的**文化共同体的观念中背负了其本身并没有力量实现的整合功能。这种共同体在一开始必然是易受伤害的，并且能够意识到自己的脆弱性所在——由此造成了对各种信仰和各种要被遵照的生活方式的一种奢侈的宽容和妥协。文化规范在政治议题中变得最为炙手可热，共同体成员的行为几乎没有不关乎集体存亡的，并且几乎没有需要留给成员自己决定和负责任的行为。按照弗雷德里克·巴特的说法，所有显著不同的标志都必须得到重视，而且必须积极寻找或发明新的区别，来把共同体跟它的邻居——尤其是物理上（经济的、政治的）的近邻、对话和交流的伙伴——区别开来。对一个所有其他的生活面向都可以创立和提供多样选择的世界，必须施加一种“别无选择”的条件；文化同质性必须通过有意识的努力，强加在固有的多元现实之上。

文化共同体因此必然是文化强制的场所（a site of cultural coercion）——而**体验**和忍耐强制的过程会让一切越发痛苦。文化共同体只有以牺牲成员的选择自由为代价才能存在。如果没有对违背其规范的紧密监视、严格规训和严厉惩罚，它将不能永存。因此它并不是那么“后现代”，而是“反现代”的：在反对自我主张和个体责任并对以往平衡和缓和同质化压力的不良影响的现代革命产物时，它提议以一种更加严苛和残忍的形式重现摧毁所有矛盾的现代民族－建构的文化圣战中更危险和可憎的非人道行为。在一个信息自由流动、交流网络全球化的后现代或者现代晚期世界中，“文化共同体”可以说是逆流前行的。

社群主义规划的“文化共同体”第三个显著的不同之处来自以下矛盾：文化共同体的鼓吹者和捍卫者几乎不可避免地发展出

一种“被围困的堡垒”（besieged fortress）的心态。的确，周围世界的所有特征事实上都共谋反对他们的规划。脆弱感不能培养自信，然而自信的缺乏则会助长近乎偏执的怀疑。对自身的精神安全而言，文化共同体需要很多敌人——越邪恶狡诈越好。文化共同体的鼓吹者和潜在领导者在扮演边境巡逻队的角色时感觉最好。跨界的活动和对话对他们而言无异于诅咒，他们讨厌跟生活方式不同的人进行肢体接触，跟这些人进行思想自由交流更是极端危险。

这可能就是图海纳谈到社群主义支持的作为掩盖着薄薄细纱
xliii 的独裁统治的文化共同体时，在脑海中出现的观点。如果说“多元－文化主义”至少在它的一些版本中是统一和整合的“包容性”力量，那么“多元－社群主义”则没有被给予这样的机会。后者是分裂性的因素，天生就是“排他主义者”，总是从交流的失败中获益。它只会产生不宽容，产生社会、文化上的分裂。

同样是将文化多样性提升到至高无上的地位，多元－文化主义会把所有文化变动归因于潜在的普适性的效力，多元－社群主义则因各种文化形式的特殊性和不可翻译性而蓬勃发展。对前者而言，文化多样性处处盛行；对后者而言，“普世价值”是认同匮乏的表现（identity-impoverishing）。这两种规划并没有在对话，它们的谈论都忽略彼此。

人们想知道在何种程度上这一争论会走向死胡同，在那里文化的“总体性”、系统性观点迟早在一个现代晚期或后现代类型的多元多样的社会中成为主角。人们同时想知道，明确或默认同意这种观点的双方，在坚持这种观点的过程中解决分歧还会取得多少进步。

多元－文化主义和多元－社群主义的规划是两种意在解决相似病症即**同一个社会中多种文化的共同存在**的不同策略。然而一开始的诊断看起来就是错的。当代生活最突出的特征是多个社会的文化多样性（cultural variety of societies），而不是同一个社会中的**多样文化**（variety of cultures in society）：对一种文化形式的接受或拒绝不再是一锤子买卖；它并不要求同时接受或拒绝整个文化清单，也并不意味着“文化的彻底转变”（cultural conversion）。即便文化曾经是完整的系统，其中的所有单位对彼此来说都是至关重要和必不可少的，但现在也绝不如此了。碎片化影响了人类生活的所有领域，文化也不例外。

在一篇具有代表性标题《谁需要认同》的文章中，斯图亚特·霍尔建议在对认同过程的“自然主义的”（naturalistic）和“话语的”（discursive）两种理解之间作出区分。按照第一种，“认同建立在识别出与另一个人、另一个群体，或者一个理想型，或者一个建立在此基础上的团结和忠诚的自然边界的共同起源或共有特征之上”。按照第二种，“认同是一种建构，一个永不终结的过程——总是‘处于过程中’。它并不在总能被‘赢得’或‘丧失’、被延续或抛弃的意义上被决定”[①]。第二种理解才抓住了当代认同过程的真正特点。

> 认同（的概念）并不标志着自我（the self）所具有的稳定核心经过历史变迁能够从头到尾一成不变地呈现出

① Stuart Hall, ‘Who needs identity?’, in *Questions of Cultural Identity*, ed. Stuart Hall and Paul du Gay, London, Sage, 1996, pp.3-4.

> 来……它也不是隐藏在其他更加肤浅且人为设定的“我们”(selves)（一群共享历史和祖先的人）之中的集体的或真实的自我。
>
> 认同从未统一，并且现代晚期以来更加破碎和断裂；认同从来都是复数而不是单数，在不同的且往往互相交叉互相敌对的话语、实践和立场中被构建。

xliv 斯图亚特·霍尔的观察至关重要且值得密切关注。如果认真看待，这些观察提示我们需要对正在进行的“文化认同”之争所产生的概念进行彻底的反思和修正。

拿“跨文化交流”或最好还是称为“文化传播”(cultural diffusion）的概念为例，传播曾经只是文化日常生活中干扰性的事件，现在则变成了文化通常存在的模式。如果更进一步说，这个术语本身已经丧失了效用。传播的概念只在它被视作完整明确的实体之间的交流时才有意义；换言之，文化被视作相互独立的实体时才有意义。然而令人怀疑的是如今它是否还有意义。如果没有规则，则没有例外；如果没有全面和封闭的总体，就无所谓传播。传播或跨文化交流的概念并不能帮助我们理解当代文化。其他文化分析的传统概念也不行，诸如同化或适应——与文化“系统性”现实或系统性观点紧密联系的相似路径也没有助益。

跟“多元－社群主义”提出文化的自我封闭与（尽管只是出于精神上的原因）全体居民相似的自我封闭具有同时性相比，“多元－文化主义”的思想并不冒险，但它仍在这个方向上走得太远，以至于无法对当代文化的动力学做出解释。毕竟，它要对它暗示文化的独特性（distinctiveness of cultures）依然是主要事实的指控负责，还要对以下的观点负责，即所有价值、符号、意义、人工造物、行为模式和其他文化事务的运转和混合在结果上都是次要的——或多或少只是一个干扰因素、一种反常，虽然并没有达到应受谴责和令人反感的程度。同样的思想也暗含在当前流行的术语当中，比如文化混杂（cultural hybridity）、混血或者移植，这些都隐含着一个文化空间或多或少巧妙地分成独立的小块，每一个或多或少都在其“内部”和“外部”之间标明界限，且只有有限的跨边界交流。这个计划虽然允许会产生“杂交”后代的混合婚姻，但也同时立刻宣布自己的主权领土。无论是否违背使用者的意愿，诸如多元－文化主义、杂交化等术语都会唤起一种想象（毕竟它们要依赖它作为意义），一个或许便于作为政治野心幌子的想象，但很快就失去了与文化现实的联系。它最好跟它所引起和复现的文化争论的术语被一道抛弃。

当下文化阶段最突出的特征是文化产品的生产和分配已经很大程度上从**制度化**的共同体中独立出来（或者正处于独立的过程中），尤其是领土在**政治上**制度化了的共同体。大部分文化模式从共同体的外部到达日常生活的领域，其中大多数具有超过本土模式（locally-born patterns）所渴望积累和维持的说服力。这些文化模式同时在以身体运动无法达到的速度旅行，这就使得它们与集会式的面对面谈判保持了一定的安全距离；一般来说它们的到来让任何接受者都毫无准备，并且造访的时间间隔太短以至于难 xlv
以虑及对其进行对话式的检验。文化产品自在漫游，毫不顾忌国家和省际的边界，不受红色高棉（Khmer Rouge）或塔利班（Taliban）

式的审查、电子产品的管制，无人能改变它的无处不在。如果语言障碍仍能够改变或减慢它们的运动，那么这种障碍会随着电子技术的步步发展而减少。

这并不意味着文化认同的终极死亡，不过的确意味着文化认同和文化模式及产品的传播已经改变了地方（place）——至少与地方在文化的传统意象中所扮演的角色相比是这样的。文化模式及产品的运动性、无根性和全球可得 / 可接触性现在正是文化的"主要现实"，而对某种独特文化的认同只能作为选择的"附属过程"、选择性的记忆和重组这一系列反应的结果出现（最重要的是，这条反应链不会因为认同的出现而终止）。

我认为**漩涡**（eddy）比**岛屿**（island）的比喻更能抓住文化认同的本质。认同只有在持续吸纳或剔除非自身创造的文化事物时才能保持其独一无二的形态。认同并不止于其特性的唯一性，而是越来越多地构成选择 / 循环 / 重组文化事物的独特方式，这些文化事物对所有人来说都是普遍的，或者至少是潜在可以接触到的。保证认同具有持续性的是能够进行变化的活动和能力，而不是对曾经建立的形式与内容的固守。

文化的相对性和人性的普遍性

只要**文化本身的多元性**（cultural plurality）被理论化为**诸文化的多元性**（plurality of cultures），文化学者就只会将跨文化交流和跨文化比较当作他们的核心问题。的确，因为每种文化都将文化宇宙分成"内部"和"外部"，因此至少有两种或者十之八九有无限种方法来解释文化产品的含义。可能存在“局外人”的解释，虽然他们都以这样或那样的方式歪曲“局内人”的理解。如果存在一个默认的假设，即局内人的解释优先于其他所有解释，也就相当于真理对谬误享有的特权，那么“局外人”解读的理想目标则是尽可能接近一个既定文化产品对于本土生产者 / 使用者的意义，这个过程中的困难则在于如何尽可能地接近局内人的理解，但又不完全脱离自己的意义宇宙。这似乎是“跨文化翻译”最主要的困难所在。

历史学家探索因为时间久远而普通人难以了解的领域，民族学家则审视同样是因为空间距离而难以目及的领域，他们为文化翻译专家提供范式性的案例。他们的困境已经被科内利乌斯 · 卡斯托里亚迪斯总结如下：

> 历史学家或者民族学家有义务尝试理解巴比伦人 xlvi
> (Babylonians) 或波洛洛人 (Bororos) 的宇宙……因为他们以此为生并且……避免被引入这种文化本不存在的决定论……但不能就此止步。过于彻底吸收波洛洛人世界观的民族学家很难再用其他方式理解世界，他就不再是一个民族学家而是一个波洛洛人，而波洛洛人也并不是民族学家。民族学家存在的理由 (*raison d'être*) 并不是被波洛洛人同化，而是为 1965 年的巴黎人、伦敦人和纽约人解释波洛洛人所表现的另一种人性，这是他只能通过语言来实现的……[1]

① Cornelius Castoriadis, *Imaginary Institution of Society*, trans. by Kathleen Blamey, Cambridge, Polity Press, 1987, p.163 .

卡斯托里亚迪斯直接地指出，经过翻译的语言以及可以让巴黎人或纽约人通过翻译所理解的语言并不是“等同的符码”(equivalent codes)，而是由不同的“虚构的意义”(imaginary significations）构成的。为了恰当地完成工作，翻译者必须尽可能地接近这些意义，然而当这个目标快要实现时，当她极接近时，就有可能真正陷入其中，而那些她着手翻译的经验的行文风格对于她家乡的读者来说会变得像这些经验一样晦暗不明。

弗兰克·库欣（Frank Cushing）曾是研究祖尼文化的顶尖专家，但他的悲伤故事常被用来告诫立志高远的人类学家。库欣越是理解祖尼，就越是能感到他那些受到人类学家同行感激和称赞的报告是歪曲而不是反映了真实的祖尼。他开始怀疑所有的文化翻译都是一种扭曲。他对自己对祖尼文化任何深度的理解都不再满意，每当到达一个理解的尽头，他就会感到在这个尽头背后还有一个尽头。在探求完美翻译的过程中，库欣决定“从内部”体验祖尼人的宇宙。他成功了，祖尼人接受他为他们中的一员，并且授予他一个祖尼人能够得到的最高荣誉：彩虹大祭司（the Archpriest of the Rainbow)。然而从此之后，库欣再没写过任何人类学方面的只言片语。

在伟大的拉丁美洲作家博尔赫斯（Jorge Luis Borges）的绝妙故事《阿维罗斯的探索》(Averroes' Search）[①]中有一段对民族学困境的典范性描述——所有传统中的思想家都同样待在家中与全世界现代知识阶层进行交流。困惑于亚里士多德文本中的“悲剧”

① Jorge Luis Borges, ‘Averroes' search’, in *Labyrinths*, Harmondsworth, Penguin, 1970, pp.187-188.

和“喜剧”这两个词，博尔赫斯笔下的阿维罗斯夜以继日努力寻找它们在阿拉伯世界中恰当的演绎。他的麻烦并不只是在于那种字典式的、语言学层面的，而是更深层的，阿维罗斯从未在生活中去过剧院，剧院对于他所出生和生活的伊斯兰世界而言是完全未知而陌生的发明。他没有这些不熟悉的词语可以指涉的任何经验。最终，阿维罗斯写下了如下几句话：“亚里士图（亚里士多德）把颂词称为悲剧，把讽刺和诅咒称为喜剧。《古兰经》的篇章和寺院的圣器里随处都有精彩的悲剧和喜剧。”博尔赫斯以超凡的透彻性揭示了其中的寓意：

> 在上面这个故事中，我尝试讲述一个失败的过程。我首先想到的是那位企图证明上帝存在的坎特伯雷大主教，接着想到那些寻找点金石的炼金术士，又想到那些妄图三等分一
> 个角和证明圆周是直线的数学家。最后，我认为更有诗意的 xlvii
> 是一个树立了目标却不让自己去探索的、作茧自缚的人。我想起了阿维罗斯，他把自己幽禁在伊斯兰教的圈子里，怎么也弄不明白*悲剧*和*喜剧*两个词的意义。

之后关键点出现了——一份探索自我的杰出报告，在很多年中它预示着文化人类学家们那痛苦的灵魂探索和带来的眼花缭乱的启示：

> 我记叙这件事的时候，忽然有一种伯顿提到的神的感觉，那个神本想创造一头黄牛，却创造了一头水牛。我觉得自己遭到了作品的嘲弄。我认为那个丝毫不懂戏剧却想了解剧本

> 的阿维罗斯并不比我可笑，因为我只凭雷南（Renan）、莱恩（Lane）和阿辛·帕拉西奥斯（Asín Palacios）的只言片语竟然要揣摩出阿维罗斯的情况。写到最后一页时，我觉得我写的东西象征着正在写的人,也就是我自己。为了写故事，我必须成为那个人，为了成为那个人，我又必须写故事，如此循环不已。(一旦我不再信他的时候，“阿维罗斯”也就消失了。)

西方读者从异文化中获得的艰涩智慧都在这里了（这些智慧带着几个世纪以来缺乏根据然而却并未因此而减少的傲慢和自信）——在一个位于被中心装扮为边缘的世界的伟大思想者的沉思当中——但也正是这个原因，这些智慧被强有力地保持在“翻译障碍”（translation barricade）的顶端。翻译是一个自我创造和相互创造的过程，远不是翻译者运用权力将翻译对象放回其本来位置的过程，翻译者首先必须将其自身抬升到和被翻译者同一水平的位置;但如果翻译创造了翻译的文本,它也同样创造了翻译者。没有故事《阿维罗斯的探索》，探索的阿维罗斯就消失了；翻译者和被翻译者在翻译的过程中才有出现和消失——双方都在虚拟屏幕上进行着同步的交流。我们总是担心“翻译会丢失什么”，也许这是担心过度了，或者说我们担心错了，因为我们无论如何永远也不会知道真正丢失的东西，即使知道了，也无法与那些我们希望将其翻译的对象分享我们的知识。还是让我们关注一下收获吧，有些东西只能从翻译中获得。

在诠释学理论——关于理解那些不能直接被理解之事和具有

出现误解的风险的事物——的历史中，较长的一段是关于真理寻求者如何在偏见、无知和不自知的大地上进行开拓的故事，这个故事关于如何为黑暗带去光明、抗争迷信、矫正错误，要不然就是清除——常常是本地和远方的——历史的偶然在纯粹客观意义和普遍有效性的层面上留下的污点。在这种叙述中诠释者装扮成立法者，通过这种叙述来解释的诠释者被寄望于揭示那些由于经验者自身的原始性和未经启蒙的天真而不能洞悉的经验的真相。正如约瑟夫·康拉德（Joseph Conrad）笔下的马洛（Marlow）和库尔茨（Kurtz）一样，异文化的探索者受到将光明带向“黑暗的中心”的冲动的驱使。最后，翻译不是两种不同语言之间的交 xlviii
换，更不用说是两种平等语言之间的平等交换；翻译通过意义合法化的活动将或然性提高到客观性层次，这是翻译者而不是被翻译者的特权。

在 1983 年的著名演讲中，克利福德·格尔茨（Clifford Geertz）将“反－反－相对主义”（anti-anti-relativism）[①]引入当今的社会科学话语中，在随后出版的大量研究中，他推广了一种思想，即探索者关于“异文化”的著作中，探索者与同样沉浸在自身偶然世界中的“当地人”实际上是在这场遭遇的**两边**同时相遇。并不存在一种超文化和超历史（并且能够摆脱所有偶然性）的观察点，从这个点出发能够发现并接着描述真实和普遍的意义所在，相遇

① Clifford Geertz, ‘Distinguished lecture: Anti-anti-relativism’, *American Anthropologist*, no. 2, 1984, p. 263. 莱谢克·科拉科夫斯基（Leszek Kolakowski）在对漫长且仍在继续的关于所有信仰的语言学限制的争论进行总结时指出：“合法性总是与一个特定的游戏、语言、集体或个人的目的相关……我们没有能够使得我们强行打开通向超越语言、可能的文化规范、形成我们思想的实际必要条件之外的大门的工具。”（*Horror Metaphysicus*, Warsaw, PWN, 1990, p. 9）

中没有任何一方能够占据这一点。翻译是一种持续的、未完成的和无结果的对话，而且这种对话必然会一直持续下去。两种偶然性的相遇本身就是偶然的，任何努力都不能阻止这种偶然。翻译活动并不是一劳永逸的，它需要人们后续更进一步的努力。文化交汇的边疆地带，是一片因为边界不断受到侵犯而被重复划定的区域——并不仅仅是因为双方参与者在不断尝试翻译中以不同的面貌出现。

跨文化翻译是一个连续的过程，能够为既不占有同个空间也不以各自的方式测绘共同空间的人们提供并构筑一种共存(cohabitation)。没有任何翻译活动是原封不动保留任何一方的。在相遇中双方都在变化，结束时和开始时都不一样，而且翻译一旦完成并需要“另一个开始”的时候被抛弃了——这种相互的改变就是翻译的效果。

安东尼·吉登斯在最近的一本书[①]中对奈杰尔·巴利（Nigel Bailey）在印度尼西亚的人类学旅程进行了大量评论，他认为这为学习“其他文化”的学生树立了一种可以参照的典范。吉登斯赞成道："人类学在其他文化传统中发现了或许可以称为根本**智慧**（essential intelligence）的东西。”然而这一看法来得太迟了。长久以来，遵循正统方法论意味着要在人类学的报告中遵守“作者不在场”的原则（the principle of the “absence of the author”）。然而这种假装的缺席是对作者优越性和全知性前提的遮蔽，好像作者本身及其社会性造成的或出于个人原因的失败和愚蠢都能够

① Anthony Giddens, 'The future of anthropology', in *In Defence of Sociology: Essays, Interpretations, and Rejoinders*, Cambridge, Polity Press, 1996, pp.121-126.

消失在他所代言的客观知识当中（按照卡尔·马克思的解释，“人类解剖学”是猿类解剖学的钥匙。按照这个观点，人类进化的“高等形式”揭示了“低等形式”将会如何进化：他们在暗中摸索，为了找到只向他们“更高级”的继承者开放的真理）。在吉登斯看来，这种假定的“作者不在场”会造成如此产生的研究“与‘其他文化’没有进行充分的对话式介入”的效果。巴利在印度尼西亚的旅程则以一种完全不同和可敬的方式行动，“他才是天真的人（*ingénu*），而不是他去调查的那些人。他就像人类学世界中的‘幸 xlix
运的吉姆’（Lucky Jim）”[①]。

吉登斯在这里抓住了新人类学的实质。这种新人类学是为了测量后殖民世界而存在的，后殖民世界的很多边界是陌生人之间的相遇之地，这些陌生人的口袋里不会揣着制定议程的许可来相会。所有边界地的居民都面对一项类似的任务：理解，而不是责难；解释，而不是立法；为了对话，而抛弃自言自语的独白。这似乎是更加谦逊但也因此更加有力的人文学科的新规则，向栖居于我们这个时代困惑的男男女女，对于他们日益不协调且常常矛盾的大量经验许诺了一些洞见和指明了些微方向——而且这一次，有能力兑现它的承诺。但还有更多要说。

以上这些似乎也是为衡量我们这个时代全球交换和沟通，衡量扁平时间和压缩或废止的空间所制定的人文学科准则。在这种

① 《幸运的吉姆》(*Lucky Jim*) 是英国作家金斯利·艾米斯（Kingsley Amis）的一部小说，初版于 1954 年，曾赢得毛姆文学奖。《幸运的吉姆》中的故事发生在 1950 年左右，以在英国一所大学（以莱斯特大学为原型）担任中世纪历史助教的吉姆·迪克逊为主角，吉姆痛恨虚伪做作的精英学术阶层，用自己特有的小人物的、“反英雄”的方式与之对抗。他的叛逆行为让他失去了高校教师的工作和当时的女友，但最终也让他幸运地赢得了优渥的生活和一位出身高贵的女孩的芳心。——译注

世界里，不同文化间的边界是暂时划定的，并且只能拥有脆弱、充满危险和不确定的生命，大部分边界是人们想象出来的，而维持其存在的这种想象面临着很大的变数：事实上我们这个时代的物质和精神力量都必须算作它的对手了。真实的或者假定的边界常常交叉，以至于它们更多地被用于描述我们在**边界地带**的生活困境，而不是那种所谓的或守卫或侵犯的边界。任何边界本要隔开的东西事实上都会混合和随机扩散，并且分界线仅仅是未完成的规划，在其接近完成前必然也的确常常被荒废。画在流沙上的线只能在日后被抹去或重新划定。

作为波兰新一代卓越人类学家中的杰出成员的沃伊切赫·布尔什塔（Wojciech Burszta），在对新情况进行大量评估之后指出，“文化的传统理论，在诸如稳定、孤立、人口相对少、经济简单且自给自足的情况中完全能够通过考验，然而在流动的文化面前却毫无前景”①。

> 不同文化之间变得相互依赖，彼此渗透，没有一种文化是“独立的世界”，每一种都有杂交和混合的身份，没有一种是铁板一块，所有文化在本质上都具有多样性；文化的混合（*mélange*）和文化的全球化同时存在。
>
> 知识分子们到“沉默的边缘”去旅行的时代结束了，现在这些“沉默的边缘”发出自己的声音，或者到中心地带旅行，而且常常是不请自来的……

包括布尔什塔在内的人们怀疑那种将“文化”作为自我封闭、

① Wojciech J. Burszta, *Czytanie Kultury*, Lódź, 1996, pp.73, 68, 70.

自我融贯和边界清晰的看法。人们宁愿完全放弃文化独立的假设，而只谈及“他性”（otherness）——一种存在和共存模式，普遍是非系统和任意的。差异性是外部世界的轮廓，多样性是我们内部世界的轮廓。我们现在都是翻译者，我们相互交流的任何时候，只要我们深思我们公正地但在很大程度上也是假定地以自己的想法去理解的东西的时候，我们都是翻译者。

我之前提到格尔茨反－反－相对主义的立场。在理查德·罗蒂（Richard Rorty）的作品中有一种与之类似但有些不同的观点，即反－反－民族中心主义（anti-anti-ethnocentrism）的纲要。不少传统文化人类学批评家将他性作为一种狭隘主义、地方特殊主义以及无知、不成熟或其他劣等表现的症状，同时将自身局部和偶然的想法误解为客观和普遍的观点，转而宣扬所有文化选择的**平等性**，并由此否认了跨文化比较和评估的可能性。在对正统极端主义完全合理的不满中，这些批评家径直走向了一个相反的极端，这就使自身又轻易成为被批评的靶子，这一次恰好是从对激进的相对主义者可怕的道德后果的担忧中产生的。罗蒂的反－反－相对主义声称可以驾驭两种极端立场，然而却参照当代文化阶段来证明极端主义者起初的立场本不必要。罗蒂的反－反－相对主义所隐含的观点大致如下：

文化的所有价值和准则只是因为它们都是在某个地方和某个历史阶段被选择所以都是平等的，这么说并不正确。一些文化方案的确“比其他的更平等”——尽管不是在曾坚持对人类境况的普遍问题给出地方性优先的答案的意义上，而仅仅是在如下意义上：不像其他文化，这些方案准备考虑自身的历史性和偶然性，以及在平等的条件下比较的可能性。一种文化只有在它准备好认真对待文化备选方案的时候才能宣称其优越性，并且将这些备选项作为对话伙伴而不是独白式说教的接受对象，将它们作为丰富的资源而不是等待指责、埋葬或禁闭在博物馆中的古玩收藏品。这种文化方案的优越性恰恰包含着不把自身的实在优越性当作理想当然，并且承认其自身是一种偶然存在，像所有偶然存在一样需要就实质而言也是就其伦理价值而言证明它的正当性。[①]

所有这些现在是我们自己的“文化边界地带”（cultural frontierland）的特征了——自由、民主，最主要的是**宽容**。也就是说，这片疆域到目前为止保持着自由、民主和宽容；作为一个**边疆世界**，它有一些甚至是大量机会成为这样。自由和民主意味着“处于一种对话的心态”——开放而友好，把边界作为相遇和友好交谈的地方，而不是由护照签证控制和海关检查的地方。这意味着包容而不是排斥——将他人作为交谈的主体，认为他们拥有对话的权利和能力，除非证明并非如此，并且希望能从那种权利的运用中迸射出新的火花。

这就是我们——出于选择或必需而**可能**居住在边界地带的人的生活。然而，却不存在这种状态的保证——不存在“历史必然性”。多种声音被怨恨的程度应该和其被欣赏的程度相当。它所伴随的
li 困惑、矛盾和不确定性显示出边界地带不只是啤酒和游戏，还会激起愤怒和烦恼。边界地带是一个交换频繁的疆域，一片滋养宽容甚至是相互理解的土地，但也是永恒的争吵和冲突之地，也是

① Cf. Richard Rorty, ‘On ethnocentrism: A reply to Clifford Geertz’, in *Objectivity, Relativism and Truth*, Cambridge, Cambridge University Press, 1991 , pp.202-204.

滋生部落情怀（tribal sentiments）和排外心理的肥沃土壤。众所周知，边界地带类型的文化状况为相互对立且相互敌对的趋向所撕裂，这种情况因为产生于相同状况而变得更难调和。

哪种趋向最终盛行是一个悬而未决的问题，这让我们当心那些吹嘘会首先获得历史选择的理论。如同人们要找到进一步抹去文化边界的可能性，同样强大的理由可以用来支持共同的自我防御和共同体之间的沉默或激烈敌对的暗淡前景。无论事件以何种顺序发生，人们最好都能注意到福柯的警告：

> 善是通过创新获得的东西。善并不存在于永恒的天空中，并有一群善的占星家（the Astrologers of the Good）来确定这些星星所具有的最好的本性。善是我们来定义的，它是被实践出来的、被创造出来的。这是一项集体性工作。[①]

没有占星家，也没有任何人能够通过一条直拨电话线路（a direct telephone line）直通预定的创造秩序——无论申请这份工作的人有多少。“更好”和“更坏”是无法预先选定的，并且没有一种方法能够保证选择的万无一失。善是无法被保证的，然而可以被赋予出现的机会：持续不断的集体性工作，能够对一切过早的定论作出成功抵抗的持续协商（这的确是赘述了，在价值观念的问题上不存在定论出现的完美时机——所有定论都是为时过早的），这些都是善得以出现的机会。

我们的时代，是一个将文化多元主义（cultural pluralism）与

① See Michael Bess’ interview with Michel Foucault, in *History of the Present,* Spring 1988, p.13.

各种文化的多元性（plurality of cultures）区别开来的时代，而不是一个虚无主义的时代。使得人类境遇混乱且让选择变得困难的，并不是价值的缺乏及其权威性的丧失，而是多种价值难以充分地与各种不同且常常不相一致的权威（无力地）调和且结合在一起。不再存在一套伴随着对其他价值的贬损的价值的断言；结果往往是持续的折中状态——这种挫败的经历使得“大简化”(great simplification）的承诺变得诱人起来。福柯所说的“集体性工作”（collective work）的安全绝不会再得到保证，协商和对话的意愿受到终极选择的相反梦想的打击和挫伤，终极选择使得所有的进一步选择都变得多余而无关。真正的困境并不在于带着某种价值的生活和不带价值的生活之间，而是在于识别正确性的意愿和为多种价值寻找“好理由”与诋毁和谴责目前选择之外的价值的诱惑之间。如同杰弗里·威克斯（Jeffrey Weeks）最近指出的：

> 问题并不在于价值的缺乏，而在于我们没有能力认识到作为人类存在的多种方式，在于无法清晰表述整合这些方式的共有线索。①

然而这个问题本身是很多问题的源头。呈现出来的“共同”
lii 线索本身可能是侵蚀价值的傀儡。当今受到惊人普遍欢迎的“经济学价值”——诸如有效性、效率、竞争力——似乎很大程度上恰恰源于对他们提出的作为“公分母”的价值特性的漠不关心。所谓的经济学价值为选择提供万无一失的指导，然而只是在最初

① Jeffrey Weeks, ‘Rediscovering values’, in *Principal Positions*, ed. Judith Squares, London, Lawrence & Wishart, 1993, pp.192-200.

通过掩盖、贬低或抹去使选择成为必需的、使“集体性工作”成为不可或缺的每件事来实现，比如人类的各种生存方式之间的真正差别，每种方式所提倡的善，没有价值牺牲就不可能实现的价值选择。正如齐美尔在很久之前指出的，让价值有价值的是我们为选择这些价值所付出的代价——就丧失或交出的某样其他东西而言，它们珍贵且值得守护。从这个意义上讲，把经济计算提高到排序中最高实际上也是独一无二的价值的位置，这与其他种类的当代原教旨主义（contemporary fundamentalism）一道都是虚无主义威胁最重要的来源。

杰弗里·威克斯在提到“人性”被理解为“物种的团结”的情况时，再一次正确地指出了当前的困境所在：

> 这种挑战在于寻求一种方法建构（“发明”或“想象”）这种团结，这种方法要在实现“普遍的人类价值”的同时能够代表人类的多样性和差异性……
>
> 人性不是一个有待实现的实质，而是一种务实的建构和愿景，需要通过清晰表达在最广泛意义上构成我们人性的多种独特规划及多种差异来发展……

最后威克斯提出一个警告：“危险并不在于对共同体和差异性的承诺，而是在于这些承诺所具有的排他性本质。”我们无须因为使某种价值优先就拒绝其他价值。既不包容也不排斥，既不开放也不封闭，既不乐于学习也无教化的冲动，既无意愿倾听也无命令的愿望，既没有共情的好奇心也不摆出充满敌意的疏忽的样子，这种对跟自己有别的人类生存方式的态度是历史必然性的结果，或者本是根植于人类本质的态度。没有一种文化方案比另一种更有可能实现——每种情况中，文化方案从可能到实现的过程是通过政治组织调节的，说白了，也就是通过一群善思健谈的人的公开讨论实现的。

一个多世纪以来，文化主要被认定为一种歧视与隔离的技术，差异与对立的制造厂。然而对话和协商也是文化现象——这些在我们这个多元化时代中被给予不断上升的重要性，或者说起到决定意义的重要性。被称作“人性”的务实建构同样也是文化规划，一种完全不超出人类文化能力之外的规划。正因如此，我们能在日常生活的共同经验中找到大量确证。毕竟，共同生活，彼此交谈，以及针对共同问题成功协商出对双方都满意的解决方案，这些在这种共同经验中是通则，而非特例。人们可以对文化多样性表达出与伽达默尔关于认知视域的多样性相同的观点，即如果说理解是一个奇迹，那么它就是一个由普通人而不是专业的奇迹制造者实现的日常奇迹。

第一章

作为概念的文化

CULTURE AS PRAXIS

作为实践的文化

1 众所周知，“文化”这个概念具有根深蒂固的模糊性(ambiguity)。然而如下观念则并不如此广为人知，即与其说这种模糊性来自人们定义文化的方式，不如说来自众多思想流派的不可兼容性，而正是这些思想在历史上汇集为“文化”这同一个术语。学者们通常足够老练地意识到，术语间的相似性并不足以作为建立概念间的相同或相异的指引。然而方法论上的自觉是一回事，言语的魔力又是另一回事。只不过很多人发现他们为一种轻率但又普遍的倾向所误导，即往往用同一个概念牵强地合并相似的术语。这种努力对于科学的人工语言来说有一些裨益，但是对于像“文化”这种濒临险境、有着很长的前科学及世界性历史的术语，却几乎不能产生什么成效。此类术语很可能被不同的学术团体用来回答基于不同兴趣的各种问题。通常来讲，术语的内在特性其实并不会对它最终的概念化用途形成过于严格的约束，而每当我们感到有特定的概念化需求时，也不会“自然而然”产生采用一个模棱两可（free-floating）的术语的迫切需要。

几乎无人会比大西洋两岸的盎格鲁－撒克逊人类学家更了解最后这种情况了。他们虽然都具有将那些濒临绝迹的异域生活形态“记录在案”的强烈意愿，但面对的却是两种截然不同的情况。

正如 W. J. M. 麦肯锡（W J. M. Mackenzie）最近指出的，“美国人类学家主要的工作对象是语言、人工制品及个别的幸存者；而英国人类学家则只需要坐下来，安静地观察那些表面上没有受到英国统治的影响的社会系统”[①]。按照美国人类学家自己的(尽管也是别无选择的）程序，对他们而言，从溃败社会的幸存者口述中所提取的内容似乎是一个存在于头脑中的“应然”之网（a cobweb of mental “oughts”）。他们把看到的（或者更确切一些，他们想象中看到的）称为“文化”。与此同时，他们的英国同行因其所获得的口头信息似乎能够得到既存社会活生生的现实的印证则更喜欢把基本类似的资料组织成一个“实然”之网（a network of “ises”），并称之为“社会结构”。双方最后的分析总是追问同一件事，即 X 民族的行为与 Y 及 Z 民族在何种程度上以及在哪些方面存在差异。

更重要的是，双方都意识到要实现这个目标，他们应该在各不相同的社区中发现以及 / 或者重构人类行为的可复制模式。因此，双方都在追求相同的目标并寻找同类的原始材料。然而，他们用于其解释性及秩序化模型的理论概念却是不同的。对英国人 2 类学家来说，个体的行为应该是为了适应整体，而整体意味着一群相互关联的个体；对美国人类学家而言，整体则意味着一个由相互关联的规范组成的系统。英国人类学家首先想弄清楚人群为何以及如何整合成为集体；美国人类学家则好奇规范和原则如何相互协作或相互冲突。他们都喜欢“角色”（role）这个概念，都认为它是理解分散的经验材料所必需和关键的分析工具。尽管如

① W. J. M. Mackenzie, *Politics and Social Science*, Harmondsworth, Penguin, 1967, pp.190-191 .

此，英国人类学家将“角色”视作将个人行为与整个社会迫切的结构化需求整合起来的中间环节，而美国人类学家则把“角色”放在个人行为与错综复杂的规范及道德要求网络的中间位置。更重要的是，两个有所分歧的理论旨趣最终被冠以截然不同的名称。在双方接受对方研究径路的合法性并且为从前对他们的方法论斗争的愤怒感到不可思议很久之后，人们可以处理的是“社会关系*而不是文化*”[①]这个观点保留下来，成为这场论战主要或者说唯一的遗产，如果不是它，这场论战可能就被彻底遗忘了。

以上这个例子明显揭示了这样一种情形，即对一个术语一部分人接受而另一部分人拒绝的情况会激起双方夸大任何只是碰巧使他们产生分歧的概念上的特质。相反，隐藏在同类术语后面更深处的概念裂隙则往往被忽视或者低估。

这种趋势表现在大多数试图将秩序引入广阔语境的学者身上，“文化”似乎使他们的首要任务成为“对公认的定义进行分类”。大多数情形下，即便是没有明确认定，人们也默认存在若非一致也是相互重合的语义域（semantic fields）。据说需要调和的只是来自不同学派或单个作者对这个领域不同方面存在的固有的分歧。如此一来，克鲁伯（A. Kroeber）和克拉克洪（C. Kluckhohn）[②]把精心收集来的文化**定义**分成六组，他们相信各组之间之所以存有不同，是由于作者挑选出了本来属于同一语义域的多样面向作为定义的特征（克鲁伯和克拉克洪对分类条目的选择恰当地强调了

① Cf. E . E . Evans-Pritchard, *Social Anthropology*, Oxford University Press, 1951 , p.40（斜体部分为作者所加）.

② *Culture: A Critical Review of Concepts and Definitions*, Papers of the Peabody Museum,Cambridge, Mass., 1952.

一些公认存在的分歧的术语学本质；他们的分类系统包含六种文化定义，分别为描述性定义、历史性定义、规范性定义、心理学定义、结构性定义和遗传学定义）。十年之后，阿尔伯特·卡尔·卡夫格纳（Albert Carl Cafagna）[①]开始了同样的探索之旅，他制造了一些只是在名称上有所不同的分类（他的定义着重于社会传承、习得行为、观念或标准化的行为）。他也没有意识到，具有惊人相似性的领域可能仍会在截然不同的语义框架内获得相当矛盾的意思。

最接近这一发现的是某些社会学家和人类学家，尽管对于价
值承诺－价值无涉的轴线（value-committed-value-free axis）作为
社会理论之间最重要的分界线的信念已经幸运地过时，但他们仍
然致力于强化价值连带（value-bound）和价值中立（value-neutral）
这两种为人熟知的文化理解之间的显著差别。这种受到他们鼓吹 3
的差别支持了以下主张——尽管有时比较含蓄——那就是相对于对一个孤立术语进行分析得到的措辞最为严密的定义，在特定语境中这个术语的相反概念更能表达它的丰富含义。萨丕尔（Sapir）将文化区分为两种著名的类别，一种具体表现在“人类生活中任何社会性传承的元素”中，另一种是指“个人修养的传统典范”，同一个术语出现在两个截然不同的语义域中：与前者相对的是一种“自然状态”，例如缺乏一门社会传承的学问，与后者相对的则是一种由懈怠或失败的教化（教育）过程造成的粗鄙。这并非以两种方式轮流定义同一术语，事实上这是同一术语代表两种不同的理论概念。试图将二者间的语义鸿沟弥合起来，或者用单一定

① ‘A formal analysis of definitions of “culture”’, in *Essays in the Science of Culture*, ed.Gertrude E. Dole and Robert L. Carneiro, New York, Crowell, 1960.

义包含两个概念的任何努力都将是徒劳的。

事实上，在“文化”这个单一术语背后潜藏着很多在概念上已成惯例的认知兴趣，这些是萨丕尔的二分法所不能涵盖的。每个概念都处于迥然不同的语义域中，被一组特定的与之成纵聚合关系（paradigmatically）和横组合关系（syntagmatically）[①]的其他概念包围着，在特定的一系列认知语境中获得 / 表现它的意思。尤其在理论概念领域中，这种情况似乎决定了某种分类策略的选择。事实上，另一种策略在多数流行的分类领域中应用得更为广泛，主要是把不同作者用来描述某一“客观上”自成一类的现象的特性整理出来。这样就不得不假设存在一些客观的方法，能够在文化现象中定义出某种特定的类别；而想要定义它的学者的主要工作在于收集或发现每个类别呈现出的若干特征。希望将提出的定义进行分类的学者的主要工作则在于将它们以最简便的方式划分到几个有限的部分中，每个部分都有自己的共同点。这种策略背后的哲学观是假定现象世界不容置疑的先在性，也就是这个世界在客观上能够自我决定和自我秩序化，而人类的话语仅仅是附属和派生的角色。

这不免将我们带向关于意义的本质的哲学争议，然而无论这个问题本身有多重要，我们在这里都不能详述它的重要性以及哲学家赋予它的高度复杂性，因为它在我们的研究中只是辅助性的角色。我只是希望声明，在当前众多的意义理论中，我选择“使

① 索绪尔的结构语言学把语言符号的系统关系分为两大类：纵聚合关系(paradigmatic relation)与横组合关系(syntagmatic relation)。简单来讲，纵聚合关系指在语言系统中同一位置上、功能相同的单位之间的垂直关系，常出现在可相互替换的同类元素之间；横组合关系指建立在线性基础上的各个语言单位间的横向关系，出现在相互联结的元素之间。——译注

用理论”（use theory）[①]，即通过研究语义学上的语言要素在聚合和组合两种关系维度中所处的位置来理解这些要素。[②]如 J. N. 芬德利（J. N. Findlay）所说：

> “不追求‘意’，而追求‘用’”，这个口号隐含的意思并
> 不是说语言的使用能够比它的内涵和外延的功能涵盖更多，
> 而是说要以某种方式重新全面地解释这些内涵和外延，我们 4
> 能够通过注意人们的表达方式来透析其中蕴含的指代和暗示，
> 以及他们如何将这些表达组成句子，还有这些句子是如何在
> 不断变化的情境中得到完全得体或完全正当的运用的。[③]

我当然不会完全认同最务实的使用理论的代言人，他们拒绝承认“先在意义”（pre-existent meanings）的重要性，即与实际表达相关的预先存在。[④]不过我依然坚持认为语境层面和意义层面之间是紧密联结且相互依存的（而不是单向的依存）。这两种面向不可分割，而且以“语境变化与内容变化之协同关系”[⑤]的牵动力量彼此构成。每一个在有意义的交流中有用的术语（term）都是这个词汇（word）在符号意义上的索引（index），也就是说，它

---

① 维特根斯坦常被认为是使用理论的提出者，他主张字句的意义显示在实际语言的使用中，也就是说要在具体用途中考察语词的意义。——译注

② 关于这个哲学阐释的理论可以参见以下著作：L. Wittgenstein, *Philosophical Investigations*, Oxford, Blackwell, 1953; Gilbert Ryle, ‘Ordinary language’, *Philosophical Review*, 1953, pp.167 ff, or G. E. Moore, ‘Wittgenstein’s lectures in 1930–1933’, in *Philosophical Papers*, London, Allen & Unwin, 1959.

③ Gilbert Ryle and J. N. Findlay, Symposium, *Proceedings of the Arisltotelian Society*, Suppl. vol. 35, 1961, p.235.

④ 从这个角度区分语言（language）和言语（speech）之间的差别，参考同上出处第 223 页及之后。

⑤ A. J. Greimas, *Sémantique structurale*, Paris, Larousse, 1966, p. 44.

减少了我们对感知世界的原本不确定感，为到目前为止无序的领域赋予秩序。但是这个索引不止与它所“命名”的一系列现象相关，这个索引性术语（index-term）实际上组织了整个世界，因此也是从整体上与这个世界相关，并且只能在整体框架上被理解。这个索引行为（构成索引的活动）“在积极面向之外不可避免地呈现出消极面向”。索引所指示的类别“不是绝对实体；它是什么只是取决于它与其他互补类别之间的关系……为了确定一个类别，一个人必须从‘论域’（*un univers du discours*）着手；这个类别的补集可能被定义为同属于一个论域，但并不包括在该类别中的另一类客体”[①]。因此，无论是索引及其直接指示的类别，还是唯一能够使其获得意义的论域，都无法单独存在。

在特定的索引性术语和特定的一类客体之间存在一条或多或少保持恒常的纽带，可能——而且的确经常性地——建立在一个已知的共同体之内，在一种外部必然性的力量下，某种程度上这个共同体将自身强加在每个特定的成员以及每起特定的交流事件中。然而从历史来看，这个共同体和赋予它秩序和生命的论域存在的时间不多不少一样长。

由于历史情境与我们的主题并不十分相关，我们将“文化”这个术语并入三个独立的论域中，这个术语分别在三种语境中都整理一个不同的语义域，划分并指示不同的客体类别，调和每一个类别的不同面向，提出不同的认知问题和研究策略。这意味着在每种情况下“文化”这个术语尽管形式上原封不动，但却意指

① Luis J. Prieto, *Messages et signaux*, Paris, Presses Universitaires de France, 1966, pp.18, 20.

不同的概念，即同一个术语，三个独立的概念。人们可以很明显地指出这三个领域间许多共同的切点，也许还可以尝试将最突出和明显不可消除的差异贬低为无关紧要的短暂争议，而为了追求“概念的明晰性”或者“术语的明确性”，认为还不如趁早消除这些争议。但是在此之前，他们应该确定是否真的如此值得一试。 5
事实上可能并不值得。

本研究的假设之一是这三种并存的文化概念之间的差异（由其各自的语义域之间绝非偶然和次要的分歧决定）正是它们的内容中最具有认知丰富性和成效性，因此也是最具有学术激情的部分。塑造其从属论域的三个问题也是同样合理和重要的。与其把努力白费在一对一地实现概念和术语之间的对应上，不如挖掘蕴藏在它们自身特异性中的巨大的认知机遇。我会尽力用本研究表明，把审美上的满足当作主要的证成标准将会付出过高的代价。也就是说，关键之处不在于三种概念能否化约成一个相同的术语，而是在于这种化约是否的确必要。

作为等级概念的文化

“文化”一词指代“等级”的用法在西方精神共同的前科学层面上根深蒂固，以至于每个人都能从个人的日常经验中获得很好的了解，尽管有时是不假思索的。我们会责备一个未能达到群体水平的人为“缺乏文化”。我们一再强调教育制度的首要功能就是“传播文化”。我们习惯于根据文化水平给接触到的人划分等级。如果我们评价某人是一个“有文化的人”，就通常意味着他受过良好教育，温文尔雅、彬彬有礼，有着超越“自然”状态的丰富而高贵的人格。我们默认一些人不具有这些特质中的任何一点。“有文化的人”是“没文化的人”的反义词。为了理解文化的等级概念，需要接受以下几个假设：

(1) 无论是先天遗传还是后天习得，文化对一个人来说是可分离的部分，是一项所有物。这肯定是一种奇怪的所有物：它与“个性”共享了人类独一无二的特性，即同时具有所谓的“本质”和描述性的“存在特征”。自从 7 世纪希腊的抒情诗人发现了欲望和责任、责任与需求之间的矛盾，西方人就为其双重和双面身份获罪并承受令人苦恼的危险性：他具有一般性的人格，但同时具有个性，他是一个行动者，但也是他自身行动的对象，被创造的同时也在创造。他是什么，由他的本质来决定；但是他被持续地要求对这个本质负责，以及通过他的存在行为来塑造这个本质。文化在它的等级意义上也是作为其主体自身的客体，同样面
6 对沮丧和激昂共存的局面。“苏格拉底尝试让雅典人理解‘关心自己的灵魂’……对一个公元前 5 世纪的雅典人来说……这似乎的确太奇怪了。”[①] 但对 5 世纪的雅典人来说，灵魂（Ψνχή）是生命的种子和承载者，会随着人类意识存在的消失而消失。认为人们能够——更恰当来说应该——尝试按照某种作为所有行动根源的准则来行动，这种观点在当时足够具有革命性，足够让具有阿里斯托芬 (Aristophanes) 高度的天才嘲笑这种观念的先知。尽管如此，这种意义上的文化，其存在的特殊之处仍然是一种所有物

① J. Burnet, ‘Philosophy’, in *The Legacy of Greece*, ed. Sir Richard Livingstone, Oxford University Press, 1969, p.76.

(possession)。所有的所有物都可以被获得和挥霍，操纵和改变，塑造和构建。

（2）诚然，人类的品质可以被塑造和建构；然而也可以是不经培养、原始和粗糙的，如同无人耕种的土地，荒废而野蛮生长。技术（Τέχνη）是能够迫使自然的荒野适应人类需求的中介。普鲁塔克（Plutarch）关于灵魂的培养（*cultura animi*）的不朽比喻能够为那个时代所理解，只是因为受到西塞罗（Cicero）法典编纂中农业实践背后主张的支持：土地之所以能生长出成熟香甜的果实，只因有灵巧娴熟的农民照料，他们会勤勉而煞费苦心地筛选出质量最好的种子。18 世纪之后，主要的灵感来源仍然存在，《法兰西学院辞典》(*Dictionnaire de l' Académie Française*) 以一种普鲁塔克式的评论增加了关于“文化”的讨论：“(文化）可以形象地表达为，需要艺术和精神的关怀。”[①]对亚里士多德而言，完善灵魂与技术（*techne*）之间的类比是不言而喻的；灵魂对他来说像是“一种工具所拥有的能力”[②]。而且需要重申，这是一种非常奇怪的工具，它的刀锋朝向自身。在这方面，亚里士多德忠于苏格拉底的格言，他希望人们能成为自身灵魂的铸造者。很遗憾，关于古希腊人对灵魂构成之谜的强烈兴趣（显示在他们对与教育过程有关的一切近乎宗教式的处理态度）在多大程度上是受人类人格那模棱两可的存在状态所刺激，这仍旧是一个悬而未决的问题。在这样一种背景下，就出现了比如高尔吉亚（Gorgias）对于“行动”（acting）和“依照……行动”（acted upon）的严格区分：第

① Cf. Harry Levin, ‘Semantics of culture’, in *Science and Culture*, ed. Gerald Holton, Boston, Houghton Mifflin, 1965, p.2.

② De *Anima*, II i. 1.

一种只是假装一种只适用于不朽而从未出现的存在所能获得的完美状态；第二种常常是变迁的、不完美的、堕落的：难以捉摸的人类人格，在世界秩序的危险边缘若隐若现。就此而言，柏拉图授予人类灵魂以不朽的神圣地位就是很自然的事了："只有自己运动的事物才不会停止运动，因为它不会舍弃自己……所有灵魂都是不朽的。因为永不停息就是不朽。"[①]如果柏拉图没有那么一以贯之地从这个重大决定中得出必要的结论，那么对具有逻辑性的希腊思想而言，这种禁忌式的解决方案（solution-by-taboo）很容易让它的本质看起来像一种孤注一掷的托词。但他一向一以贯之。依照外部规划重新塑造——这恰恰是技术的核心——为对内在品质的自我显露的教化所取代；灵魂的塑造暴露了它的本质，尽管这对感官经验来说常是不明显和不可见的。它将我们直接带向教育理想的绝对本质，带向文化的等级概念的固有属性。在转向这方
7 面之前，让我们注意即便是柏拉图的绝对系统也容纳了可能性与真实性之间的裂隙，这就给技术的创造性活动留下了充足的空间。

（3）文化的等级概念是价值饱和的（value-saturated）。这句话说明在文化方案可比较性和 / 或相对性之间众所周知的争论中，无论如何（对所有受到后－博厄斯人类学描述性侧重训练的人来说）都要选择偏袒一边的立场。为了避免对构成文化的等级概念的精髓的轻描淡写，我们最好重新表述最初的用语。真正的问题并不在于承认或否认文化之间存在能够进行比较性评估的客观标准。"文化"（cultures）这个术语如果在等级意义上来理解，并不适合用复数形式来表示。等级意义上的文化只有直接表示为**文化**

① Cf. *Phaedo*, 245C-246 A.

(the culture)的时候才有意义；表示存在一个人类本质的理想典范，而“文化”意味着实现这个理想典范的有意识的、艰苦而长期的努力，能够将真正的生命进程与人类使命的最高潜能契合起来。

文化的等级概念不会为我们在描述和评价之间作出的细致区分所撼动，也不会受到现代的文化学思想（modern culturological thinking）经常在文化和自然之间进行的区分的影响。文化就是不断实现和抵达自然，文化就是使现实（*in actu*）与其自然潜能（*potential*）相一致。罗伯特·奈斯比特（Robert A.Nisbet）恰当地谴责了罗马人因为草率地将希腊文的 *physis* 翻译为拉丁文的 *natura* 所引发的诸多方法论和概念上的困难。对我们根深蒂固的语言学分类冒犯地说一句，我们必须承认自然（*physis*）表达了一个很久以前就消失在我们自己的词汇表中的概念：就其自身的价值而言，它同时表现了我们的文化和自然。希腊人的自然（*physis*）意味着“成长的方式”（ way of growth）；“事物的本质……是它如何成长，宇宙中的一切，物理的和社会的，同样都具有自身的自然属性（*physis*），即一种成长、完成一个生命周期的独特方式”[①]。一切事物都有自身的自然属性，其并非来自众神的臆断，也不是不受规制的人类行动的对象。“你愿意将一匹马或任何其他事物的工作定义为人们唯一能利用的工具还是最好的工具？……除了眼睛之外还存在任何其他东西能够让你看见吗？……没有耳朵你能听到任何声音吗？……这是一个事物唯一能完成的工作，还是它能比任何其他事物完成得更好的工作？”正如柏拉图告诉我们

① Robert A. Nisbet, *Social Change and History*, Oxford University Press, 1969, pp.9, 22.

的那样，苏格拉底不断追问色拉叙马霍斯（Thrasymachus）。[1]希腊人的思想着迷于开启有序宇宙的概念，在这个宇宙中，命中注定之物与可以争取之物合并起来，技术通过顺应自然的必然性就能自如施展。他们从多个角度攻击了这个观念。除了已经提到的自然（*physis*），苏格拉底所谓的灵魂（*psyche*）和亚里士多德著名的目的（*telos*）（形式），尽管它们的语义特性有着微妙的差别，但展现的是同一个主题的不同变体。正如沃纳·耶格（Werner Jaeger）[2]所深入分析的，教育（Παιδεία）也属于同一个语义家族。它顽固地抵抗任何想要在现代语言的语义领域中清晰描绘它
8 的企图。它比我们用来表达分离这一连续统一体的方式的任何一个术语都要包含更多内容。正如爱德华 · 迈尔斯（Edward Myers）恰当的评论，它是“一个无论是‘文化’（culture）还是‘教育’（education）都不能完全涵盖的概念：它包含对一种伦理－政治文化的人文主义理想”[3]。遗憾的是，最有洞察力的公式也难以表达它原始含义的丰富性。我们试图通过拼凑现代经验中那些不连贯的一鳞片爪，徒劳地想要组合出这些本来不可分割的完整概念。

古希腊人的文化－自然理想没有被分成我们现在习惯仔细区分的范畴；道德上的善同时也是审美上的美，并且最接近自然的真理。成就维度和标准维度之间预先注定的一致性在被大量讨论的美善（Καλοκάγαθια）的概念中得到充分的表达，从希罗多德（Herodotus）到亚里士多德，古典时期的所有思想家都广泛探讨

① Cf. *Republic*, 352 D-354 A.

② Cf. *Paidea, Die Formung des griechischen Menschen*, Berlin, Walter de Gruyter, 1959.

③ *Education in the Perspective of History*, New York, Harper, 1960, p. 80.

过这个概念。这个概念的第二部分善（γαθόξ）是来源于动词“敬佩”（αγαμαι）的一个形容词，大致对应于英文的“钦佩”和“赞美”。第一个部分美（Καλόξ）则更加复杂，它同时意味着：身体上的美丽、英俊和吸引力；功能上的美，也就是事物在匹配其目标和使命上所具有的美；道德上的美，即高尚或正直；社会意义上的（政治意义上的）美，也即一个人热切地准备行使他的公民责任，将自己奉献于共同体且其公共积极性值得嘉奖的那种美。这个概念曾在使用中具有不可分割性；使用这个概念的人深知，那些我们通常区分对待的美德事实上是共存且相互影响的。这些美德共同组成了人类的自然使命，然而“只有行动的人才能在他们的生命中成就美善（Καλοκὰγαθιαν）”[①]。存在美德的地方就会存在选择，一个人可以选择无所作为，即使有所作为，如果行为不理性或者允许自己背离正义的道路，也可能最终不能成就善。因此，理想的善的天然特质使得它的实现并不会一帆风顺。它仍然需要斗争（ὰγών）、冲突和竞争，这种观念是从前苏格拉底时代追求精神完美的哲学家们那里继承而来的。赫拉克利特（Heraclitus）提出了冲突“使一些人成为神而一些人成为凡人，也让一些人成为奴隶而一些人获得自由”[②]。后苏格拉底时代的哲学家似乎偏向于认为冲突在赫拉克利特仍倾向于区分的两个领域中具有同样的“揭示”（unveiling）功能。他们几乎不可能理解亨利·梅因爵士（Sir Henry Maine）在成就和归属原则（the achievement and the ascriptive principles）之间作出的严格区分。

① Aristotle, *Nicomachean Ethics*, 1. 9.

② E. H. Diels, *Die Fragmente der Vorsokratiker*, Berlin, 1903, vol. 53.

通常意义上的文化的等级概念与生俱来的含混性，尤其是善，让我想起盖尔纳对“bobility”[1]这一并非全然想象的现象的迷人而又斯威夫特式（Swift-like）[2]的剖析。[3]带着一以贯之的目标，盖尔纳揭穿了这个明显荒谬、模糊和自相矛盾的概念的社会意义：“Bobility 是一个概念策略，社会中的特权阶层通过它能够获得这个社会尊崇的某些美德所带来的声望，从而完全省去了真正实践这些美德的麻烦。”这就是“bobility”在社会意义上的真正含义。
9 这就再次证明了，“通过对某些荒谬、模糊、矛盾而晦涩的教条之运用，社会控制总能实现”。然而能够完全确信，把我们通常区分开来的两种概念并列在一起所最终得到的概念必然是荒谬的吗？社会学家可能用来判断从社会的结构性背景中分离出来的社会现象“荒谬”还是“合理”的其他标准有哪些？难道一种具有社会功能的概念在语义上的合理性不是用它所表示和作用的结构来衡量的吗？这是其一。其二，尽管很多特权阶层使用“bobility”式的概念来建立和维护他们的统治，然而反过来则未必如此。人们可以想象并确实地指出，一个社会普遍接受和支持的文化的等级

① 英文中无“bobility”一词，这是盖尔纳虚构的词语，借以讽刺权贵阶层用来抬高地位而使用的模糊性概念。关于“bobility”，可以参考《写文化：民族志的诗学与政治学》中的一段论述：盖尔纳关于“无情的人如何可能在次级的、更深的和更好的意义上成为‘具体情境论者’”（第 42 页）的论证从编造一个虚构社会中的假想词——“boble”开始，这个词用起来非常像英语单词“noble”（贵族）……何以“bobility”是一个概念的装置，由于这个词既用于指那些拥有美德者，也用于指有特权的人……它是加强那些美德的吸引力的一种方式，通过使用同样的名称而把它们与声望和权力联系起来（克利福德，马库斯 . 写文化：民族志的诗学与政治学 . 高丙中，吴晓黎，李霞，等译 . 北京：商务印书馆，2006：194）。——译注

② 乔纳森·斯威夫特（Jonathan Swift，1667—1745）是以讽刺文学著称的爱尔兰作家，有《格列佛游记》和《一只桶的故事》等作品闻名于世。“斯威夫特式”一词被后人用来形容讽刺、犀利而平易的文学风格。——译注

③ Cf. ‘Concepts and society’, reprinted in *Sociological Theory and Philosophical Analysis*, ed. Dorothy Emmet and Alistair MacIntyre London, Macmillan, 1970, pp.139-141.

概念可能不是通过根深蒂固的世袭精英的保护性策略，而是通过其他方式固定于社会结构中的。

针对第一种保留意见，齐美尔[①]给我们提供了一个正确线索来评估贵族阶层及其理想，即按照将他们作为社会结构的一个组成部分的内在逻辑来理解。齐美尔将贵族现象视作一种特定类型社会的派生物，认为这种社会只有通过永远维持贵族阶层和贵族式的文化准则才能存在下去。我们知道，在种姓社会中每一个新的团体无论具有什么样的区别性特征，都会假定自己具有某一种种姓的特征，并使自己融入种姓之网；在一个以相互隔离、自我封闭但在功能上共存的各种团体为基础组织成的社会，其统治阶层必然会呈现出相同的特征。如同其他的阶级或阶层（*Stände*）一样，贵族阶层的上下两端都是封闭的；如同其他群体一样，它被赋予或被强制从特殊的文化符号中获取利益，并剥削特定的商品，因为它控制了整个社会结构的特定部分（而不是反过来，像在一个流动和开放的社会中那样）。贵族群体作为一个整体的结构性地位给了每个群体成员以社会身份。如果我们现在根据自然的语义脉络来考虑文化符号——包括由其表意和产生的社会结构——那么似乎唯一合乎逻辑和理性的是这些符号是基于如下假设来分配的，即"贵族阶层的每个成员都参与并利用对这个群体中所有成员最有价值的所有东西。就好像一种具有永恒价值的东西流淌在贵族阶层各个成员的血液当中，并代代相传"[②]。在社会

① *Soziologie*, Leipzig, Duncker und Humblot, 1908, pp.732-746.

② According to the pertinent summary of Simmel's concept by Donald N. Levine, 'Some key problems in Simmel's work', in *George Simmel*, ed. Lewis A. Coser, Englewood Cliffs, N.J., Prentice-Hall, 1965, pp.108-109.

结构的组织原则和公认的文化“意识形态”的首要公理之间存在一种清晰的对应关系。由于符号和它们假定的指示对象显然属于同一个语义脉络并分别贡献了它们各自的意义和实际相关性，关于“欺骗”“荒谬的利用”等的指责就只能参考一个外部的、陌生的社会学逻辑来得以证明。从本质上来说，个人美德和其在所属群体的结构性定位似乎完全建立在社会结构的“客观逻辑”之上。

埃弗里特 · 哈根（Everett E. Hagen）从一个很好的角度——人格类型的结构决定论——抨击了这一主题。一个传统社会——
10 一个有利于贵族精英的社会——是一个充满独裁主义人格的社会［不要误解为是阿多诺(Theodor Adorno)的著名概念］。重点在于，根据哈根的看法，这种特殊人格类型的出现并不局限于这种社会中某个特定的社会阶层，而是渗透了所有阶层的边界，并且出现在农民阶层当中的广泛程度与贵族阶层相当。“对我来说，塑造社会关系模式和农民人格的关键因素在于农民对于自身权力有限程度的意识。”相反，贵族阶层精英似乎拥有至高无上的权力：

> 然而他们的权力依靠的是继承而来的地位，而不是个人成就。值得注意的是，他们关于其权力的来源和限度的观念与农民阶层何其相似。精英阶层各个体成员的经济和政治权力的绝对总量不是固定的。他也许能以他人为代价来获得权力。然而，对每个精英成员而言这种可能性既是一种威胁也是一种希望；并且除了这种在精英群体内转移权力的可能性，他们的生命似乎在很大程度上由超出他们掌控的力量主宰，正如农民的生命一样。①

① *On the Theory of Social Change*, University of Chicago Press, 1962, pp.65,75.

尽管从跟齐美尔截然不同的原初概念出发，我们仍然在"bobility"式的文化理想的概念与"生命"历程的结构决定论（按照哈根的说法是技术决定论）的固有逻辑之间发现了一种紧密的联系。

然而，尽管对作为一种悖谬的"bobility"式的文化理想变成阶级武器的批驳可以适用于所讨论社会的现实当中，换言之尽管到目前为止提出的保留意见都可以被全盘拒绝，然而"bobility"式的文化理想是否能把所有文化等级概念的例子解释清楚仍然是个问题。我们选择的作为这个概念的代表，也就是文化的希腊概念，这个例子并不完全适合"bobility"的框架，它或许在前古典至善（ἀρετή）时期，即贵族勇士的骑士理想接近于统治者的世袭特权的这个时期，可以被放在"bobility"这个标题下面。但这在具有卢梭风格的政治、社会和经济民主的古典时期就没那么合适了——当然除非我们准备把雅典所有自由市民当作奴隶社会的贵族（这样做也并非完全不公正）。对一个冲突不断的社会中等级概念所扮演的角色的评判，显然要依赖于我们选择的参考的结构性框架。目前我们还没有碰到过任何情况，是无法在其中找到一个能把等级概念变成另一个版本的"bobility"框架的。我们开始考虑，是否可以完全清除关于等级概念是与阶级联系在一起的指控。我们已经尝试选择了可以清除文化等级概念的表面上的荒谬性和逻辑不连贯性的社会－结构的逻辑。但是，即使这一方式是合理且合乎逻辑的，这个概念是"无阶级的"（classless）吗？它能够完全变成"无阶级的"吗？

理想情况下，答案是肯定的。1924 年萨丕尔尝试通过为常识

性的评估性概念提供一个学术立足点来复兴希腊人看待文化的方
11 式。他的“真正的文化”（相对于“伪造的文化”）的比喻大量地
借用了“个人修养”（individual refinements）和“理想形式”（ideal
form）的希腊遗产：

> 可以完全确信，一种真正的文化会出现在任一类型或任一阶段的文明当中，出现在任一民族的精神模式当中……它具有与生俱来的和谐、平衡和自足……在这样一种文化中没有任何东西是在精神上毫无意义的，在其通常的运转中也没有重要的部分会制造挫败感、误导性或缺乏共情的结果。[①]

很容易发现，萨丕尔具有一种亚里士多德所完全没有的相对论倾向，同时也会发现他对其他文化选择方案的虚心接受，这对于柏拉图时代满怀自信的人来说是难以理解的。还有一点超出了讨论范围，即在一个特定社会中有且只有一个理想形式可以被推断为正确且真实的（简言之就是真正的）人类的自然状态（*physis*）。萨丕尔所提供的用以衡量高级文化的标准诚然与亚里士多德所提出的适度（*sophrosyne*）的理想非常相似，但却显然是处于罗曼蒂克地反对工业社会所宣扬个人至上（*hubris*）信条的强大潮流之中。除非我们准备抹去无数作家因对现代浪漫主义的阶级寄托（class anchorage）而产生的作品，萨丕尔的这种“真正的文化”才可以充当无阶级性的现象。然而这次不同于“bobility”的例子，阶级承诺（class-commitment）意味着意见的分歧（dissent）。文化的

① Reprinted in Edward Sapir, *Culture, Language and Personality*, University of California Press, 1949, p. 90.

等级理想绝不是维持当前统治和特权系统的工具，而是以一种可能的形态表达了很多被剥削的底层群体的不满。这是一种具有斗争性的理想，旨在改变和革新，无论它是否意识到未来的方向①，或者无论对其追随者而言它是多么出乎意料地显然指向后退。文化的等级概念看起来似乎并不必然是确立导向的（establishment-oriented），尽管在每个例子中它都保持着阶级承诺。一些极具影响力的思想家会说没有任何一种文化理想会是确立导向的。如果赫伯特·马尔库塞（Herbert Marcuse）使用“真正的文化”这个术语，他一定只会把它用于异见阶级（dissenting classes）的假设，他主张：

> 类似自由、平等、公正、个人的思想的历史有效性恰恰在于其还未实现的内容——它们不能指向已经建立的现实，这些现实从未也不可能使它们生效，因为那些本应实现这些思想的制度在运转中拒绝了它们。②

马尔库塞指出，文化理想注定要永远描述贫苦和/或上升阶级的躁动和渴望。一旦这些理想作为社会现实的描述性工具并停止为可以作为替代的社会形式提供独立支点，它们便永久或暂时地丧失其创造性力量，直到它们重新被一个新的阶级作为批判性工具。

在新体系的冲突、革命和制度化的循环中，文化作为等级性观念一直存在，但扮演着一个重要且又不断变化的角色。它作为被压迫阶级和异见阶级的战争口号，并通常以一个“bobility”式 *12*

① 根据波兰著名社会哲学家凯列斯－克劳兹（Kazimierz Kelles-Krauz）提出的规则“剧变的回顾”定律（*Pisma Wybrane*, vol. 1 , Warsaw, Książka i Wiedza, 1962, pp.241-277）。

② ‘Remarks on a redefinition of culture’, *Science and Culture*, ed. G. Holton, Boston, Houghton Mifflin, 1965, p. 225.

的新确立的合法化形式而告终。有时（如同理想中的自由，它不断出现在西方历史上，每一次都伴随着扩大了的语义指向）它恢复自己被忘却已久的激进的批判性角色，然而之后就作为一个更大原则中的组成部分被重新阐释。[①]

相较于古代的善（Καλοκάγαθία）或更晚近一些的贵族时代［或者具有相同含义的盖尔纳所讨论的柏柏尔人的“祝福”（Berber *baraka*）］，我们的时代显然以缺乏一种文化的等级概念而著称。我们这个时代的确充满了部分具有普遍性部分具有竞争性的等级性的文化理想，在某种程度上这种理想对我们的祖先来说是闻所未闻的，然而我们坚决否认文化标准的客观（也即先于人的）存在。至少从梅因爵士的时代开始，我们就能够并切实习惯于把知识社会学对这种新立场的解释建立在现代社会组织的契约－成就（contractual-achievement）原则之上；对任何此前确立的等级所进行的参照，都会与选择成就作为其统治的最高合法性的阶级的世界观格格不入。然而我们并没有对知识分子日益提升的社会地位给现代立场所带来的影响给予足够的重视，知识分子越来越多地以自己的方式决定了主导性的社会趋势的标准和内容。智慧，知识分子进步的真正或所谓的驱动力（并且无论如何是他们自身阶级的合法性的核心）——正如齐美尔预言性地指出的那样——和金钱一样具有多种结局和多种起源并存的独特性质；它通向多种不同的社会定义的目标，并且作为很多处于不同社会位置的责任者的一种工具，由不同类型的原始资产武装起来。这就是为什

① 参见卡尔·马克思对于这个规则的定理式构思（K. Marx and F. Engels, *The German Ideology*, London, Lawrence & Wishart, 1968, chapter 1）。

么恰恰是那些不能利用受到更多传统控制的（也就更加特定的）特权道路的人，愿意把智慧和金钱作为实现向上流动的手段。

知识作为智慧具体化的沉淀所具有的相对公正性和可获得性，可以极大地帮助具有影响力、有声望且富裕的新兴知识分子阶层实现快速上升。这一阶级的上升必然意味着其相应符号（symbols）的上升，这些符号一般用来区分上层阶级。事实上这些符号已经被神圣化为等级文化的调控（modem）标准。因为与“bobility”原则（因为根据定义，知识是可以通过后天努力获得和积累也就是可以**被学习**的东西）不可调和，因此它们不能事实上也没有被以描述美德（ἀρειή）或精神高贵性的那种方式来描述。除了少数孤独的天才，没有人能够用知识以外的任何记号来表明自己是知识的拥有者。因此，我们谈论或思考等级性的文化理想的现代版本的方式掩盖了这种理想在社会现实中的运转方式。我们用“正确类型的学校”（right type of school）替代了“正确类型的出身”（right type of family），忘记了“正确的出身”作为“正确的学校”的守门人的角色（或者，也许忘记了这个守门人的职责是把学校 13
转变为“正确”的学校）。我们相信人们之所以能成为制度化的“知识”（knowledgeable）共同体成员是因为他们本身就是博学的学者，然而在实践中我们之所以认定 X 是一个博学的学者，是因为我们被告知他是上述共同体当中的一员。另外，我们仔细考察了一个复杂的学徒程序，这个程序的真正功能在于制度化的团体自己决定谁应该而谁不应成为他们中的一员。这种包含着错综复杂的通过仪式和加入仪式的行会特权——一种最初为贵族、法人社会的评估手段而设计的策略——恰好原封不动且毫无损伤地保留在为现代等级文化理想提供核心的范围之中，然而却在所有其他社会领域中逐渐消失了，这看起来并不是个历史偶然。从弗朗西斯·培根（Francis Bacon）为科学价值合法性而孤军奋战以来，我们已经走过了漫长的道路。与被当作一种文化理想的学术的光辉事业一道，学者们[他们向着新的理想，履行着跟亚里士多德时代拥有美（Καλόξ）的品质的人一样的职能]作为学术组织的雇员也越来越可以被定义了。

根据我们的论证，盖尔纳的“bobility”现象绝不是为了阶级性目的而采用一个荒谬且不合逻辑的概念的那种情况，而且似乎也不仅限于贵族社会。它并不适用于很多文化理想及这些理想所处的任何战乱频繁、异见纷扰的时期。很有可能，“bobilization”是所有闻名历史且最终胜利的文化的等级理想最终不可逃避的命运。

文化作为差异性概念

“文化”术语的第二重含义是用来解释人类共同体（即在时间意义上、生态意义上或者社会意义上区分出来的共同体）之间的显著差异。这种用法将文化的差异性概念定位成众多“剩余概念”（residue concepts）中的一个，社会科学频繁地发明这种“剩余概念”，用以解释普遍适用的规则所不能解释的具有异常特质的遗存（它们与“思想”“传统”“生命体验”等起到相同的作用）。

以上这些讨论主要（或者仅仅）涉及差异性概念的现代应用，尽管这些概念对古人来说并非完全陌生。希腊人就曾与“其他民族”（other peoples）相遇并深刻地意识到这些民族的独特性。的确，他们发展出一种独特的嗜好，就是把这些民族与自己之间在习性上令人困惑的差别认真地记录下来。然而他们把这些差异恰恰当作对常规模式的一种奇怪的背离：希罗多德笔下对高加索人、埃及人、赛西亚人、巴比伦人以及众多其他“异族人”的描述多是以“他们不……”以及“与我们相反……”这样的措辞开头的。[①]
希腊人的世界被齐整地分为希腊核心区（Hellenic nucleus）和统 14
一的野蛮人外围区（barbarian sheath）。从哲学上讲，在真理、美和道德正当性具有既定标准的假设与记录下来的众多公认的民俗之间的调和之间一定产生了不可逾越的障碍。然而希腊人似乎从未用理论性的术语来解决这个问题。把明显的差异不加区分地归类为奇风异俗看起来是回避而不是解决问题的方式。

希腊思想家之所以不以复数形式使用任何可以代表“文化”的词汇，可能在于他们有一种不容置疑的假设，认为生命标准以及教育过程的“塑造”作用具有基本的内在本质。教育者相当于助产士，负责接生并非出于己身的创造物。无论他具有怎样的能耐，他都不能忤逆和不顺从天性。人们也许可以这样来解释以下这个卓越的假设，即把个人成长及自我完善的积极过程和所谓不可动摇且不可操纵的标准之间存在毫无争议的统一性当作对文化统一性和紧密结合的社会共同体的一种哲学化的反映。然而，即便厌恶这类粗糙的知识社会学解释，这也似乎是个强有力的例子，可以说明高度发达的社会整合在认识论上起到的限制作用。遭遇文化差异并不意味着会留意到这些差异，而留意到这些差异也并

① Cf. Herodotus, Oxford text, ed. C. Hude, I . 193-194, 202-204; II. 35; IV. 75.

不会自然而然赋予这些不同的生存方式以平等的存在地位。[①]只有在迅速发展的现代社会结构侵蚀个人和其所在共同体之间既有的统一性时，人们才会历史性地设想文化标准的相对性。

从 1690 年洛克（Locke）列出差异性概念所需的智识要素的完整清单之后，希腊人等级性和决定论版本的文化的遗产依然长期占据着欧洲人的思想。1750 年，非常契合当时知识氛围（ambience）的杜尔哥（Turgot）尝试通过为文化的等级性概念提供普适（这次明确是在全人类的尺度上）价值从而摆脱哲学上的僵局："原始的天性同样活跃在野蛮人和文明人身上……教育和环境的机遇或者会发展这种天性，或者会将其掩埋。"[②]然而当时洛克的革命已经在酝酿之中了。至关重要的问题已经被提出："那种不会让人产生任何怀疑或质疑的、仿佛与生俱来的实践真理存在于哪里呢？"[③]"空箱子"的魔法钥匙已经打开了迄今为止无法破解的智性枷锁。

洛克的确主要是用民族志材料（在当时是罕见而具有误导性的）提出了反对固有标准的关键论据。然而如果相信洛克的结论本来就存在于人类的多样性之中，却只是等待合适的探索性思想将其展现在众人面前并获得接受，那这种想法未免过于天真了。文化的差异性概念一如所有其他概念，是强加在被记录的人类经验的累积体之上的智性框架。这种差异性概念对应于人类社会实

① 中世纪关于文化差异的观点中，偏离（deviation）在概念上和功能上都意味着完全不同的思维范畴。

② *Plan de deux discours sur l'histoire universelle*, Paris, Guillaumin, 1844, p. 645. Quoted by Marvin Harris, *The Rise of Anthropological Theory*, London, Routledge & Kegan Paul, 1968, p. 15.

③ *An Essay Concerning Human Understanding*, Oxford, Clarendon Press, 1894, p.66.

践的各个方面；正如所有系统性整体一样，社会实践整体上的（*in* 15
toto）内聚性不会因任何部分的分离而被瓦解。这种概念的确局限于人类实践的整体中，但它并不总是紧密地与其在语义上归属的经验要素联系在一起。它与其语义指示对象之间的联系常常记载并隐藏着一些活跃的人类任意性因素；尽管从根源上讲，文化的差异性概念通常深深地并不那么任意地根植于历史所决定的人类境况本身的组织当中，这也是人类最为深刻感知和赖以生存的人类存在的那个部分。当然，这种关系比我们所概括的要复杂很多，实践总体中的任何要素都会带来大量反馈式和反冲式的影响(backlash-type effects)。我们当然应该按照既定程序回到这个问题上来；我们转到目前这个阶段，仅是为了解释为何我们会倾向于把洛克的发现追溯到17世纪英国社会的结构性变迁，而不是特立独行的商人、圣人或海盗对新大陆的探险。别样的生活方式必须在由唯一合法性来源所统一的共同体内部赢得其合法地位，才有可能破除一个绝对化且至高无上的社会系统及其神圣形象，以及它在道德、美、礼仪上的绝对标准。

文化的差异性概念诞生于其绝对性和等级性的前身[①]的灰烬之中的那一刻就由若干默认的（有时是明确的）前提支撑，这些前提成为它自始至终不可去除的特性。

(1) 到目前为止，其中最为重要事实上也最具开创性的假设还是洛克式的信仰主张。如果以一种更加温和的形式重述，这种信仰主张的内容可以归结如下：人类并非完全由他们的遗传基因决定，人类的先天构造可能足够丰富，然而这基本上还不能使他

① 也即文化的等级性概念。——译注

们为人类的生活方式做足准备；很多松散的目标可能以多种不同的方式捆绑在一起，而先天的决定因素并不会促进某种方式成为最终选择。这些先天因素唯一决定的一件事就是“要求”人类作出一些选择，从而使得潜在智人（*homo sapiens in potentia*）具有真正智人（*homo sapiens in actu*）应具有的特征。事实上，如果局限在肉体、生理方面，那么潜在智人就相当于智人未完成的、截短了的、如同怪物般的婴儿时期。前不久克利福德·格尔茨，这位在世的人类学家中最具才华和穿透性思想的学者[①]，呼吁我们这样看待文化：

> （我们应该）越来越少地看到文化限制人类天性的一面，而越来越多地看到文化实现人类天性的一面，无论是以更好还是更坏的方式来实现……人是现存动物中唯一需要 [文化] 设计的物种，因为唯独在人这种动物的进化史当中，其肉体存在主要由文化设计塑造，因此也不可挽回地由文化设计决定。[②]

在得出上述结论之前的一段旁征博引的推理当中，格尔茨引用人类生物学史前史的现代观点来奠定他著名的职业信念的牢固基础，他坚信“人类文化行为的生物学基础大部分是不重要的”，而“历史才是具有驱动力的因素”[③]，这一信念在转变为文化差异
16 论者的身份标签之后实际上就变得不可挑战了。

① 本书的英文原版于 1973 年首次出版，彼时格尔茨仍在世。——译注

② ‘The transition to humanity’, in *Horizons of Anthropology*, ed. Sol Tax, London, Allen & Unwin, 1965, p. 47.

③ Ruth Benedict, *Patterns of Culture*, London, Routledge & Kegan Paul, 1961 (originally 1935), p. 170.

(2) 人类在纯粹生物学能力上具有基本的未完成性(incompleteness)。从这个假设出发，紧跟着就是文化差异性概念的第二个假设，即多种多样甚至是相互排斥的社会－文化形式可能对应的是同一套非社会性的（生物学的、自然－环境的、生态的）条件。露丝·本尼迪克特（Ruth Benedict）在她的著名寓言中重申：

> 任何文明的文化模式都利用了人类潜在的意图和动机的大圆弧上的某一部分，正如我们在前一章看到的，任何文化都利用了某种经由选择的物质技术或文化特性。这个所有可能的人类行为都分布于其上的大圆弧对于任何一种文化而言都过于巨大且过于充满矛盾了，以至于其中相当大的部分它都无法利用，因此选择就成了首要任务。如果不加选择，那么甚至没有任何文化能够实现可理解性，文化所选择和作出的意向本身，比其以同样方式选择的技术或婚姻形式的特定细节更为重要。①

亚里士多德提出的积极、塑造的形式（目的，*telos*）与消极、被塑造的实体（物质，身体）之间古老的二元对立在一种现代形式的修饰下被重申。正如达里尔·福德（C. Daryll Forde）直白表达的，“积极的文化因素作用在相对静态的种族和物理环境的实体上”②。文化是人类相对于其不可更改的本性充满活力的改造活动。一旦文化作为一种差异性概念的曲调响起，相同的主题就会不知疲倦地一再重复，尽管实际旋律会在一个很大的范围中变动。露

① Ruth Benedict, *Patterns of Culture*, London, Routledge & Kegan Paul, 1961 (originally 1935), p. 171.

② *Habitat, Economy, and Society*, London, Methuen, 1963 (originally 1934), p. 7.

丝·本尼迪克特另一个极端和尴尬的唯意志论（voluntarism）——认为纯粹文化的选择拥有无限制的自由——最近被一种更加谨慎的立场取代。莱斯利·怀特（Leslie A. White）尽管目的在于把已知文化排进同一个进化序列（一个传统上与更明确的反相对主义立场相联系的序列），然而仍然强调文化是一个“超越肉体的、**依赖于象征**的物体和事件的时间连续体”[①]。但是他和当今的主旋律并不一致。另一位新进化论者朱利安·斯图尔德（Julian H. Steward）得出的如下结论可能与时下的氛围更吻合：

> 如果较为重要的文化制度能够从其特定的环境中分离出来，以便被类型化、分类并与重复出现的先例或功能上相关的事物联系起来，那么可能将这些文化制度作为基本或恒定的，而为其赋予独特性的那些特征则就是次要或可变的。[②]

更为重要的是，近来的作者们避免将文化的顽固多样性作为不容置疑的“残酷事实”（ brute facts），这种做法有待商榷，但这一残酷事实的确也很难涉及经验现实中任何“更深”的层面。相反，他们把“文化”抗拒融合和倾向于保持自身独特性这个事实当作一个问题来解释。随着逐渐意识到人类这个物种的基本一致性，他们默认如果各个民族不遵循一套统一标准，那么一定存
17 在阻止他们这样做的原因，并且这些原因应该被查明并得到充分的分析。[③]马歇尔·萨林斯（Marshall D.Sahlins），一位具有出

① *The Evolution of Culture*, New York, McGraw Hill, 1959, p.3（斜体为作者所加）.

② *Theory of Culture Change*, Urbana University Press, 1955, p.184.

③ 很显然，这只是可能解释的其中之一。另一种看似合理的解释是，一种将文化的等级性概念投射到“我群”的想象上的万能倾向，这一次“我群”包含全人类。这里的逻辑是我们的标准无疑更加优越（更有效、更方便、更人性等），因此怎么会有人拒绝它？

色综合能力的人类学家，在“使人们隔离于其他文化选择的工具”中挑出了“对邻近社会的状况和习俗的消极否定的思想”。这种民族中心主义的意识形态（ethnocentric ideology）在很大程度上要对“适应性的、专门化的、成熟的文化”变成一种“保守的、对世界作出防御性反应”的状态负责。[①]一旦做出选择，被选择的文化就扮演了接受其他民族的选择的主要障碍；文化在经验领域的多样性不必然隐含着文化标准具有内在的相对性，或意味着绝无可能产生一种可以衡量这些标准相对优越性的普适尺度，只有在这样一种坚信下才能绕开那极端且不再值得尊敬的文化相对主义的尴尬窘境。

(3) 很明显，文化的差异性概念在逻辑上与文化共性（cultural universals）的概念是不相容的（这并不意味着，除非得出逻辑结论并拒绝差异性范式，否则就不能尝试找出这些共性；事实上，正如我们将在以下看到的，这类尝试总是重复出现）。只有在一个隐含假设——文化现象绝不会是具有共性的东西——的支持下在“文化”这个术语前面加上不定冠词才是有意义的。诚然，各社会和文化系统存在很多共同特征，但是它们在定义上并不属于“文化”这个词所指涉的领域。遗憾的是，这类逻辑自觉（logical self-awareness）很少明示出来。很多人类学家花费心血“证明”所谓的文化相似性完全不是文化上的，而应该涉及心理－生物学（psycho-biological）意义上的原始文化现象。这方面戴维·卡普兰（David Kaplan）（他将文化**定义为**某种“似乎不能用遗传或泛

① ‘Culture and Environment: the study of cultural ecology’, in *Horizons of Anthropology*, ed. Sol Tax, pp.140, 141 .

人类的超自然特性来解释”的东西）[1]所展现的清晰思考在人类学文献当中仍是极为罕见的。本来只是在文化现有的几种含义中所作的盲从选择，却一直被当作一种经验性的、描述性的论断出现，然而事实上对经验材料的选择和解释（如果是他人收集的）方式是由先验的（*priori*）定义决定的。因此，萨丕尔对罗伯特·洛伊（Robert Lowie）“人类心智的共性”（universals of the human mind）（1920）的提法进行了愤怒而自信的驳斥，他认为任何分布广泛的社会特征“并非出于我们作出的直接和普遍的心理反应，它们原本是独一无二的地方性现象，是通过文化在连续区域中的借用逐渐传播开来的”[2]。传播论（diffusionism）是对一贯的差异论（differentialism）的必然补充。我们如果把文化按照如下的观点定义，比如克拉克洪提出的作为“一种思考、感觉和信仰的方式”，作为“*群体*积累的知识……以备未来之用”[3]，那么很难相信几种文化能够各自独立地给出一致的解决方案，这与彼此独立且内部繁殖的群体会自发出现同样的突变并演化出相同的遗传趋势一样令人难以置信。因此传播论的假说自然变成了文化相似性最为可信的解释。

戴维·阿伯利（David Aberle）为早期语言结构主义（即在索
18 绪尔去世之后其成果最繁盛的时期提出的框架）成为文化差异论的主要灵感来源提供了一个有力的证明。语言和文化之间明显的相似性（两种现象都作为相应**共同体**的构成因素）似乎很大程度

① ‘The superorganic: science or metaphysics’, in *Theory in Anthropology*, ed. Robert A. Manners and David Kaplan, London, Routledge & Kegan Paul, 1969, p.22.

② David F. Aberle, ‘The influence of linguistics on early culture and personality theory’, in *Theory in Anthropology*, p.311.

③ *Mirror for Man*, New York, McGraw Hill, 1949, p. 23（斜体为作者所加）.

上提高了那些把文化的区别性功能推到首要位置的社会科学家的地位。在阿伯利列举的诸多相似观点之间，有两个观点在当前的讨论中尤其重要。其一，如同语言，文化“是精心挑选出来的”，每一种文化“都具有独一无二的构造，不存在一个可供分析的一般性类型”①。其二，原本方法论上的假设披着伪描述性陈述的外衣，在文化类比当中得以化身转世。

(4) 同一枚硬币的反面显然就是对文化普遍性的强硬拒绝。唯一与文化的差异性概念兼容的普遍性思想是，整个人类物种具有文化这样一种普遍存在的现象（正如索绪尔意义上的语言的情形）；然而这毋宁说是人类具有的普遍特征，而不是文化本身所具有的现象。

持差异论的文化学家为总结“文化共性”清单所做的众所周知的尝试，与我们进行的这种归纳之间存在一个显著的矛盾。马文·哈里斯（Marvin Harris）将这种对“共性”的寻求追溯到18世纪，那时还不用“共性”（universals）这个术语，民族志学者对他们描述性分类的本质直言不讳，他们的目的纯粹而简单，就是使杂乱无章的田野材料变得有序，让他们在整理收藏品时有据可依。约瑟夫·拉菲托（Joseph Lafitau）分别按照宗教、政治统治、婚姻和教育、男人的职业、女人的职业、战争、贸易、游戏、死亡与葬礼、疾病与医疗、语言的标题来整理他的发现；杜梅尼尔（J. N. Demeunier）改进并扩展了这个列表，添加了诸如美的标准或身体缺陷这种更为细化的条目。②然而在克拉克·威斯勒

① Quoted by David F. Aberle, ‘The influence of linguistics on early culture and personality theory’, in *Theory in Anthropology*, pp.305, 306.

② Marvin Harris, *The Rise of Anthropological Theory*, London, Routledge & Kegan Paul, 1968, pp.17-18.

(Clark Wissler) 之前，创造了这些分类清单的低调作者们仅仅是描述他们一直在寻找的各项名目，而不是假装发现它们的共性。直到 1923 年威斯勒把这些质朴的标题发展成为令人印象深刻“普遍的文化模式”(universal culture patterns) 的序列[①]，然而它们的数量被压缩到八个（包括言语、身体习性、艺术、科学与宗教、家庭和社会系统、财产、政府、战争）。在乔治·默多克（George P. Murdock）的发展下，这个列表再一次扩充成一个按照字母排列的庞大系列，以其中几个为例，包括求爱、末世论、手势、发型、玩笑、进餐时间、孕期惯例和灵魂的观念。[②]奇怪的是这些作者一直对以下事实视而不见，即这些所谓的概括只是展现了田野工作者提出的问题，他们经过专业训练而形成的习惯是把世界分成孤立现象，正是这种习惯塑造了这些问题。

然而对于此类共性究竟是通过怎样的过程得出的，却很少被澄清。为数不多的几个例子当中的一个纲领性的陈述，是埃文斯－普理查德（E. E. Evans-Pritchard）1962 年作出的，从中我们可以
19 得知人类学家的任务包括理解一种文化重要的外在特征，揭示其最新的根本形式，然后与“他对范围广泛的各种社会进行分析所揭示出来的社会结构”进行比较。[③]因此，比较就是整个方法的焦点所在。事实上，所谓的共性只是在比较单个的文化实体的过程中显现出来的相似性。

遗憾的是，在不违背既定科学的逻辑规则的情况下，没有任

① Cf. *Man and Culture*, New York, Crowell, 1923, pp.50 ff.

② ‘The common denominator of cultures’, in *The Scene of Man in the World Crisis*, ed. Ralph Dinton, Columbia University Press, 1945, pp.145 ff.

③ ‘Social anthropology, past and present’, in *Theory in Anthropology*, ed. Robert A. Manners and David Kaplan, London, Routledge & Kegan Paul, 1969, pp.51-52.

何比较的结果可以让我们离所谓的“共性”的发现更近一些，而这并不仅仅是因为归纳性思维众所周知的先天缺陷。埃文斯－普理查德提出的比较程序真正的困难在于，在为比较以及随后的文化分类选择“唯一的”框架时不可能指定一个普遍有效且不存在争议的标准。事实上，这个标准的选择难免受到整个程序第一阶段的影响，即人类学家自己认为的当地民族志景象的内在逻辑，所谓的内在实际上经常是外部输入的。一个研究文化的学者如果希望超越这种局部偶然性所带来的尴尬的偏狭性，就会遵循拉德克利夫－布朗（Radcliffe-Brown）的建议①，选择透过符合常识性分类的棱镜来比较文化，这些类别包括经济、政治、亲属关系等。他如果成功了，则会得到另一套分类系统作为奖励。他们的任意性只会以实证意义上的严谨性的虚假光芒作为掩盖。然而实证准确性仍然不能使他的创造免于为同样没有确凿依据的另一种——并不会更好也不会更差——常识性分类所取代。

这种因根深蒂固的不确定性而只能负载贫乏信息的分类冒险成为埃德蒙·利奇（Edmund Leach）致命性批评的主要靶子。利奇并非怀疑比较性分类的认知价值和应用的可能性，他所反对的是用分类来取代共性的归纳，以及那种认为分类一旦完成文化共性的问题就能随之解决的错觉。利奇的观点如下：

> 比较和归纳都是科学活动的形式，但二者并不相同。比较如同收集蝴蝶，分类，并按照其种属进行排序……拉德克利夫－布朗关心的则像是把腕表从落地大钟当中区分出来，

① Quoted by Sol Tax, *An Appraisal of Anthropology Today*, University of Chicago Press, 1953, p.109.

> 而马林诺夫斯基感兴趣的则是钟表发条装置的一般属性。然而两位大师的出发点一样，都是将文化或社会的概念作为由有限数量的、易于确认的部分所构成的经验整体，当对两种社会进行比较的时候，我们关心的则是它们当中是否出现了相同的部分。这种方法很适合一个动物学家、植物学家或技工。①

利奇相信人类学不应接近于上述领域中的任何一个，要找到真正正确的方法应该转向数学。作为一个训练有素的工程师，利奇极为精通数学，以至于像很多惊世骇俗的改宗者一样，他没有把数学仅仅简化为计数和算术。他的辩论不是围绕着量化公式的精确性和准确性与人文学科的不可靠性和模糊性之间假想的分界线。他乐于承认吹毛求疵的分类可以达到的人们期望的精确甚至是经验上的可靠性。但利奇追求的目标更具野心，他追求的是对于那些能恰当理解数学本质的人来说数学可以作为其真正化身的东西，他希望遵循笛卡尔的方法，对必然性、恒常性、确定性的王国（realm）进行透彻的理解。他对基本正确的分析策略中的个人谬误进行缝补式的校正工作不感兴趣，他的目标在于把文化共性问题从偶然性、意外性和暂时性的剧场中整个移植到它所真正归属的恒定原则的土壤中。但这已然是另一个问题了，我们会在适当的时候再回来讨论。

（5）在丧失可以参考的普遍性、一般性分析框架之后，差异性概念的使用者们必须竭尽所能地构建出一个可以固定其发现的

---

① *Rethinking Anthropology*, London, Athlone Press, 1966, pp.2,6.

替代性框架。弗朗兹·博厄斯（Franz Boas）敦促他的追随者把精力集中于分别考虑单个的文化属性，然而很快，他最初的这种审慎在面对以指数速率增长的材料收集工作时被证明是弄巧成拙的。为了理解这些快速积累的事实，为了拍摄被塑造成为“事实”的现实片段的未来流向，有必要建构一套系统模型以确保安置“事实”并使之具有可理解性。博厄斯最终承认了这项工作的极端重要性，虽然承认得不够早。他的门徒则更快作出反应，很自然地首先向“土著”——被调查的文化共同体的成员们——寻求帮助。

最开始，这种寻求没有超出韦伯式的“理解”（understanding）规则太多。忠实于饱含着世界观和民族精神（*Volksgeist*）的德国哲学训练，马林诺夫斯基是最早给民族志学者的任务下定义的人之一，他认为民族志学者“理解土著的观点及其与生活的联系”，并意识到“他对于其所在世界的想象”①。马林诺夫斯基并不是简单地想把他同行的注意力转向任何一种标准民族志报告的程式化章节。当地人的思想不是所要调查和描述的众多珍奇事物中的一个，而是将民族志学者引向从田野中看到和注意到的所有事物的真正意义的关键线索。马林诺夫斯基纲领性的陈述所具有的意义，可以依据巴登哲学学派（Baden philosophical school）的新康德主义的“绝对预设”（absolute presuppositions）理论来解释，这一学派在马林诺夫斯基认识论立场的形成时期很流行，且颇具影响力。这个流派的基本思想可以用威廉·狄尔泰（Wilhelm Dilthey）的方法论处方简要概括如下：

① *Argonauts of the Western Pacific*, London, Routledge & Sons 1922, p.25.

> 初步的理解过程所立足的基础性关系存在于表达本身和它所表达的对象之间……向着清晰的精神内容（mental content）方面去理解成了它的目标……个体领会的生活表达通常并不仅仅是一个孤立的表达，而且是充满常识性的并与精神内容相关联的知识。①

如果需要参考其中蕴含的“精神内容”，参考它们的作者希望通过作为研究对象的人造物表达的思想，不具有可比性的田野资
21 料才可以被恰当地评定和理解——如果人们想知道，那么这就是民族志学者的困境所在了。“一种文化”首先是精神共同体，是共享意义的共同体。

尽管具有相似的哲学背景，博厄斯的转变却披上了一层不那么形而上学的外衣，也许是因为它发生在较为晚近的时期，在博厄斯的思想长期浸淫在美国那种更为世俗化的智识风气之后。博厄斯像马林诺夫斯基一样，在“个体与其所处的文化之间的关系”当中看到了“理解人类行为的真正源头”。然而他没有用难以捉摸的“价值观”和“世界观”的概念，他采用了19世纪20年代行为主义那种缺乏想象力的“社会心理学”（social psychology）：“如果忽视所谓的社会心理学也即个体对文化的反应，那么所有寻找社会学法则的努力将是徒劳”②。无论博厄斯和马林诺夫斯基的追随者在实际田野中的表现的关系如何，二者的分析策略都处在哲

① *Gesammelte Werke,* vol. VII, Stuttgart, Teubner, 1926, pp.207-209. English edition by H. P. Rickman in *Wilhelm Dilthey, Pattern and Meaning in History*, New York, Harper & Row, 1962, pp.119-121 .

② *Race, Language, and Culture*, London, Macmillan, 1948 (originally 1932), pp.258-259.

学光谱上对立的两极。马林诺夫斯基看到了“土著”在其意义规划（meaningful project）中所施加的“一种文化”所固有的内聚力，并通过文化上的标准行为表达出来；他所研究的人类主要被视为主体。博厄斯则将这个问题定位在行为模式的范畴中，在他看来“土著”最初是经受训练而对文化作出反应的客体。博厄斯“文化与人格学派”（the culture-and-personality school）的那些追随者，原本相对于博厄斯不严谨的行为主义，更接近马林诺夫斯基的“民族精神”（*Volksgeist*）。克拉克洪在其关于文化概念的开创性文章中所定义的“一种文化”，是与共同的、历史创造的“情境定义”（definitions of the situation）联系在一起的，而不是与作为文化表象的独特“生活方式”联系在一起的。[①]克鲁伯似乎赋予“文化的精神特质”（cultural ethos）这个概念以至高无上的理论重要性，即文化的整体特性被定义为“对文化起支配作用且势必控制其成员的行为类型的理想与价值的系统”[②]。与克鲁伯意义上的“民族精神”（*Volksgesicht*）最为接近的版本也许是迈耶·夏皮罗（Meyer Schapiro）所提出的“风格”（style）概念，这一概念用来指代文化在整体上的表现及其一致性的明显标志。风格反映或投射了集体思想和感知的“内在形式”。[③]在狄尔泰和文德尔班（Windelband）对风格进行清晰的哲学阐述很久之前，这种看法的历史先例就随处可见，并深深根植在前科学的通俗常识之中。玛格丽特·霍格登（Margaret T. Hogden）在她对16、17世纪的

① Cf. Clyde Kluckhohn, *Culture and Behaviour*, New York, Free Press, 1962, p.52.

② Cf. *Anthropology*, New York, Harcourt, Brace, 1948, pp.293-294.

③ 'Style', in *Anthropology Today*, ed. Sol Tax, University of Chicago Press, 1962, p.278.

人类学思想的出色研究中充分引用了这些观点。[①]事实上，按照“恶习、缺点、美德和诚实品质”，通过其精神气质或风格来定义不同“民族”的习惯，完全可以追溯到中世纪。

在“文化与人格学派”较为成熟的历史阶段，它借助弗洛伊德提出的在文明与人类心理之间的双向联系来摆脱进退两难的境地及早期理论中的相应矛盾。在将早期经验（early experience）[②]
22 的精神分析范式作为同时由文化决定的与决定文化的来吸纳之后，这个学派不再困扰于如何在德国形而上学和美国行为主义之间进行艰难选择。文化与人格学派的理论家们终于找到了他们缺失的环节；这一环节存在于无意识领域的事实似乎为文化与人格学假说的真实性提供了所需要的证据。文化和人格之间的紧密联结由此得以稳固确立。这个学派的新精神在拉尔夫·林顿（Ralph Linton）为卡迪纳（Kardiner）及其同事编撰的专著所作的序中得到了充分的表达：

> 任何社会的基本人格类型是这个社会大多数成员共有的人格构型，来自他们共同的早期经验。这种基本人格并不与个体的完整人格相一致，而与一种投射系统，或者换句话说，一种对于个体的人格构型而言相当基础的价值观系统相一致。由此同一种基础人格类型就可能反映在很多不同形式的行为中，并可能参与到各式各样的完整人格的构型中去。[③]

---

① *Early Anthropology in the Sixteenth and Seventeenth Centuries*, Philadelphia, University of Pennsylvania Press, 1946, pp.179 ff.

② 心理学中指儿童在发展的早期阶段所受到的对以后发展具有重大影响的刺激。——译注

③ *The Psychological Frontiers of Society*, New York, Columbia University Press, 1945, p.viii.

从理论和实证角度讲，[举例来说，在露丝·本尼迪克特对日本如厕训练的妖魔化或戈尔（Gorer）和里克曼（Rickman）对俄罗斯人包裹婴儿的习惯的病态执迷]“人格构型”（personality configuration）或“类型”（type）最终成为替代“文化类型”或“精神气质”的术语。文化与人格学派在其整个发展历史中可以说是始终如一；这个学派最后的语义学表达事实上是为早期的概念选择所预先塑造了的，这种选择使得他们从一开始就在寻找一种合适的、弗洛伊德式的心理学理论，并使得自身与这种理论的结合成为必然。文化与人格学派未来的发展实际上已经暗含（*in potentia*）在露丝·本尼迪克特在1932年的陈述当中：“文化是具有庞大的比例和长时间的跨度的个体心理在屏幕上的放大投影。”④

理论建构总是始于从可感知的现实中按照学者的选择分离出的“黑箱”（black box）。黑箱的选择间接决定了哪些变量会成为研究者所调查现象的“输入项”（inputs）和“输出项”（outputs）。只有输入项和输出项在不断接受实证评估，也只有它们需要记录。理论创立者的工作最终结束时有两个系列的记录数据；他的任务包括建构用于解释输入项和输出项之间被发现的关系的模型，换言之，这个模型用来描述输出项如何作为输入项的函数（在数学意义上，而不是在生物学或社会学的意义上的“函数”）。文化与人格之间的紧密联系——事实上是同一性——并不是由这个学派“发现”的；而是被这个学派在最初选择心理学家的黑箱作为自己

④ ‘Configurations of culture in North America’, *American Anthropologist*, vol. 34, 1932, p.24.

理论创立的框架时所预先决定的。所谓的黑箱，即指在外部刺激和对这些刺激所表现出的反馈之间存在着一个在实验条件下接触不到的空间。正如心理学家所做的那样，文化与人格学派尝试用假定的“干预变量”（intervening variables）填补这个空间的未知内容，而这反过来勾勒出进一步的研究策略和关键性的理论概念。简而言之，事实上最终误导性地呈现出来的实证结论是一个先验
23 性的（*a priori*）决定，它作为文化研究的主题被编织进对不具可比性的行为模式的选择过程中；这无疑是采纳文化的差异性概念所产生的直接且必然的结果。

当然，输入项和输出项之间的空间可以由多种多样的理论模型来填充，正如在最近数十年间真正发生的那样。可以看到一系列的模型，从极其痛苦的本我形成的婴幼儿时期到有自觉的、认知－框架（cognition-framing）知识（“民族科学”，近来称为“民族学方法论”）的共同体的成年成员。尽管这些模型各式各样，然而可以也应该被归为同一个分类，因为这些都是针对同一个问题的不同解决方案，都是从最初关于寻找文化“黑箱”的共同决定中产生的。这一决定构成了建立在文化的差异性概念上所有方法的共同范式，无论它们之间存在着怎样潜在或显见的矛盾与对立。尽管沃德·古迪纳夫(Ward Goodenough)不会认为自己是罗伯特·雷德菲尔德（Robert Redfield）作为多年公认的代言人那种研究人类学的代表，但他们对人类学同行提出的建议就像具有一个范式根源的两个分支一般具有惊人的相似性，并同样为概念选择的决定性作用提供了富有说服力的证词。雷德菲尔德是这样提醒他的读者的：

> 在尝试描述一个小社区的世界观时，局外人应该为系统化整体持保留意见，直到他听到当地人的声音。局外人必须等待。他要试着听取一个或很多本地人是否认为自身具有一个整体性的秩序。这是他们的秩序，他们的分类，是他们对这个部分的强调，而不是研究者期待听到的那个部分。每种世界观都是由哲学性的要素组成的，关于所有事物的本质和它们之间的关系，这是本地的哲学家对这些要素赋予的秩序，而我们，外来的调查者，则是听众。①

尽管与雷德菲尔德应用了不同的术语，然而古迪纳夫重申了与前者一样的观点：

> 一个社会的文化包括了人们必须知道或相信的一切，才得以以一种能被其成员接受的方式运转……它是人们头脑中事物的形式，是感知、联系或解释事物的模型……而民族志描写则需要能够处理观察到的现象的方法，由此我们才能归纳地建构出一套关于报告人如何组织同样的现象的理论。②

文化的差异性概念似乎总是不可避免地与如下假设联系在一起，即每个固定在“那里”的单个文化统一体都存在固有的凝聚力，这种凝聚力要么构造了人格的潜意识，要么以认知映射（cognitive mapping）的典型方式灌输到共同体成员的头脑中。到目前为止，把这个默认假设转变为一种详尽的方法论原则最为明确的尝试是

① *The Little Community, Viewpoints for the Study of a Human Whole*, University of Chicago Press, 1955, p.88.

② Quoted by William C. Sturtevant, ‘Studies in Ethnoscience’, *American Anthropologist*, vol. 66, 1964, p.101.

以“主位”（emic）与“客位”（etic）的方法表达出来的，这是德国人由来已久的自然科学与文化科学、解释与理解等两难困境的现代版本。

24 这两个近来被哈罗德·加芬克尔（Harold Garfinkel）的追随者（他们交替使用“民族方法学家”“现象学社会学家”“日常生活的社会学家”这三个名字称呼自己）广泛使用有时甚至是滥用的术语，是由肯尼思·派克（Kenneth L. Pike）引介而来的。派克是一个特立独行的语言学家，他凭借从其所受训的结构音位学借用而来的工具在社会研究领域留下了耀眼的印迹。[1]语音学（phonetics）（“客位”的方法）和音位学（phonemes）或者说语言学中的音位研究（“主位”的方法）之间的差别，大致来讲就是语音学只研究实际产生的语音和它们的基本单元（无须知道所研究语言中的语词的真正含义就能完成这项工作，并且可以用纯粹的物理形式表达出来），音位学仅研究对生成和表达言语起到实在作用的语音的诸方面，比如有意义的语音序列（这项工作只有在所研究的语言被作为——“被理解为”——一种含义与其语音形式的有序组合时才能完成）。根据派克的观点，对一个不能意识到他所描述的行为的“语义”面向的外部观察者而言，观察一种文化的行为模式相当于社会学中的语音学研究。为了使我们无论在何种程度上从结构语言学的成就中获益，我们必须能够解释出一种有社会学相关性的音位学。由此就需要把“主位”的方法作为一种重要的方法论假设。

① Cf. *Language in Relation to a Unified Theory of the Structure of Human Relations*, part I 1954, part II 1955, part III 1960, Summer Institute of Linguistics, Glendale, California.

派克理论策略的核心假设在于，“当人们在自身文化中对人类行为作出反应的时候,会将这一行为当作一系列单个活动颗粒”[①]。这些颗粒单独表达行动者意欲表达的含义，并从本土的感知者那里获得文化上既定的回应，它们相当于这种文化的“基本单位”(emes)。因此将“主位”的方法运用在文化研究当中意味着从可见行为中抽取在上述意义上对当地人有意义的诸元素或诸方面。第二步包括从这些“基本单位”及其在上下文中的用法（对于阐明它们的纵聚合关系和横组合关系都很必要）中重建潜在的构造，这种构造组成了文化的特异性和特殊性的脊骨（backbone）或者说是语法。换言之，虽然人类学家最终会创造出自己的理论，然而这个理论必须是当地人实际使用的意义与他们使用这些意义的方式的模型。我们再一次进入了熟悉的理解社会学（*Verstehende Soziologie*）和移情（*Einfühlung*）的领域，但这一次，老问题是由受到结构语言学令人兴奋的成就激发的语言表述出来的（正如我们将要看到的，派克和他追随者的方法不是社会学者利用结构主义成果的唯一方式）。

派克的计划提出了两个重要的问题。第一个问题是纯粹技术层面的：在何种程度上行为素（*behaviouremes*）即可观察到的人类行为那离散的、像义素一样（sememe-like）的单元是完全可以识别的？解决这个问题需要一系列的实证研究，必然要克服很多障碍才能成功（比如，事实上任何人类行为都会采用多种语言，包括手势、衣着、位置甚至是多重的口头表达）。然而第二个问题

① Kenneth L. Pike, ‘Towards a Theory of the Structure of Human Behaviour’, in *Language in Culture and Society*, ed. Dell Hymes, New York, Harper & Row, 1964, p.55.

25 更为重要。抽取离散和重复的行为单元是否是使行为-语言具有类似合理性的唯一条件？难道与抽离的“指示物”和“被指示物”两个同构系统之间的关系相比，非语言形式的人类行为不是一个与在社会情境中使用语言（语言交流的社会学）更具有相似性的现象吗？因此，把主观的、活生生且有意图的意义王国与用语言学框架分析的语义学领域关联起来是否适当？这个整体、综合和多面的问题远非显而易见的，更重要的是解决方案似乎或多或少更取决于主观的理论选择，而不是理论上的中立研究。如果真是如此，尝试利用结构语言学的权威支撑一个新康德主义的文化理想主义的现代版本至少可以说过于片面了。

我们不会经常为以复数形式使用“语言”一词而感到不恰当。我们认为语言是客观、容易确定和自决的事实，因此不仅存在很多语言，而且每种语言“事实上”都是彼此分离、相对清晰可辨的实体。我们不认为在建立“语言共同体”或“语言体系”的边界时会碰到不可逾越的障碍。我们之所以会将语言作为彼此分离的实体，是因为它们自身——独立于任何研究兴趣——就是彼此分离的实体。

然而文化并非如此。诚然，文化的差异性概念已经被钉在了当前的范式上，到了几乎没有人类学家会感到复数的“事实”和各个文化相互独立是需要争论或证明的程度。然而，刚好与语言的情形相反，文化的差异性概念并不是（或者说无论如何并不像复数的“语言”那样）独立于研究者的活动而隐含在直接的既定事实当中，而是隐含在文化研究者们选择的实证策略当中，只有在具体的田野条件的框架中它才会显得“自然而然”且无须论证。

以下之所以对曼纳斯（Manners）和卡普兰（Kaplan）的研究进行略显冗长的引用，是因为其中包含着也许是对研究方法如何影响整体的理论立场的最佳分析：

> 伴随对田野工作的强调所带来的积极贡献而来的，似乎是为人类学理论的发展带来的某种消极后果。对每个人类学家而言，有一种强大的趋势使其完全沉浸在他所研究的人群那复杂性和特征之中，以至于除了唯一性和独特风情(flavour)之外他很难以别的方式讨论文化。的确……很多人类学家将对这种独特性的描述看作这门学科最为主要的任务和贡献。
>
> 很多其他想要朝着更具一般性表述努力的人类学家则发现他们被浩繁的民族志细节吓到了，以至于沮丧地放弃了构建理论所需的基本任务也就是抽象化。因此，讽刺的是，人类学的经验材料的丰富性往往阻碍而非促进理论的构建。
>
> 一方面，极端的特殊主义者、多元主义者、人道主义者或激进的相对主义者坚持每种文化都独一无二——要么通过论及其天性、风情、构造、风格、模式等等，要么通过强调
> 一种不证自明的观点，即“没有两种文化是完全相同的”。事 *26*
> 实上没有任何两种东西是完全相同的，因此他们是正确的。由此他们对归纳、对跨文化规律的推论及对采用因果陈述的反对态度，严重阻碍了人类学当中自由的理论的形成，因为他们总是会说，“我研究的人群并不是那样的”。[①]

① ‘Notes on theory and non-theory in anthropology’, in *Theory in Anthropology*, London, Routledge & Kegan Paul, 1969, p. 4.

无论曼纳斯和卡普兰所揭示的差异论者的主张是多么弄巧成拙和摇摆不定，这些主张似乎都没有放松对人类学家的控制。这种实证情境的逻辑控制所有理论活动的影响显然是压倒性的。陷入田野实践太深的研究者发现很难足够超脱到能够忽略一些细节，这些细节——如同他们被灌输的那样——很可能包含了他们所能贡献给人类知识的精华。他们也就很自然地难以像曼纳斯和卡普兰那样看到田野方法和其所珍视的文化概念之间的关系。他们的确相信他们所看到和描述的“独特性”是其所描述现象的内在属性，并不是他们故意选择或偶然获得的很低层次的特殊性。因此，举例而言，雷德菲尔德在开始推广类型学的大胆尝试时，认为有可能和有必要为那些也许不会再追随他的人进行开脱：

> 在阅读拉德克利夫－布朗关于安达曼岛人 (Andamanese) 的著述时，我们找不到对这个小社区之外的任何事物的重要描述。诚然，这些原始社区事实上可以被看作不受任何外界事物影响的地方，但是对于只要通过一个人的工作就可以或多或少被理解的对象，这个人也无须是历史学家，因为那些无文字社会并无历史需要去了解……人类学家会在这样的系统中发现从其他地方传播到这个队群 (band) 或部落的文化元素的证据，然而他知道这个系统之所以是现在这样是自身不断发展的结果，并且他无须走出这个小群体之外就可以描述它的组成部分及运转方式。①

换言之，出于这样或那样的原因，并不是因为文化作为差异

① *Peasant Society and Culture*, University of Chicago Press, 1956, p.6.

性概念的应用，“一种文化”才被视作孤立和独一无二的实体。不如说文化事实上是一个自给自足的系统，其中包含着可以将某个共同体与其他共同体区分开来的特性；因此差异性概念反映出人类学家发现的客观真实，而不是塑造了人类学家的观点。

将文化领域与文化的差异性概念相联系的独特视角，引出了大量成为研究焦点的具体问题。当然，最关键的问题是“文化接触”(cultural contact) 的现象。如果任何文化按其定义都是独一无二、紧密结合且自给自足的实体，那么任何具有模糊性和多义性、缺乏显见的单方承诺甚至是明显缺乏结合力的情况都会被视作与其他独立和富有连惯性的文化实体的“邂逅”或“碰撞”所造成的。文化作为差异性概念在流行的观念中早已根深蒂固，以至于我们把“文化碰撞”(cultural clash) 当作不证自明、常识性的真理来使用和理解。然而，西方世界知识史的回顾则不能不引起对这种永恒和自发的信念的来源的严重怀疑。玛格丽特·霍格登发现， 27
中世纪众多去往圣地 (the Holy Land) 的朝圣者所留下的旅行文学中几乎看不到任何证据能证明当时聪明的欧洲人经历了类似现在流行且“常识性”的“文化震撼”(cultural shock)：“他们很少或者说几乎没有对他们的当地人表现出好奇，他们对陌生的方式毫无兴趣，对文化的多样性也毫无反应。”相似的，也没有证据表明被哥伦布带到欧洲的印第安人——在文艺复兴的繁荣时期——在被启蒙的大众当中引起任何明显的骚动。[①]文化碰撞的概念显然是随着现代社会近来的经历而变成流行观念的组成部分；然而

① Cf. M. T. Hogden, *Early Anthropology in the Sixteenth and Seventeenth Centuries*, Philadelphia, University of Pennsylvania Press, 1946, pp.86, 114.

这个概念也对清晰表达这些经历和塑造它们的精神形象起到积极的作用。

通过差异性概念的透镜来看世界，文化学者不得不把任何变化的根源追溯到所研究文化与另一种文化之间的某种接触。为了尝试以连惯性（cohesion）为内在坐标来整理所有关于所研究社区的资料，出于同样的原因他们摧毁了寻找引起变化的“内部”成因的必要的潜在分析工具。一个“缓慢变迁”的社会是同质化且具有连惯性的；因为任何文化的连惯性是通过在人的早期训练时期对基本人格的成功再造而成就的，所以连惯性和同质化成为变迁速度迟缓的同义词（这种变迁不会强烈到在接受训练的连续两代人的环境之间造成明显的断裂）。与此同时，不稳定的、异质性的文化状态（cultural conditions）（这里我对使用“文化”这个术语有些迟疑，因为“文化”暗含着这个整体的系统性本质）变成了必然与“完全的二次文化接触”（full secondary culture contacts）（成长于已经受到文化接触所影响的环境的个体之间的交往），或者至少是“初次文化接触”（primary cultural contacts）（成长于同类但不可比较的文化之中的个体之间的相遇）的持续存在联系在一起。①

文化差异性概念的拥护者们常常过度考虑证明他们所研究的“某种文化”的自我认同和独特性，以至于情不自禁地将所有文化接触以及“各种文化”的混合视作——即便不是讨厌和邪恶的——固有的反常现象。有时这种立场会给自己找到一种伦理表达，正

① Cf. Margaret Mead, ‘Character formation and diachronic theory’, in *Social Structure, Studies Presented to A. R. Radcliffe-Brown*, Oxford University Press, 1949, pp.21-26.

如露丝·本尼迪克特“破碎的杯子”（the broken cup）①这个出名的隐喻。大部分情形中同样的立场表现为所谓描述性的、实证性的措辞，比如“文化接触”的环境容易导致精神疾病和身心失调症相对高发。似乎没人在意用统计数据来解释在移民的本土文化给他们提供的预期与新的文化现实之间的碰撞，这个决定性步骤是一个主观臆断的理论决策，而不是一个实证的结果。所谓的证明过程事实上是从一开始就预设好了的。如果采用另一种理论，同样的现象也许可以被以下原因解释，比如潜在移民在自身选择过程中碰到的特有因素，或者移民与本地居民相比面对的额外严峻的经济、社会等方面的阻碍。 28

文化作为差异性概念并非伴随现代性的智识氛围而出现的偶然现象。这种概念通过提供经验主义的虚假氛围肯定了现代思想的若干关键假设。然而它同时也帮助弥合了这些假设与可观察的顽固事实间令人不安的不一致性。这两个功能都使文化作为差异性概念不可或缺。

首先，人类种族间在生物学上的平等性和整个智人物种具有的基因一致性的公理不断地与不同种族在历史成就和历史表现上的顽固差异发生持续且尖锐的冲突。这一矛盾可以用文化的价值观和传统的偶然性方便地解释清楚。这个方法的极端形式可以概括为韦伯的公式即信仰→行为→社会结构和过程，这个公式甚至比对作为现代性源头的新教教义起到的作用所展开的延伸讨论更

① 露丝·本尼迪克特在《文化模式》（*Patterns of Culture*，1934）一书中引用一位信仰基督教的迪格尔印第安人首领对她说的话：“一开始，上帝就给了每个民族一只杯子，一只陶杯，从这杯子里，人们饮入了他们的生活”，“他们都在水里蘸了一下，但是他们的杯子不一样。现在我们的杯子破碎了，没有了”。“破碎的陶杯”意象代表着本土文化传统的丧失。——译注

持久和丰富。[①]对此，哈根指出了产生权威型人格和培养改革者两种文化之间的分水岭。[②] F. S. C. 诺思罗普（F. S. C. Northrop）[③]则尝试强调东方文化的审美取向与西方文化的理性取向的对立。理论家和田野工作者会开始列举无数文化决定的通向现代生活方式的障碍。[④]每种情况中，文化在它的差异性意义上讲都要为在基因上平等且面对所谓同样经济机遇的人们所具有的不同命运承担主要责任。

其次，文化作为差异性概念有时填补了超自然现象及天意（providence）留下的智性鸿沟，这些曾经全能的智力工具所具有的解释力随着现代的到来极大地萎缩了，然而它们曾经发挥的作用绝不会消失。现代纪元宣告了人类摆脱超自然现象束缚的自由。同样，现代也产生了一种新需求，即对可以解释人类境况中那部分不受意志转移的、不能直接掌控的因素的人造必需品的需求。因此，根据“文化系统一方面能作为行动的产物，另一方面又起到影响进一步行动的调节作用”，就出现了对于文化作为差异性概念的智性呼求。当文化被理解为“被历史性地创造和选择出来引导人们对内部和外部刺激作出反应的过程”[⑤]时，它就完美地满足了理想的解释工具所必须符合的两个要求。它同时是人所创造的

① Small sample of studies collected by Robert W. Green in *Protestantism and Capitalism*, Boston, Heath, 1959. 该书对这个多面向的讨论提供了一个清晰的综述。

② Cf. *On the Theory of Social Change*, Dorsey Press, Homewood, Ill., 1962; particularly pp.86 ff.

③ Cf. *Meeting of East and West*, New York, Collier-Macmillan, 1960.

④ 相关文献极多，以下的例子只是其中的一小部分：*Tradition, Values, and Socio-Economic Development*, ed. Ralph Braibanti and Joseph J. Spengler, Cambridge University Press 1961；W. Ian Hogbin, *Social Change*, London, 1958; Leonard W. Doob, *Becoming More Civilized*, University of Chicago Press, 1960.

⑤ Clyde Kluckhohn, *Culture and Behaviour*, New York, Free Press, 1962，pp.73, 31.

(man-made）和创造了人的（man-making）实体，服从于人的自由同时也限制这种自由，以其既是主体也是客体的特性与人类产生联系。用文化的差异性概念武装自己，我们可以轻易地避开方法论上的唯意志论和过度决定论（over-determinism）这对双生的可怕错误，可以清晰地解释人类自由的明确限度，而不必对人类的自由选择原则作丝毫贬低。

再次，挑选文化作为人类境况的主要差异所在，与现代思想 29
分配给知识和教育以主要指挥的角色（master-command role)（其原因上文已经讨论过）非常契合。这种认为知识话语和社会化努力几乎具有无限潜力的信念，在实践中深深渗透到这个时代的所有诊断以及为了解决我们认为的社会、经济或政治“问题”的所有尝试当中。就这方面而言，文化的差异性概念是跟教育的差异性概念相似和互补的。两种概念的困境也紧密相关，它们都深嵌在现代的现实处理方式的基础当中。

最后，正如彼得·伯格（Peter Berger）作出的恰当评论，“人们不能给相对性这条恶龙一块点心然后就像往常一样开始忙于知识上的事情”。无论是好是坏，我们的年代是相对性的年代。“历史把相对性问题当作一个事实，把知识社会学（sociology of knowledge）作为当前现状的必需品。”[①]对于“知识社会学”也就是伯格论辩的火力所集中的对象，我们也可以解读为“现代的有见识的思想”(modern informed mind)。如果差异性概念没有把它的前身——等级性概念——排挤出被认为是正当学术努力的范围之外，那的确就很奇怪了。几乎所有现代思想的发言人（尽

① Peter Berger, *A Rumour of Angels*, Harmondsworth, Penguin, 1971.

管其中一些带着喜悦，一些带着忧愁）都宣告了我们的现状中仅有的绝对要素就是绝对性的终结。无论出于何种原因，我们越来越难以相信善和美具有绝对和普遍的标准。我们倾向于把道德规范和对于美的狂喜仅仅作为约定俗成的东西（matters of mere conventionality）。难怪“比较文化”对我们来说像是收集古玩，这两件事最主要的共同之处在于，它们都仅仅建立在人类过去或现在的选择上。

简言之，文化作为差异性概念似乎是现代世界图景（world-image）不可或缺的组成部分，而且与它最细腻的表达紧密相关。这个概念的智性力量及持久性的真正来源正是存在于这一紧密的关系当中。

文化的一般性概念

文化的一般性概念（the generic concept of culture）提供了差异性概念所忽视和不曾提及的部分。在这个意义上讲它是其主要对手（也即差异性概念）的必然结果。差异性概念在将人类图景分成众多彼此不相关的、自给自足的飞地方面越是成功，人们感到解决人类基本一致性问题的需求就越是强烈。人们寻求的不是生物学上的、前文化（pre-cultural）层面上的一致性——这种一致性事实上在关于文化的所有讨论中都无处不在——而是大到整个文化范围、小到文化的差异性概念的相对自治性和独特性的理论基础。从概念上讲，文化差异与前文化的实质一致性假设并不矛盾。相反，需要用文化间存在差异的思想来解释经验上的不同，这是现代的平等主义、人道主义关于人类种族具有基本一致的生物天赋的观点所解释不了的。文化自身的一致性则并不如此，这种 30
一致性完全存在于文化领域；尽管这种思想并不需要拒绝评价文化的变化及其重要性，然而它的确意味着重点的转移，理论和研究兴趣的焦点的转移，并且最重要的是意味着人们所希望和能够抓住的问题的类型的转变。如果文化的等级性概念将“精致”和“粗鄙”两种生活方式之间的对立以及教育可以实现的桥梁作用置于关注的中心，如果文化的差异性概念是对人类群体多样生活方式间无穷且不断增加的对立的担忧的产物和支撑所在，那么文化的一般性概念则围绕着人类与自然世界的二分法或者说围绕着欧洲社会哲学中古来已久的问题——“人的行为”（actus hominis）和“人性行为”（actus humani）来分析事物。一般性概念是关于能把人类从其他所有事物中区别开来的特性，通过这种方式，这种特性把人类联合起来。换言之，文化的一般性概念是关于人（man）与人类（human）之间的界限。

根据文化具有的任意性功能（见第二章），不难理解划出这条分界线对人类而言似乎承担着情感上的重要意义。它通过人类学家所记录的以下这种原始方案表达自身，通过一种纯粹但颇有效率的便宜之计在自己的文化共同体和除此之外的世界之间延长出一条人与自然的分界线，从结果上看这个余下的世界由猛兽和其他有着不可理解和神秘莫测的生活方式的部落组成。然而这种方案只有在采用它的群体维持自给自足也就是说不用参与到与外部存在保持常规化定型且相互接受的关系当中时才能长期有效。因此这个划界的问题就转移到了一个新的领域，即全体人类在一边，而非人类的生物在另一边的情况。随着规则与制度化关系形成的网络遍及持续扩张的“人所居住的世界的已知部分”(*oikoumene*),在不断变化和流动的宇宙中建立一种绝对边界就变得极其重要。一一列举已被人类“俱乐部”接纳的成员的归纳方法在此就不再实用了——它根本不能避免未来的不确定性,因此就需要一个绝对化的、普遍适用的方法。在用属地标准取代用亲属关系和姻亲关系作为定义人类群体的时代,很自然地出现了在地理空间当中确定边界的显著趋势。由此出现了罗马制图学中的“狮子所在之处”(ubi leones),以及希腊神话学中的斯库拉(Scylla)和卡律布狄斯(Charybdis)[1]。最主要的是,从此之后古代和中古时期的地理学家就将模棱两可、半人半兽、恐怖可憎的怪物作为划定(也就依次定义)人类边界的参照。在当时最权威人士的作品中,这个经过探索的世界的边缘地带始终栖居着这样的怪物,这些权威人士包括古罗马的学者老普林尼(Pliny the Elder),地理学家庞波尼斯·梅拉(Pomponius Mela),博学家加伊乌斯·朱利叶斯·索利努斯(Caius Julius Solinus Polyhistor),塞维利亚的主教伊西多尔(Bishop Isidore of Seville),神学家阿尔伯特·麦格努斯(Albertus Magnus),百科全书作家博韦的樊尚(Vincent de Beauvais)。在伊西多尔的词源学中充满了可怕的怪物,有嘴巴和
31 眼睛长在胸部的无头怪,有不长鼻子的怪物,有睡觉时藏在自己

① 斯库拉是希腊神话中吞吃水手的女海妖,她的身体有六个头十二只脚,口中有三排利齿,并且有猫的尾巴,她守护在墨西拿海峡的一侧。这个海峡的另一侧是卡律布狄斯,卡律布狄斯拥有巨大的嘴,每天三次吞入大量的海水,再把海水吐回大海,形成巨大的漩涡。船只经过该海峡时只能选择经过卡律布狄斯漩涡或者是斯库拉的领地。船只经过斯库拉时她便要吃掉船上的六名船员,卡律布狄斯则会吞噬所有经过的东西,包括船只。——译注

突出的下唇中的怪物，有可以凭借一只巨大的脚一口气数小时保持不动的滴水嘴兽（gargoyles），还有一些怪物长着极小的嘴，只能用一根吸管吸取液体状的食物。[①] 更恶心恐怖的是这些恶魔般的怪物的习俗，它们出现在殉道者圣彼得（Peter the Martyr）对食人族（Anthropophagi）作出的详细描述中：

> 他们捉走的孩子都要阉割来使之长胖，就像我们对公鸡和公猪做的那样，然后等到充分喂养好了就把他们吃掉。吃的时候首先吃内脏部分和末段部分，比如手、脚、脖子和头。其他肉最多的部分他们都捣碎储存起来，就像我们保存猪肉和熏猪腿……抓去的年轻女人则留着用作繁殖，就像我们养母鸡是为了让它们下蛋。[②]

两条并行的发展线使得划定边界的努力从空间维度转向了时间维度：第一条线是将地图上的空白点逐一扫除，由此让传说怪物可能的栖身之处变少；第二条线是开始意识到历史及其单向发展的（single-directional）本质。现代时期，猿人、北京猿人和南方古猿取代了食人族。它们激发了与其他科学主题相较更高的热情，这正是因为它们具有潜在的划界功能。从现象学上讲，文化的一般性概念与食人族和南方古猿属于同一类范畴，对它的持久关注超出了其本身纯粹的科学重要性，这也再次证明了它更具普遍性、符号学意义上的特征。它是对群体自我认同的持续关注的

---

① Cf. Ernest Brehaut, *An Encyclopaedist of the Dark Ages, Isidore of Seville*, New York, 1912, pp.207-221 .

② Cf. M . T. Hogden, *Early Anthropology in the Sixteenth and Seventeenth Centuries*, Philadelphia, University of Pennsylvania Press, 1946, p.30.

全人类规模的现代版本。

文化的一般性概念最简单的形式是将全人类且仅仅是人类所具有的普遍特征归属于文化本身。格尔茨对此做出了典型叙述：

> 人是会制造工具、说话和象征的动物（这种人类本质的特性的表达形式沿用的是莱斯利·怀特在讨论符号和工具[1]时所创立的模式,并且间接体现了恩格斯的思想)。只有人会笑；只有人知道自己终有一死；只有人鄙夷于与自己的母亲和姐妹交配；只有人创造了桑塔亚纳（Santayana）称之为宗教的人们可以生存在其中的其他世界的景象，或者烧制西里尔·康诺利（Cyril Connolly）称之为艺术的思维的软泥派（mudpies of the mind)。他不仅有智力，还有意识；不仅有需求，还有价值；不仅有恐惧，还有良知；不仅有过去，还有历史。只有人[这个论证以一个宏大的结论结尾]才拥有文化。[2]

格尔茨对这早已广为人知的观念作出的表述可以说是同类表述中最具综合性的。它将从对人类存在困境进行的现代哲学分析当中汲取的论据，与人文学科当中的心理学发现和重要的方法论原则结合起来。正如以上引用段落中所描述的，文化远多于（或远少于）差异论者收集的各种规范集合和模式化的习俗；其实它是人类彻底通往生活戏剧的一种特定方式，根植于对人类特有的有意向性的、活跃且具有创造性的思维能力的最终分析之中。文
32 化的一般性概念的其他拥护者往往更接近之前提到的传统和沉闷

① Cf. *The Science of Culture, A Study of Man and Civilization*, New York, Grove Press, 1949.

② 'The transition to humanity', in *Horizons of Anthropology*, ed. Sol Tax, p.37.

的“公分母”（common denominator）径路，只不过是在从动物到人类世界的历史道路的语境当中。[①]

然而即使是格尔茨的准则（formula）也停留在现象学描述的层面上。这个准则只是陈述了人类最明显的特性，避免了将所有本质上不同的原则组织到同一个连贯结构当中，它放弃从现实的诸多面向当中确定一个作为优先的解释前提（*explanans*）并将其他面向分别作为有待解释的对象（*explanandum*）。这些元素由其他文化学者源源不断地提供。这仍然是整个文化科学当中最具争议的问题，并出现了许多可供选择但常常并不相容的解决方案，以下是对其中最有影响力的方案进行的尝试性分类：

（1）其中一个备选方案是将文化从一开始就定义为一套整体性的、不可分割的象征意义和工具，独属于整个人类。因此，按照怀特的说法，“人类的文化实际上是一个整体系统，所有所谓的各种文化仅仅是同一构造中具有区分度的部分”[②]。洛伊主张相似的观点：“一种特定文化是一种抽象，一个任意选取的片段……只有一种文化现实不是人造的，那就是全人类在所有时期和所有地方的文化。”[③]显然说起来容易做起来难。上述这种文化的“极权主义”（totalistic）概念在人们试图将它重塑为特定分析的工具时，其问题就暴露无遗了。“全人类的文化”究竟意味着什么？在严格意义上这是一个系统吗？比如由一套内在关联和相通的单元构成？如果是，这些单元是什么？如果不是“特定（一般而言就是

① Cf., for example, F. Clark Howell, ‘The humanization process’, in *Horizons of Anthropology*, ed. Sol Tax, p. 58.

② *The Evolution of Culture,* New York, McGraw Hill, 1959, p.17.

③ ‘Cultural anthropology: a science’, *American Journal of Sociology*, vol. 41 , 1936, p.305.

民族的、部落的、以群体为基础的）文化”，又是什么可以分解为“任意选取的片段”或“具有区分度的部分”？在何种意义上人类文化从整体上构成了事实层面的总体，而非分析层面经验性比较和理论性整合的产物？我们之所以有可能发现这些问题棘手而令人为难，其中一个原因在于社会学的理论建构（定义为一种研究人类生活的社会－结构方法）缺少对应的、在分析上具有显著性的单元。当社会学在西方文明的怀抱中走向成熟，它便像我们今天看到的那样局限在国家偏见（national-biased）中。它不认可任何广于政治上组织起来的国家之外的整体，几乎所有社会学家——无论其学派宗旨——所使用的“社会”一词，实际上都是指在规模和构成上等同于民族－国家的实体。诸如“人性”（humanity）、“人类”（mankind）等术语，如果真正出现在专业的社会学文献中，要么用在非特定的、隐喻性的或者速记式的意义上，要么被理解为空洞的分析性标签，指代严格意义上的各社会的集合体（aggregate）；肯定是一个集合体，但不必然是一个系统（system）；是一套单元，但各单元之间没有内在联系。有时我们必须承认，由此一些社会学家（往往是社会心理学家）会讨论与“人”（man）有关的规律（即使不是法则），而不论及他在国家、地理或历史上
33 的特定性。然而这种“人”是作为人类物种的一个随机样本而不是指代“全人类”，这个概念是一个抽象化而非综合化的分析过程的产物，它很难成为一块可以构筑起仅仅一个社会模型的砖块，更不用说整个人类的模型了。文化作为全人类规模的总体系统的概念因此很大程度上存在于真空之中，缺少所有可以立足的“实在”基础。难怪怀特和洛伊没有走出去很远，事实上没能超出他们纲

领性陈述哪怕一小步；看起来除非社会学发展出一种相应规模的分析性概念，否则这种陈述就注定一直是与实际认知过程无关的信念宣言而已。如果这种陈述过早地作为分析性引导，那么它们更容易把研究者带上寻求“公分母”的人们常走的那条路。

（2）另一种方案从结构－功能主义的社会系统模型中获取灵感。这个模型所宣扬的文化概念的一般性特征是以普遍性作为前提的假设为支撑的，要确保任何可想象的社会系统的存在，这个前提必须得到满足。无论选择哪种系统作为起点，我们总是能明确列出一个通过这样或那样的方式必须得以满足的基本需求的清单。一些需求只能通过人造、人为的制度才能满足，因此任何特定文化必须填充到一种普遍性的框架中，无论它具有怎样的异质性特征。

尽管这里所应用的策略和塔尔科特·帕森斯所开创和发展的策略之间存在明显的紧密关系（affinity），但它的一些应用还是具有显著的启发性和创造性。正如爱德华·布鲁纳（Edward M. Bruner）①，除了一些比较传统和常规的“前提”之外，比如对侵犯和分配女人与财产予以控制，他还列出以下事项作为人类文化的普遍元素：在愿望和满足之间施加必要的延迟；把不正当的欲望压抑到潜意识当中，并以有利于社会的动机将这种欲望进行升华（sublimating）；通过幻想、文学、戏剧、民间故事、游戏和宗教仪式为被压抑的冲动提供替代性的满足感；明确哪些人和群体是可以正当仇恨的；对可以成为合法性行为对象的人进行界定；制

① ‘The psychological approach in anthropology’, in *Horizons of Anthropology*, ed, Sol Tax, pp.73 ff.

定获取商品的规则。克拉克洪十年前的作品就稍微欠缺想象力了，并为偏离“公分母”的安全地带太远而表示出了更多的担忧。然而，他的确说出了将文化作为一般性现象的“功能性前提”(functional prerequisites) 方法的原则是什么：

> 人类的生物学特征和群居性事实为跨文化比较提供了某种固定的参照点，从这一点出发就可以回避那些本身尚待解决的问题了。正如威斯勒指出的，所有文化平面图的大概轮廓是且必然是大致相同的，因为人类所面临的某些无处不在、无法避免的问题都是由其本性“既定”的状况引起的。因为所有文化的模式都是围绕着一个相同的中心形成的，所以在一些重要的方面，每种文化都不是完全孤立、自给自足和根本不同的，而是与其他文化相互联系且具有可比性的。①

34 就其可以被合理划分到当前讨论的范畴的程度而言，这段引文明显呈现了针对一般意义上的文化的整个“功能性前提”方法的真正本质。这种方法似乎的确与“蝴蝶收集者”的执迷非常接近。采用这种方法的很多作者首先考虑的是为比较各个存在着基本差异且自我封闭的文化找到一个方便的参照框架。这个参照框架应该采用项目清单或者章节标题的形式，可以称为“人类文化”的东西只是具有众多真正实体——比如独立的各文化——派生物的本体论地位（如果有的话）。这种方法似乎更具可变性且没那么不合时宜，恰恰是因为与之前讨论的那个方法相比它更容易调整，

① ‘Universal categories of culture’, in *Anthropology Today*, ed. Sol Tax, University of Chicago Press, 1962, p. 318.

从而适应于当前社会学的分析工具。它事实上是为当前国家倾向的社会学量身裁剪的。

重点在于这种类型的文化一般性即便不是一个属于未统一到整体的人类的造物，也是它的一个副产品（by-product）；并且恰好相反，它是分成众多独立单元的人类的副产品，这些单元一开始就要适应其周边的人类群体并防止自己被吞并从而丧失自身的群体认同。换言之，文化最具一般性的要素恰就是它的划分和差异化功能。再次从这个意义上讲，我们所讨论的概念是总体上由民族－国家范式主导的社会学的一个真正的分支，尤其受到这种范式复杂化的、结构－功能主义的版本的主导。

（3）同样的倾向，在现代文化研究初生时期就被马林诺夫斯基和博厄斯这两位助产士以“涂尔干疫苗”（durkheimian vaccine）的形式注射到其血液当中，并被打上作为文化一般性概念的“道德共性”（ethical universals）的烙印。克拉克洪在寻找（以克鲁伯那种经典的“蝴蝶收集”式方法，通常将关于现实的陈述与关于方法论的假设结合起来）“能使文化摆脱完全隔绝的单子（monads）状态并进行有效的相互比较的范畴”时再次采取了这种倾向。照我们看，复数的文化存在于复数的国家之中。然而出于某些原因，我们希望这些文化是不完全的单子而不是完全的单子。“一般性范畴”就此出现了，使得我们能够在这些文化之间进行比较。然而在比较的过程中文化如何能放弃一部分自己的单子性本质，当然注定成为克鲁伯认识论中的秘密了。

尽管如此，克拉克洪还是将他寻求可比较范畴的希望锁定在道德共性上。道德共性有两种：“(1) 赞成或禁止某些特定行为的规则（比如赞成讲真话并禁止乱伦）；(2) 为了群体的稳定和延续以及个体最大限度的满足而制定的一般性的评价原则和标准。”[①]这第二种，一口气讲完了“群体的稳定”和“个体的满足”并使它们都依赖于共同的“一般性原则”，其乐观而毫无怀疑的轻率已经完全超过涂尔干，堪比功利主义的天真。但是最惊人的还是下面的说法：“道德共性是全人类所具有的本性的产物，反过来也就
35 以共同的生物学、心理学和普遍存在的境遇为基础。”我们在最后这一项中可以发现一个常见的错误，即为上一个例子中提到的科学家所广泛应用且根植于相似的民族－国家倾向当中的分析性参考框架赋予了一种本体论的地位。而前两项则比较新奇，它们出现在上述解释性陈述中，在最终效果上相当于宣称文化的共有部分具有非文化 (non-cultural) 或更好地称为“前文化” (pre-cultural) 的本质。克拉克洪没有说任何有助于我们解开比如讲真话规则为何由人类的生物性决定的谜团的话，并且尤其是没有说明对于乱伦禁忌——第一种真正意义上的人类行为，人造秩序第一次规制了随处可见的生物现象——这种真正体现了文化的行为为何能被无处不在的前文化特性解释清楚。

但是除了最后这一项，大部分的“道德共性”概念都众所周知地充满了结构－功能主义看待人类世界的观点。比如在大卫·比德尼（David Bidney）的主张中就能清晰可见：

> 对于所有文化来说社会的永存优先于个人的生命，因此

① Clyde Kluckhohn, *Culture and Behaviour*, New York, Free Press, 1962，pp.275, 285.

> 没有社会会容忍叛国、谋杀、强奸和乱伦。所有社会都承认婚姻中相互的权利义务，并谴责所有威胁到家庭团结的行为。类似的，所有社会都承认私人财产，并提供了将经济剩余分配给需要的人的途径。①

“道德共性”与结构－功能主义的这种联系是不可避免的，因为这是当前社会学理论针对道德规范几乎唯一承认的研究方法。现代社会学的确将道德规范的所有问题都作为“核心价值群”（central value cluster）的必然结果来处理，这种涂尔干的集体意识的升级版替代物，可能要负责将不稳固的社会关系网络与生物意义上自利自我的个人整合在一起。这种联系事实上非常紧密，以至于如果我们仅把“道德共性”作为前述文化一般性概念的结构－功能版本的另一个名字，那么即便是去掉其中的大量内容也无关紧要。

（4）尽管持社会优先于个人这种文化分析的方法论原则的主张者并不愿意承认，然而只有当一个没有文化的社会可能存在，或就此而言是可以想象的情况下，这一原则才能说得通。的确，如果文化规范是一个社会在生存斗争中产生的，那么这个社会一定是以文化之外的方式诞生的，事实上可以说没有任何文化手段在其中起到作用。但是我们很难苟同这一推测。没有文化的社会相当于谚语中无头牛犊（headless calf）的怪物。因此以下这种观念一次又一次出现在社会学家的脑海中，即文化模式化的个人

① ‘The philosophical presuppositions of cultural relativism and cultural absolutism’, in *Ethics and the Social Sciences*, ed. Leo R. Ward, University of Notre Dame Press, 1959, pp.62-63.

行为是社会形成的前提条件，正如以社会为基础的文化是社会化个人的前提条件。如果人类创造了社会——同时具有这样做的需
36 求和能力——他们就一定被赋予了一些特质，有助于他们建构社会，建构其思考和选择对待社会的态度的方式。从逻辑上讲，文化所具有的前社会性（presocial）程度与其社会化生成的程度相当。从历史学的角度讲，它们似乎同时出现和发展，并且密切合作，互相支持和帮助，每一方都从对方的现实中汲取自身发展的条件。

一旦社会科学家开始探索文化和社会的共同根源，最可靠且最安全的选项显然是人类的心理禀赋（psychological endowment）。聚焦于人类感知的一般特性的决心只是漫漫长路的第一步，这条路一直要通往维果茨基（Vygotsky）、皮亚杰（Piaget）和列维－斯特劳斯的现代符号结构主义的尖端高度。但是最初的起点却是低调和常识性的，正如罗伯特·雷德菲尔德 1957 年在一次演讲中指出的那样：

> 有一种被我们称为“自我意识”的精神现象；所有人都会意识到自我，并能够区分主我（I）和宾我（me）；更进一步，他们会将自己与其他同样会意识到自我的人联系起来。所有人面对的是一个非我（not-self），一个世界，人们在其中作为个人相互区分，同时也被按照种类划分，其中一些种类是广泛存在的，比如亲属关系。在需要作出忠诚选择的情境中，所有人相较于他们感到和认为较远群体的成员，都倾向于对自己所在群体的成员感到并认为是亲密的。①

① 'The universally human and the culturally variable', in *Human Nature and the Study of Society*, University of Chicago Press, 1962, p. 451 .

这里的基本观念很显然属于洛克－康德的传统（Lockean-Kantian tradition）。与这个观念紧密相关的一个领域是由现象心理学家阿尔弗雷德·舒茨（Alfred Schutz）和埃尔文·斯特劳斯（Erwin W. Strauss）辛勤耕耘的成果。然而它的理论背景依旧完全限定在由美国文化人类学家划定的传统范围之内。雷德菲尔德的这段引文可能代表了传统人类学在吸纳现象学和结构主义的成就之前，在寻找文化的一般性组成时所能达到的制高点。

（5）在所有区别于其他动物的人类心理特质之中有一项尤其得到诸多学者单独和详细的讨论，它作为人类明显独有的特征因此也就最有可能作为在文化的一般意义上起到基础性作用的备选。这项受到优先对待的特征就是人类进行符号化思考（think symbolically）的能力；尤其是创造主观的符号并赋予其可以共同接受的意义。正如莱斯利·怀特所说的，“人区别于狗——以及所有其他生物——的地方在于他能够且的确在决定声音刺激所具有的价值方面扮演了一种积极的角色，然而狗做不到”[①]。

语言是人类物种的独有特征这一观念沿袭自古老时代的知识传统，在西方的知识历史中至少要追溯到圣托马斯·阿奎那（St Thomas Aquinas），再由阿奎那上溯到亚里士多德。然而直到近期被定义为“原始人”的人群未经考察的语言才被记录，而他们的词汇和语法结构也才得以被研究。这种做法的影响是直接而深远的。经过一系列可喜的事件之后，对无人问津的“原始”语言的 37
考察终于出现了，这种考察比其他最先探索的文化领域要晚很多，

① *The Science of Culture, A Study of Man and Civilization*, New York, Grove Press, 1949, p. 29.

比如婚姻和家庭的形式以及劳动工具；第一批主导着只对异域家庭和石斧感兴趣的探险家们的进化论观念也在同样晚近的时期逐渐被淘汰——如果还未沦为笑柄的话。因此语言研究者不像他们的前辈，没有错失显而易见的东西；从一开始他们就意识到，无论如何评价这个或那个社会的相对发展水平，它们的语言都不能放在进化论的尺度上衡量；如果以唯一能被合理应用的标准，也就是在本土语境中传达信息的准确性和有效性来衡量，那么不存在“更完美”或“更原始”的语言。从民族语言学的历史命运的面向出发也许可以部分解释，为何语言或者通常而言的符号创造（symbol-making）会如此迅速且未经受明显质疑就被承认为人类文化具有的共同且基本的核心和基础。

最初对人类以其特有的方式识别符号和创造符号的独有特性的发现激发了越来越多关于动物使用符号的别出心裁的研究。最开始的假设被置以严格的检验之下，然而几乎没有据称是显而易见的真理经受住了这种考验。很多所谓独属于人类的交换符号的特征也逐渐在动物身上被发现，而且并不仅限于诸如蜜蜂、猿猴和海豚这样能在种内进行普遍精细交流的动物。在科学家开始实验而不只是单纯记录他们的观察时，当他们在这些实验中把注意力从动物在种内交流中对符号的实际使用转向它们面对有人类扮演的参与者的学习情境使用符号的智力和生理能力时，那条假想出来的人类和动物之间以使用符号为标志的明确分界线变得更加模糊了。

第一个受到严格审视的牺牲品就是上述引文中怀特在其公式里提到的那种信念，即只有人类会使用符号。如果我们将符号定义为交流链条中的“媒介物”，并认为符号是由不同于所交流内容的东西构成的实体，是由信息发出者将信息内容翻译而成并由信息接受者据此对信息内容进行再翻译而形成的实体，那么大部分动物的确都能广泛使用符号。然而，动物和人类在对符号的使用方面至少存在以下三点差异：

(a) 第一种差异存在于符号与被符号化的对象之间的关系，这种关系可能是“自然的”或“任意的”，并且这种区别在以下两重意义上是有效的。第一重是在符号和其指示物之间是否存在物理相似性的意义上；第二重也是更为重要的意义在于以下两种情形间存在的差异，一种情形是符号在与其指示物的因果关系中被“自动”创造，另一种情形是使用符号的生物可以选择是否在指示物出现时创造符号，以及甚至无须与这种指示物产生任何时间的或空间的以生理为中介的联系就可以创造这种符号。

(b) 第二种差异在于符号所附着的指示物的类型。符号可以 38
包含创造符号的生物在实际创造符号时的“主观”状态的信息，或者它们可以传达关于“客观化”(objectifiable) 的事物和事件的信息。举例来说，符号一经创造就在空间和时间上都与创造符号的生物脱离开来。换言之，这种差别体现在以下两种符号的使用方式上,一种是“冷静的”“无感情的”符号使用 (比如谈论“火”的时候不会实际感到对火焰的恐惧和逃跑的冲动)，另一种则将符号使用作为情感控制的行为这一复杂统一模式不可或缺、不可分离的一部分(在实际逃离火的时候才会大声喊叫“火”)。这样来讲，现在讨论的差异实际上就与第一种相当接近了。

(c) 第三种差异在于符号使用的内在构成方式。这与其说是关于某个孤立符号的，不如说是关于整个符号系统的——可以定义为符号间关系的模式化网络，其中符号作为代码的一个元素（symbol as an element of code）。有些代码，比如交通信号灯具有的三色代码，其中的符号不能结合起来产生一种新含义。对于这种代码类型而言，凡是本该分开使用却结合起来使用的符号组合只会导致疑惑（因为不能兼容的含义会相互重叠）。还有些代码，其相对较少数量的单元通过结合规则的应用，几乎可以产生无穷无尽的含义。这第二种特性是人类语言所特有的，安德烈·马丁内（André Martinet）将其称为“双重关联”（double articulation①）：

> 似乎能够将人类语言与我们观察到的其他生命存在的活动形式（可能也会被称作“语言”）区分开来的，难道不是人类是凭借连续话语中相互关联的陈述来交流而动物发出的声音无论在意义还是形式方面都是无法分析的这一事实吗？因此，人类语言不仅是发音，而且是二次关联的，也就是说在两个层面上关联的。②

正是由于双重关联，人类语言才拥有了独特的丰富性和灵活性，才拥有一种在技术上几乎没有限制的创造无穷新含义的能力，因此也就为在交流活动中所指代的世界引入了无限的细微差别。

这三个显著特征结合在一起成为人类语言区别于其他所有使

① 中国语言学界对“articulation”的译法有分歧，朱永生在《功能语言学导论》中将其译为“双重切分”，罗慎仪在《普通语言学纲要》中将其译为“双重关联”。法语的“articulation”一词有“衔接”“连接”之义，与语境较符合，因此取罗译。——译注

② *La Linguistique synchronique*, Paris, Presses Universitaires de France, 1965, p.2.

用符号的动物的概括性特质：动物使用的符号可能具有开放和直接的含义，即使是从与指示物的相似性的角度来看是“任意性”的符号，它们在某种意义上与其含义也具有一致性。这种符号含义具有直接的透明度和有效性的原因在于，任何符号都是单方面被映射到唯一一种类型的情景语境当中，这个符号的含义是从单个符号和单个指示物之间一一对应的关系中获得的。然而人类创造的符号并非如此，这些符号是任意的（从不确定的意义上讲），属于客观化的指示物，并被整合到一个代码系统当中。正如科林·彻丽（Colin Cherry）在其关于人类交流的经典论述中提到的，“一个词的全部含义只有被置于语境中才能彻底体现出来”[1]。然而这 *39*
个语境不能由非语言的事物提供，比如创造符号的生物的某种特定状态，或者它当前环境中产生情感的那些方面。我们可以从语境中推出意义，语境是由其他词语构成的，包括实际出现在同一语句周围的词语，也包括只以**潜在**形式出现的词语，作为实际使用词语有意义的替换形式。多亏了结构化关系的这一新层面，严格来讲就是语言层面，人类的沟通不仅能把握单独的事物和事件，同时也能把握它们之间的关系，这些关系才是人类语言的真正指示物。正如罗素等（the Russells）近来指出的，真正的（人类）语言“包含只受制于语法和句法的逻辑规则的符号之间的任意组合，这些规则本身表达了符号之间的**关系**，也由此表达了事物、个体、事件之间符号化的**关系**”[2]。

正如我们一会儿将要看到的，正是这种再生产和生产新结

① *On Human Communication*, MIT Press, 1966 (originally 1957), p.10 .

② Claire Russell and W. M . S . Russell, ‘Language and animal signals’, in *Linguistics at Large*, ed. Noel Minnis, London, Gollancz, 1971, p.167.

构的独特能力而不是为了把对事件的意识和事件本身进行分离而引入符号媒介的简单技能赋予人类语言以催生文化的潜力，并将语言转变为作为普遍现象的文化的真正基础。这就是为什么人类文化的一般性要素问题也就是文化本质的问题在我们相对早期的探索阶段，将我们不可避免地带向结构和结构化的问题。被结构化和结构化的能力似乎是人类生活方式也就是文化的双重内核(twin-kernels)。

这一点似乎对任何在文化的一般性意义上对其进行评价的尝试而言都至关重要。人类语言是由思维[用皮亚杰的术语来说就是智力（intelligence）]和符号生产组成的独特混合物。这两种活动绝不是一致的，也不具有必然的联系。正如维果茨基充分论证的，声音语言[或叫作言语（speech）]的基础的发展事实上与思维萌芽的发展所经历的过程并不相同。[①]他断定高级猿类发出的声音即便具有符号性的含义，也难以发展成为“真正的语言”，恰恰是因为这些声音永远局限在具有强烈情感性的情境中，而强烈的情感与对行为的智力控制是截然不同的。“人类的思维和言语特性之间的紧密一致性是类人猿所不具有的。”就一些非符号性事件发出单方面附属于事件的声音在动物中是很常见的一种能力。分析和综合这两项在思维过程中互补的方法，其基本要素在很多动物的行为中都能找到。然而只有在人类这种文化生物身上，这些基本要素才汇集并混合在一起。纯粹的符号使用在跨越结构化能力的门槛之前似乎只是死路一条，向已经使用的符号中添加再多的新

① 'The genetic roots of thought and speech', in *Thought and Language*, English trans. by Eugenia Hanfmann and Gertrude Vakar, MIT Press, 1970, pp.33-51.

符号也不可能将它们结合起来形成一种真正的语言。在普通的符号和人类的语言之间似乎的确存在着本质上的鸿沟。因此，作为人类的普遍属性的文化，其真正的重心或许在于结构，而非仅仅是使用符号。

皮亚杰对于结构的作用得出的最终结论如下："其他动物除非 40
改变其物种种类，否则就不能改变自身，然而人类却可以通过改造世界来改造自身，并能够通过建立结构来建构自身；这些结构是属于人类自身的，因为它们无论从内部还是外部而言都并非永久确定的。"[①] 因此人类的特性在于，人类是能够生产结构并以结构为导向的生物。"文化"这个术语在其一般意义上恰好代表了这项独特的能力。然而这个陈述仍然是概括性的，除非"结构"和"结构化"这两个术语在使用中的含义得以明确。

以"结构"的准确含义作为首要讨论目标的著作以及论文的数量在持续增加，多到人们甚至很难将他们提出或宣称所发现的定义或使用规则进行列举和分类。然而我们并不确定，这种耗费大量时间的努力的成果是否对得起所耗费的大量时间。20 世纪五六十年代的时候，"结构"这个术语获得了极为迅速的发展，很多竞争者渴望加入这个声名日盛的行列；正是太多为俗丽的表象所蒙蔽的狂热者试图延伸和扩大这个术语的范围，而且每个人都从自己的角度出发使之能够契合自己的兴趣和研究主题，才致使这个红极一时的概念负载了过量的含义。"结构"术语的应用限度目前是扩散化且富有争议的，这种情况将在一段时间中继续波

① *Structuralism*, English trans. by Chaninah Maschler, London, Routledge & Kegan Paul,1971 , pp.118-119.

动，直到出现“一致同意”（*consensus omnium*）的情形。与之相应的，如果按照现代思维来理解这个术语，将不会出现除了从偶然和变化的表象下提取本质和必然的意向的现象学分析之外的尝试。

1968 年，一直对大量自诩的结构主义者保持警惕的雷蒙·布东（Raymond Boudon）针对“结构”这个术语迥异的用法及其滥用进行了精准的分析，并起了一个对症下药的标题——《结构概念的用途是什么？》（*A quoi sert la notion de structure*?）[①]，可以猜到，这是意指结构这个概念往往没有被用对地方。布东的主张在于“结构”目前的用法既可以属于同义词家族中的一员，因此也是多余的；同时也作为一个异义词家族的统称，因此对于任何一种具体的用法而言都过于笼统。布东对于这个被滥用的术语的不满清晰地表露在表明其意图的导言当中，然而这并没有妨碍他向这个概念做出妥协，也因此没有妨碍他为读者提供一种对于精选出来的科学性塑造的结构分类进行的典范性的、有序的和系统性的评论。然而他仍然相信——事实上也是其整本书的明确原则——当“结构”一词被置于上述提到的两种不同的语境中时，意味着除了名称之外毫无共同之处的两件事。作为其他许多意义更加明确的词汇的同义词，“结构”仅意味着“具有系统性”（与“作为一个集合体”相反）和“被组织化了的”（区别于“无序的”）。它被用来“强调事物的系统性特征”（pour souligner le caractère systématique d'un objet）。作为一系列异义词的统称，“结构”就

① 遗憾的是，在米卡利娜·沃恩（Michalina Vaughan）翻译的英译本（*The Uses of Structuralism*, London, Heinemann Educational, 1971）中没有这些内容。

其本身而言很难具有任何描述性的含义；各种各样的科学家为自
己研究对象的理论贯之以“结构”之名；这些理论是现实某个特 41
定部分的演绎－假设模型，主要由公理性的假设和各种变化的规则构成。在这种情况下，“结构”几乎和“理论”这个概念的范围一样宽泛了。某种特定结构——而不是这种意义上的结构（即亲属关系结构或语法结构）——的特定含义“只能从对特定对象的分析中间接得到”。现在，布东选择首先从“意图定义”(définition intentionelle)的语境中讨论“结构”，然后在“效果定义”(définition effective）的语境中讨论。[①]我们并不能完全弄明白他这样做的原因。他也许最初是从定义结构出发的，但是后来思考得更为透彻后便就究竟什么是结构化的实体完成了十分出色的研究；然而最初的概念框架依旧保留着，从而搅乱了这本书中的最重要的信息。布东所区分的两类定义，事实上是结构模型化（structure-modelling）过程中的两个连续阶段。我们通常首先发现系统性，也就是研究对象的结构化特征，然后试着模拟现实规律以保证最初的系统性印象。在这两个阶段中，对可以应用“结构”这个术语的条件的“定义”或者更确切地说是“理解”在很大程度上说是相同的。我们将在下面尝试列举这些条件。不过这个阶段先不讨论细节，我们暂时假设我们都同意在使用“结构”这个术语的时候大致都意指的是“无序”的反义词。在这个宽泛的意义上我们可以说，文化作为人类区别于其他动物的一般性特质和普遍特性，是一种对世界施加新结构的能力。

---

① 很难理解为什么“la définition effective”被英译为“操作性定义”(operational definition)。“操作性定义”在社会科学方法论中有确切的含义，而这个含义绝不是布东所要表达的。布东所想的与其说仅仅是“意图性”的定义，不如说是“肯定性”的定义。

无论我们如何看待结构化状态和无序状态的差异，有序状态的数量往往少于所有可能的无序状态的数量。因此，结构是比无序出现的可能性更低的状态。换句话说，结构常意味着对可能性的限制。这种限制是通过把一个包含着未经分类的元素的大范畴分成一系列以其发生概率区别于彼此的次类实现的。从生物学的意义上讲，所有属于同一个相当宽的年龄阶段的女性都会被无差别地当作潜在的性伙伴。然而经过将这些女性分为母亲、姐妹、舅舅的女儿等，也就是按照她们是否可以作为性交对象来进行区分，适合发生性接触的对象就大大减少了。从物理学的角度说，人类居住的环境温度在一个大范围的可能值的区间内摆动。通过在人体和自然环境之间引入作为中介的人造物（围墙、衣服等），贴近身体周围所能感到的温度的实际变化也大大减少了。从心理学上讲，两只动物（其中一个是人）之间决斗的胜负概率是由超出双方所能控制的因素决定的（肌肉、尖牙、爪子的灵活度）；然而当其中一方通过在打斗的过程中加入中介性的造物，从而改变了自身的能力或者敌人的天然装备，那么出现各种结果的相对可能性也大大改变了。

这三个例子代表了三种“结构化”的方式：(a) 通过对环境
42 中各角色赋予的不同意义进行区分；(b) 把规则引入缺乏稳定、难以预测的环境当中；(c) 通过使环境“倾向于”有利于其中一方的方式操纵概率的分布。这三种方式构成了人类文化所最具重要性和普遍性——事实上也是最本质——的过程。不难发现，尽管这三种方式所占比例不同，但都隐含着两种模式（在当前语境“模式”仅意指“规律”）的参与，即把特定的环境状态与人类有机体特定的"后继状态"(after-states)(人类作为控制论的"黑箱"，环境状态作为输入项，有机体的"后继状态"作为输出项)联系在一起的模式，以及将人类有机体的特定状态与特定的环境"后继状态"联系在一起的模式(输入项和输出项调换了位置，这一次环境作为"黑箱")。抽象可能性世界的文化建构过程因此细分为两个相互关联的结构化过程：(a)人类行为的结构化；(b)人类环境的结构化。

从这个意义上讲，我们可以把文化过程想成是一种更具一般性的适应关系的延伸或子类，由所有生命有机体，以及所有处于生物－文化进化另一端的人造自动调节(self-regulating)的机制共同参与。所谓自动调节的机制，简言之就是"开放系统"，没有能量输入以及/或超出其范围之外的世界其他部分的信息输入，这些系统就难以存续。根据皮亚杰的说法，这个由开放系统的生命周期强制开启的适应过程，由吸收(assimilation)和调节(accommodation)这两重面向的关系构成。[①] 第一重是适应性的外在面向，主体以能量或信息抑或两者兼具的方式从环境中吸取并同化各种要素。第二重是同一种关系的内在面向，即如果要与环境保持永恒的交换，那么系统的内在结构自身就需要不断经受修正。适应只有在同化和顺应相互平衡的情况下才能实现，或者换句话说，适应就是在吸收和适应之间保持平衡。

现在我们已经用足够宽泛的术语来描述适应(adaptation)，

① Cf. *La Naissance de l'intelligence chez l'enfant*, Neuchâtel, Delachoux et Niestlé, 1959, Introduction. Also published as *The Origin of Intelligence in the Child*, trans. M. Cook, London, Routledge & Kegan Paul, 1953.

以解释两个通常有着明确区分的因素——身体和心智。适应及适应的两个面向如果用以上的术语来描述，而且只要它们的定义还保持在由这些术语保证的意义世界当中，那就既不是“身体的”也不是“心智的”。对于在其他语境中被描述为是身体的或精神的对象，我们可以将其描绘为适应行为的两种相互联系而保持着相同结构的形式和应用，将其定义为同一结构倒影在两种不同中介上的两种映像。像思维或理解这样的心智过程，除了以表明结构及其变化的方式来定义，很难相信还有其他定义方法。将“心智”作为对系统行为的解释从逻辑上来讲似乎是错误的，因为正如阿纳托尔·拉波波特（Anatol Rapoport）所指出的，“心智”只是一个为了将“行为”或“完成行动”这一类事物从仅“参与事件”的另一类事物中区别开来所发明的名称。拉波波特认为“反
43 应的可塑性，也就是根据某种特定的刺激调整反应的能力”是“智力”的可识别特征。[①] 换言之，我们可以确认只要上述特征实际出现，那么就可以应用“智力”这个概念。同样，根据阿兰·图灵（A. M. Turing）的经典研究，除非我们被迫同意以如下陈述为条件来定义心智过程，即确定机器思考的唯一方法就是成为机器并且去感受机器的思考，否则仅剩一种方法能够解决“机器思考”的问题，那就是在通常需要智力行为的情境中检测机器的表现。[②]

因此，文化的一般性概念创造出来是为了克服存在于精神和

① ‘An essay on mind’, in *Theories of the Mind*, ed. Jordan M . Scher, New York, Free Press, 1962, pp.285-287.

② ‘Computing machinery and intelligence’, *Mind*, vol. LIX, 1940. Reprinted in *Minds and Machines*, ed. Alan Ross Anderson, Englewood Cliffs, N. J., Prentice-Hall, 1964.

现实、思维和物质、身体和心智之间长久的哲学对立。这个概念中唯一不可缺少和不可替代的组成部分就是结构化的过程及其客观结果，即人为的结构（man-made structures）。

持续不断和永无止境的结构化活动构成了人类实践的核心，是人类存在于这个世界的方式。为了保持这种积极的存在方式，人类被赐予了两个重要工具，正如阿奎那所指出的，即手和舌头（*manus et lingua*）；按照马克思主义的传统，也就是工具和语言。凭借这两样工具并通过结构化的方式，人类得以掌控（handle）他所生活的世界和他自身。这种掌控包括获取能量和生产信息。这两种人类存在方式的组成部分往往以不同的方式被感知。人类需要能量，为了满足这项需求，必须依赖于并不完全由其主宰的力量。人类之所以在这种依赖状态中感到自己作为客体而存在（being-an-object），暴露在一种他所不能撼动的控制之下，正是因为唯有遵从他的依赖对象为他设定的条件才能生存。人类希望能够体验到（experience）信息的存在，在生产信息的过程中他能够按照自己的意志（will）驯服对他来说强大且不受控制的力量。这种创造的状态使得人类感到作为主体而存在（being-the-subject），并身处一个他可以操控的世界之中。因此人类的思维一直将世界看作二元两分状态，贯之以多样的名称，比如精神和物质、心智和身体；并且始终倾向于把前者与自由联系起来，把后者跟束缚联系起来。

文化就是克服和消除这种二元对立的长久努力。创造力和依赖性是人类存在所必不可少的两个方面，这两个方面不仅相互制约，也相互强化；它们不可能被彻底超越——它们唯有通过对这种自身的悖论进行再创造，并对产生悖论的环境进行重建，才能克服这种内在悖论。因此，文化所要经历的巨大痛苦注定永不止息。也正是因此，人类这种被赋予了文化能力的生物注定要去探索，注定要不满于所处的世界，注定要不断摧毁又不断创造。

第二章

作为结构的文化

47 热力学第二定律告诉我们，所有的孤立系统都存在从有序状态走向无序状态的普遍趋势；这个过程叫作“熵增”（increase of entropy）。如果只考虑一个特定孤立系统的范围之内的情况，那么熵增就是一个不可逆的过程，也就是说这个系统无法“自己”回到更加有序的状态。熵[①]可以被解释为能量，这种能量必然被用来使系统回归到初始状态。熵作为时间的函数，其总量不断增加。任何孤立系统都无法从其内部资源中吸收所需的能量；即使真要吸收能量，也是从系统的外部环境中获取。

只有一种方法似乎可以阻止熵值不可避免地走向最大化［热力学形象地将这种现象称为“热寂”（thermic death）］，那就是打破这个系统的边界，与原本作为其外部的、不相关的环境进行交换。这种从孤立系统向开放系统的转变，事实上相当于将环境纳入系统的范围中来，或者不如说，相当于系统与其环境进入了一个由持续和规律的关系构成的网络，比如一个更大更广的“元系统”（meta-system）当中。最初那个较小的系统现在作为这个元系统当中熵增过程得以抑制甚至是逆转的那一部分，但却是以

① Cf. P. Chambadal, *Évolution et applications du concept d'entropie*, Paris, Dunod, 1963, para.20.

“环境”的那一部分作为代价的（让我们清醒地考虑这个语境当中“环境”一词纯粹的相对性意义，环境在这里只是被定义为元系统中的“另一部分”）。这就是真实存在于所有生物体身上的情况。根据著名的薛定谔（Schrödinger）定律，生物体从它们所在的环境中“吸收负熵”（suck negentropy）。正如拉波波特在另一句名言中指出的，它们是逐渐扩大的无序海洋当中一些很小的“秩序的岛屿”。另一类“有机体”——人类社会－文化系统其实也是如此。

谈谈以下题外话是有一定必要的。生命有机体和人类社会之间的类比已经臭名昭著到不断遭受恶意怀疑的程度。很多科学家事实上并不认为这是一个值得严肃讨论的学术争议。这一几乎普遍存在的怀疑却在历史上也许为 19 世纪沉醉于当时时髦的生物学倾向的古怪思想所充分正当化［尤其是俄罗斯的诺维科夫（Novikov）、德国的沙斐（Schäffle）、法国的沃尔姆斯（Worms）；从某种意义上讲还有英国的斯宾塞（Spencer）］。这在现在看起来很不合理，因为没有人会像比如利林菲尔德（P. Lilienfeld）①那样坚信同一种生物学法则可以同时解释并能解释清楚单个细胞的 *48*
机制与人类个体的行为。我们已经足够老练（或者可以说是很难忘记手指烧焦了会有多痛）到可以轻蔑地拒绝简单化类比的诱惑。然而，在现代控制论所激发的生物系统和社会系统之间的等同性观点，与 19 世纪生物学扩张主义的情形只是具有极为表面的相似性。当务之急并非用一种完全不同的仅凭借现象层面的相似性而从一个结构简单地推出另一个结构，而是要经过辛勤的努力渗透

① Cf. *Zur Verteidigung der organischen Methode in der Soziologie*, Berlin, 1898.

到深层的、本质上的同态与同构（homo- and iso-morphisms）中去。正如拉波波特所说：

> 基于普通类比法的论证是鲜有定论的。比如，并不是说自然选择有益于物种的存活是真实的，就会必然得出经济竞争对于一个国家活力而言是必不可少的结论。并且，基于身体得病的部分需要手术的类比来为死刑进行辩护也不具有正当性。然而数学上的类比是另一回事。这种类比可以证明两种及两种以上种类的事件具有相似结构，并且从这种相似性中可以推出更多。①

因此，如果所有对抗熵增的情况中存在一个共同点，那么这个共同点一定存在于结构和结构－形成的一般特性当中。同样的，我们如果对文化作为一种“反熵”（anti-entropy）策略的能力感兴趣，那么必须从考察它的结构开始。

结构的概念

正如已在第一章表明的，结构首先是“无序状态”的反义词。这两个概念都与概率（probability）的概念密切相关。无序状态归根结底，是指一系列事件真实发生的概率是完全随机分布的；一切都具有同等发生的可能性，一切都会基于同等程度的概率而发生；换句话说，没有什么可以被精确预测。在一种完全缺乏秩序

① ‘What is information?’, in *Communication and Culture*, ed. Alfred G. Smith, New York,Holt, 1966, p. 51 .

(结构) 的状态中，没有充足的资料可供预测未来可能发生的一连串事件（也就是这个领域的未来状态)。相反，结构隐含着理论上可预测状态的实际发生概率的差异性。这个领域中一些状态在未来比其他状态更有可能出现。结构化整体的未来状态是可以确切预测的，特定整体结构化（秩序化）程度越高，合理作出可靠预测所需要的信息就越少。

结构化整体（系统）之所以具有这种独特且非常稀有的特性，要归于可重复模式（repeatable patterns）的存在。这些模式的真正本质常常遭到误解。社会科学中有一种倾向，就是从一个结构化整体的子集（sub-set）——主要由生物学意义上的单个生物体代表——不那么具有普遍性的属性中归纳出系统的普遍性特性。这些系统的独有特征就在于其“防御性”；它们通常对自身变量的灵活性具有极为有限的承受力，并且其“系统性”(systemness) 49
主要通过专门化的“平衡”各单元的行动表现出来。这些单元不仅能够防止变量的过度波动损害整体的存续，并且将整个系统带回到严格且稳固的边界参数所设定的限度之内。这些系统的特性也表明了其弱点所在，其系统性本质的限度所在，以及面对可能干扰到它们抵抗熵增的不利条件时的脆弱性。最后的分析可以归结为在系统的子单元之间存在任何恒定关系的情况下（说到底就是对于熵增定律的抵抗)，它们都保持在边界参数所划定的明确界限之内。这种没有根据的“有机体类比”一直持续到几乎成为社会学科对于社会系统的特有观念的程度。从现代时期的涂尔干和帕累托（Pareto）开始，社会系统理论中就一直存在一股稳定的倾向，就是把系统的存续问题与对严格而坚固的关系网络的维护等同起来。这种倾向在帕森斯对于社会系统的观点中得到了最充分且最为精细的阐述，其中存在的固有缺陷最近被沃尔特·巴克利（Walter Buckley）准确指出：

> 成熟有机体具有的系统性使它们不能在超越狭窄的限度而改变既定结构的同时还能存续下去，然而这种能力恰恰是社会文化系统所具有的。在进化机制中，这是这后一种层级的系统主要拥有的适应性优势。[①]

目前所讨论的这种方法的麻烦并不在于假设了系统存续的限度——在这个限度之内系统子单元之间才能以一种确定的方式维持着彼此的联系；从这个意义上讲，事实上任何系统和所有可以想象的结构都具有一定限度。对这种限度具有“狭窄性”（narrowness）的直觉性观念——很可能会阻碍所有经验性说明的尝试——也不能在我们努力将结构的普遍特性从它们特定的有机表现当中提炼出来时提供可靠的指导。事实上，这种使我们对把生物学模型推广到社会文化－系统领域产生偏见的直觉，似乎并不能就本质上且实际存在的差异方面被有意义且有益地清晰表述出来。问题的核心在于存在一个量上的差异，足够明显到引起人们的注意——并且事实上这一差异要求我们就生物学有机体及社会－文化系统这两方提出的问题作出区分。

当我们为生物有机体的结构化形象建模时，注意力往往刻

① *Sociology and Modern Systems Theory*, Englewood Cliffs, Prentice-Hall, 1967, p.14.

意地聚焦于系统尝试将自身成功地维持在限度之内的这一面。这种立场并无不合理之处。当处理社会－文化系统的时候，我们当然也有权选择相同的认知焦点，正如很多社会学家会尝试聚焦于众人皆知的霍布斯难题（Hobbesian query）一样。然而这对于我们审视“系统性”（systemness）本身而不是“系统性”现象（“systemness”phenomenon）的本质来说是一个有利的出发点。如果“结构化”主要与对越发走向无序状态的熵增趋势的抵 50
抗联系在一起，那么关键问题在于对从世界选择出来的一些部分进行结构化和“负熵化”（negentropize），而不仅仅是维持一个已经“结构化”的结构的完整和固定。因此我们不认同巴克利提出的“半吊子”（ half-way nature）批评。当巴克利提到成熟有机体的“既定结构”时，他指的显然是由各部分间的关系构成的网络。但是正如巴克利正确指出的，生物学方法之所以不适用社会－文化系统，并不是因为生物学家将注意力仅集中于上述意义上的“既定结构”；巴克利批评的隐含假设是这种结构具有静态且固定的本质。从逻辑上讲，他创造了一个单独的术语“形态发生”（morphogenesis），专指以不优先考虑任何特殊的“既定结构”的方式建立的系统。然而，这种系统的“系统性”在哪里呢？将现实中有序、类似系统的部分与其无序且混乱的外部区分开来的，不恰好仅在于具有“既定结构”的特性吗？因此，所谓的结构按其定义来讲就是能够相对稳定而持久地抵抗熵蚀（entropic erosion）的东西。这个问题的关键在于，结构这种特有的持久性并不必然会在经验层面上通过单调地重复其显著成果来展现自身。相反，近乎无限多的经验类型仍能与恒定甚至完全不可动摇的根本结构保持一致。让我们再次重申，无论对于生物学家还是社会学家而言，聚焦于发现一种“既定结构”（假设一个系统中存在很多——多少？——而不止一种结构，实际上相当于否认结构性）并不存在根本上的错误。真正的错误在于混淆了经验面向和结构面向。只有把结构定位于经验层面，并将结构作为现象之间恒定的统计学关系，从生物有机体向社会－文化系统的推论才会具有危险的误导性。帕森斯的社会系统概念的重大错误并不在于他对结构恒定性的假设，而是在于将结构定位于现实社会关系的层面，并且相应地假设维护系统的结构也就相当于维护它在当前经验层面上现实化了的网络。

我们现在可以回来讨论那些形成结构化整体的特性的模式（patterns）具有怎样的本质了。我们会想起结构化整体就是“不是任何情形都可能发生于其中”的东西，或者说，就是按照既定结构的逻辑，一些被确定为不融贯的情形出现的概率会被降到最低。因此，整体中的单元之间必然是相互联系的。换句话说就是这些单元之间相互交流。事实上，交流是“作为系统成员”所具有的典型身份特征。根据奥斯卡·兰格（Oscar Lange）的观点，系统应被定义为一个“相通要素”（communicating elements）组成的集合：“系统中的每个单元要么至少要与一个其他单元进行交流，要么至少接受其他某个单元交流一次。因
51 此在系统中不存在孤立的单元，也就是那种既不主动交流也不会接受其他单元交流的单元。”（再次依据兰格）如果单元 x 输出结果的某些部分成为单元 y 的输入内容的组成部分，那么就可以说单元 x 与单元 y 之间存在交流（当然，我们假设任何拆

出来看的单元其输出总是与输入以一种恒定的方式相互联系）。[①] 系统性和交流（在其现代的、延伸性和一般性的意义上讲）之间的紧密联系是控制论的指导思想。威廉·罗斯·阿什比（W. Ross Ashby）对此尤其做出了详尽阐述。[②] 他坚持强调任何交流行为的主要组成部分——其实是主要内容——就是其限制性（limitation）。如果为单元 x 的给定状态，另一个单元 y 可以设定所有包含在概率空间内的可能状态，那么按照阿什比的说法，在 x 和 y 之间不存在任何交流。交流的含义，简而言之与限制性的概念具有同延性（coextensive）。交流的现代概念的彻底普遍化及其在定义任何一种结构时起到的极为重要的作用，都由亚伯拉罕·摩尔（Abraham Moles）明确阐述过了。他将交流定义为"建立在作为发送者的时空宇宙 A (x，y，z，t) 和作为接收者的时空宇宙 B (x^1，y^1，z^1，$t+t'$) 之间的唯一对应（unequivocal correspondence）"。"交流"这一定义很显然足够宽泛到可以包含很多通常彼此独立使用的概念。"交流"指代的不仅是通常意义上的指示物，也就是两个独立能动者之间的信息交换，同时也指代同一种媒介的变形（转变），如果这发生在时刻 t 和时刻 $t+t'$ 之间，并且始终与媒介在初始状态 t 时刻的那种状态保持"唯一对应"。"交流"也指翻译，也就是"从一个符号空间转移到另一个符号空间"。"交流"也指解释，也就是"从具有一种符号特性的空间转移到具有另一种符号特性的空间"。"交流"也指代理解，或者说是"从现象场域转移到符号相互组合［相互依赖（reliés）］

① *Calosć i rozwój w swietle cybernetyki*, Warsaw, PWN, 1963, pp.12, 19 , 26.

② Cf. 'The principles of self-organization', in *Principles of Self-Organization*, ed. Heinz von Foerster and George W. Zopf Jr., Oxford, Pergamon Press, 1962.

成为结构的场域”[①]。所有这些类型的交流关系以及其他一些未提及的（只要具有同构性）交流关系，都可能组成结构。

因此，如果换一种说法来表达结构作为施加在各种可能事件的宇宙上的限制，那么可以说结构是一组元素之间的交流网络。交流存在于两组元素之间的“唯一对应”，换句话说就是，位于第二次序（未必是在时间上）的那组元素理论上可以描述为第一次序的那组元素的函数，即 $B=F(A)$。因此结构可以被定义为一组内在关联的元素及元素之间的转换规则。限于一个特定的可能事件空间中的事件导致的转换（event-generating transformations）要服从规则（模式），因此事件实际发生的概率池就成为整个概率宇宙的一个有限子集。

实际发生的事件出现在感知层面（也即现象的、经验的层面）。然而结构却并不如此，它并不能直接进入感知经验。它也不能通过处理经验材料而直接得到，比如通过计算事件库中某些变量的
52 统计学分布。结构与经验现象的关系是对抽象模型与感知印象之间的关系的反映（换句话说，在这种情况下深究悠久的优先性问题是没有意义的，因为两种映像都在我们的知识范围中，对我们而言它们要么同时存在，要么就都不存在）。重点是，在既定结构和相对应的一组事件之间并不存在一对一的关系。一种结构可以产生极为多样的事件可能性；反过来也一样，任何经验事件可以作为多种可能的潜在结构的产物而出现。当然，这就需要防止混淆一些格外重要的层面。

① ‘Genèse et structure en psycho-physique’, in *Entretiens sur les notions de genèse et de structure*, ed. Maurice de Gandillac, Lucien Goldmann and Jean Piaget, The Hague, Mouton, 1965, p.127.

我们同时需要留意到我们在这里定义的“结构”概念，与主要由香农（C. E. S. Shannon）和韦弗（W. Weaver）详细阐述的“信息”（imformation）这个现代概念之间的紧密关系。[①]结构和信息都与施加在概率宇宙的限制直接相关。我们都只知道香农和韦弗提出的对信息的度量与对熵的度量具有一致性，特定的元素集合体的熵值越高，完成对这个集合体状态的确切描述所需要表达的信息就越多。换句话说，一个既定集合体结构化程度越高（可能状态池越是具有限制性），其实际状态彻底排除所有不确定性所需要的信息就越少。我们如果希望计算一个特定消息（message）中包含的信息总量，就应该让消息发出之前的不确定性减去消息发送之后剩余的不确定性。此外，我们如果希望表达一个既定集合体的“结构化”程度有多高，就需要让描述一个集合体完全随机状态时所需的信息总量减去能够完整描述其状态所需的实际信息总量。

有一个可能的结论值得我们特别关注，因为它对文化的一般性概念来说格外重要。我们已经看到，随着集合体中熵值的上升，实际上可获得的信息范围（比如消除其状态中不确定性的概率）就缩小了。与此同时，我们越是能从集合体降低熵值，就越是能立即获得信息。现在，如上提及的，熵的降低是以从集合外部环境中获取信息（想想“负熵的吸收”）为代价的。这就伴随着能量和信息的可交换性，以及通过利用能量从而扩大可获得信息范围的可能性。一些学者的确已经展现了描述能量转换和描述信息过程的方程式存在显著的同源性（homology）（能量和信息的二象

① *The Mathematical Theory of Communications*, University of Illinois Press, 1949.

性原理）。[①]让我们好好记住这个现象，这对于恰当理解文化的结构化至关重要。

然而另一种意见现在看起来很是及时。信息理论的基本原
53 理若非以数学术语记录下来，那么作为产生信息的行动的构成要素就往往包裹在一种暗示心理学现象（认知、知识）或有意识的精神的语言当中。在保留“信息”这个词通常的语义指示物的过程中——从香农理论的优势立场来看这是多余的因此也就完全没有被他的理论采用——它常常与“观察者”（observer）组合在一起被使用，“观察者”是（或曾是）不确定的，他已经接收到了信息并用所接收到的信息来去除他（主观上）的不确定性。由于“信息”语源上的通俗性，在用非数学语言描述信息相关的现象时完全忽略“观察者”就很有可能冒着笨拙简陋和人为矫造的风险。可能无法避免的是，这种误用也许会促进已经泛滥的用主观术语诠释信息的趋势，并且会强化和助长唯心主义倾向的文化理论。然而，口头版本的信息理论中无处不在的“观察者”实际上在理论上是完全多余的，并且仅是为了表达的便利而存在（或者可能是希望拉近这个陌生概念与读者日常经验的距离）。信息的概念并不像熵的概念，它并不需要将“观察者的心智”（observer’s mind）这个观念作为其组成部分。作为信息理论基石的“不确定性”绝不是一个主观现象；不确定性意味着客观上一系列事件中的某些事件会真实发生的概率的随机分布。即便是信息的“传递”，也不是指两种有意识的思想之间存有实际

① 这一思想尤其为波兰的控制论学者亨里克·格拉涅夫斯基（Henryk Greniewski）所详述（*Cybernetyka niematematyczna*,Warsaw, PWN, 1969, pp.203-250）。

的知识交换；信息的“传递”这一表述仅代表在客观的真实意义上概率分布发生了一次变化。信息过程主要是用信息化术语描述的一种媒介转换（transformation of the medium）；它是发生在客观现实层面上的一种实在且客观有形的活动。可获得信息在量上的增加或减少是一种客观过程，无论是否存在“观察者的心智”在周围观察并从中获益，这个过程都会继续并达到完整的形式。归根结底，与信息量波动实际关联的人为因素在于给予处在观察者位置上的任何心智以确定状况、作出正确预测以及选择合适行为的机会（opportunity）。然而在这个以自身为导向的过程的框架中，人类并没有起到可以共同决定可获得信息量的实际作用；如果真是有作用的话，也是仅作为实践的搬运者与环境的生产者和操控者，并且承担这两种作用的并不必须是相同的人。

结构的本体论地位和认识论地位

结构的概念在现代科学逻辑中扮演着日渐重要的角色，并复兴了很多关于认知以及知识本质的重要讨论。这些讨论都有很长的历史，并在西方智识传统——起源于两种主要的古希腊哲学思潮的重大交锋——中占据重要的一席之地。其中有两个争论在当 54
前语境下尤其值得一提，因为它们是结构主义的出现所引发的纷争的显见或潜在的根源，而结构主义则是社会科学中实证主义流派的主要对手。第一个是关于“确定性”(certain)知识与“可能性”(contingent)知识之间的争议；第二个是关于“超验”(transcendent)

的认知对象和"内在"(immanent)的认知对象之间在本体论层面上的争议。

柏拉图是第一个清晰阐述前一个争议的人，虽然他是以当时惯用的本体论术语表达的。类似于灵魂和躯体之间的区分,"思想"和"感觉"作为同一宇宙中的两个层面当然紧密交织，但是仍然各自保有其独一无二的存在方式。变化性和永恒性分别是它们各自最为重要的特点。柏拉图把希腊哲学的前苏格拉底历史总结为两种主要潮流相互碰撞所主导的过程,以"爱奥尼亚人"(Ionians)[从泰勒斯(Thales)开始]和"意大利人"(Italians)[巴门尼德(Parmenides)及其创立的学派]为代表。在柏拉图看来，哲学的主要问题是从这场持续的争论中沉淀下来的,这是"巨人"与"神"之间的交战:"站在神这一边的永远相信看不见的事物是真正的事实；站在巨人这一边的永远相信真实就是他们可以碰触和掌控的东西。"① 用智者学派(Sophist)中的一个代表人物的话来说就是:

> 一方努力要把一切从天堂和看不见的世界中拽向地面，要把岩石和树木牢牢攥在手中，因为他们依赖于所有树干和石块，并且坚定地相信真实存在只属于那些可以被掌控并能被触摸的东西……而他们的对手则谨慎地维护着他们在看不见的世界中的高位，用尽全力维护以某种可理解的但又无形的形式存在的真实。②

当然，在这两种观点背后是关于真实的本质的争论，不过归

① Francis Macdonald Cornford's commentary in *Plato's Theory of Knowledge*, London, Routledge & Kegan Paul, 1970 (originally 1935), p.230.

② *Sophist*, 246 A, B.

根结底这种争论深深根植于对真实所具有的活动性（movement）和变化性（change）的怀疑。“很多事物都有相同的名称，这是因为形式（Forms）永远会在各方面不断变化；这些事物是我们看得见摸得着的，然而形式本身却是不可见的。”因此事物以两种秩序存在，即永恒不变的看不见的秩序以及不断变化的看得见的秩序。最终争论的结果可能是，灵魂这种看不见的事物最接近于神圣、不朽、可理解、纯粹和不可分解的，而躯体最接近于世俗、终有一死、不可理解、复杂且可分解的。“形式的支持者将不可变性作为真正存在（Being）的标志，变化性作为生成过程（Becoming）的标志……形式不承认任何改变，虽然可感知的事物永远不会保持不变。”在《斐多篇》（*Phaedo*）和《理想国》（*Republic*）中的完美世界往往被说成是排斥任何改变的，并且这也常被当作知识存在的必要条件。[①]“真实”“正确”以及“不变”的完全同一性是柏拉图知识论传统的基石。仅通过可以感知来证明其存在的事 55
物还不能主张自己就是真正的现实，因为它没有坚实的基础来支撑其主张，因为它是偶然的、任意的和转瞬即逝的。所谓的真实必须是永恒的，而无须将其真实性交给检测持续性感知存在的冒险测试来验证。

在这一点上第一个问题与第二个问题合二为一了。柏拉图解决这个复杂问题的方式是认为因为“真实”可以脱离感觉证据的权威性而独立存在，所以可以通过假设灵魂具有不朽性而被彻底理解。真实可以被我们“从内部”（from within）获得——灵魂的

① Francis Macdonald Cornford’s commentary in *Plato’s Theory of Knowledge*, London, Routledge & Kegan Paul, 1970 (originally 1935), p.6，244.

不朽性作为这个事实的逻辑结论而得以提出："如果事物的真相总是存在于我们的灵魂当中，那么灵魂一定是不朽的；因此你可以自信地开始探索和恢复关于你所不知或者说忘却之事的记忆"；"探索和学习只是回忆"；因为不朽的灵魂"已经看过所有，无论是这个世界的还是其他世界的，没有它所不知的"[①]。形式是一劳永逸的；永恒的形式（εἴδη）的地位一定比能"改变形式"、挑战基本实体边界的事物的特性要优越——永恒的事物只有在与自身保持一致的时候才能真正存在。

这一思想脉络催生了逻辑科学，它首先出现在亚里士多德的学说中，并在中世纪的经院哲学中兴盛起来，这是一种以"必然性"（necessary）为对象的科学形式，所谓的"必然性"也就是不受感觉经验限制的永恒关系。到了笛卡尔，逻辑科学达到了新的高度，这时"确定性"（certainty）与"存在的证明"在概念上完全分离了。一种考察经验的新逻辑开始活跃，不过以下观点是由笛卡尔总结并由此盛行的，即即使有再多的事件真实"存在"的经验证据，也不能最终形成真正的"确定性"知识。反之亦然，如果形式的真知没有柏拉图哲学关于不朽灵魂的假设作为支撑，那么确定性也不再能成为真实存在的证据。笛卡尔这样进行区分，"理解力使得我们对事物拥有直觉性的意识，也使我们得以利用理解力判断得出的确认和否认来了解事物"。最后一种判断注定是没有定论的，因为它们解释的是"复杂的性质"，是偶然的，可能出现也可能不会出现，因此是不能确定的。"因此演绎是留给我们的唯一一种可

① Francis Macdonald Cornford's commentary in *Plato's Theory of Knowledge*, London, Routledge & Kegan Paul, 1970 (originally 1935), p.3，2.

以将事物放在一起以便确定其真相的方法……除了不证自明的直觉和不可或缺的演绎，人类没有通向特定知识的其他路径”；我们只有在不需费力“确认它们（我们所分析的性质）是否真正存在”的情况下才可以获得确定性。[①]整个问题就这样脱下了其本体论的虚假外衣，并完全转变为一种认识论的语言。它不再关乎不朽的形式，而是变成确定性问题，在最后一个例子中这个确定性问题围绕着直觉性的自证，并且在逻辑的帮助下扩展为通过演绎作出的判断。

然而柏拉图哲学中知识概念的两大支柱仍然完整地保留下来：一是“必然性”和“偶然性”之间的区分，二是将真实的、更好的、高等的可靠知识与“必然性”等同起来。对理性主义知识论两大 56
原则的挑战就留给了现代经验主义，现代经验主义者宣称，凡出现在理解中的必先存在于感觉当中（*nihil est in intellectu, quod non prius fuerit in sensu*）。当用实证主义处理经验主义的前提时，这种攻击达到最强烈的程度。直觉被嘲笑了，不证自明作为形而上学的残余而不予理睬，只有直接从感觉经验的原始材料中获取并恰当处理的东西才能算作人类的知识。关于永恒的、毋庸置疑的必然真理的问题被搁置一边不再争论。作为实证主义少数明确提出的原则之一，现象论（phenomenalism）的规则断言人类的知识是且必然是单一维度的（unidimensional），与经验材料的层面完全符合。唯名论（nominalism）的支持规则给一般性的概念和陈述，仅分配以速记、实用地记录本质上属于单个事实事件的辅

① *The Essential Descartes*, ed. Margaret D. Wilson, New York, New American Library,1969, pp.80, 82, 83, 168.

助角色。它们没有留给“自我施加”、不证自明的真理以一席之地，而对于根植于偶然的、经验可及的事件链条的基本结构当中的永恒不变的“本质”留下的空间就更所剩无几了。

我们提到的这两条规则并不会妨碍结构概念包含于实证主义定义的知识体当中。不过，这个概念当然还必须经历相当实质性的改变，因为我们归为结构概念的特性中很大一部分的确是无法通过经验主义的限制规则的。尤其是结构相较于经验材料，并不被认可具有任何最高的或者是更高、更优先的地位。不同于事实记录（fact-records）的地位，对结构地位的讨论暗含着形而上学的“不祥预兆”。在实证主义知识的框架中，结构应该仅具有对原始数据进行整理排序的意思；这种意义上的结构通常能从数据表中看到，那种描述从特定角度观察的事实的分布，或者研究员以简约方便为目的展示的所观察事件如何归为既有分类的数据表。结构是测量的结果，也是一种记录量化研究发现的方法，这种说法当然有别于比如说列维－斯特劳斯对结构的定义方式，他实际上强调的恰恰是测量和结构之间其实缺少一种必然的联系。①

实证主义对所有不能完全观察到的数据所一贯持有的自负的轻蔑态度一再激起科学家们的不满，他们担心一旦实证主义的前提被无条件接受，对人类知识有效性的信仰所依赖的基础就被削弱且丧失稳固性。从实证主义的观点看来，归纳推理臭名昭著的漏洞和不确定性以及被作为“事实”的明显偶然性，都让学术活动远远偏离了对“确定性”一贯的科学理想。

① Cf. *Structural Anthropology*, English trans. by Claire Jacobson and Brooke Grundfest Schoepf, New York, Doubleday, 1967, p. 275.

20世纪最引人注目的就是现象学对于实证主义堡垒的猛烈攻击。真知的对象再一次从“超验”领域转移到“内在”领域。在胡塞尔（Husserl）“回到事物本身！”（*Zu den Sachen selbst!*）的著名呼声中，“事物”就是意识（*Bewusstsein*）的直接对象所具有
的纯粹化本质；反过来，当事物对意识而言是已知的或者说既定 57
的时，它就是作为认识对象的那种存在。由此“我思”（*cogito*）和“所思”（*cogitatum*）之间传统的二分法似乎最终被超越了，两方在认知行为中合二为一，直接经受分析性的审视。胡塞尔通过这个权宜之计为人类知识奠定坚实的基础，以再次取得必然的、本质的知识——“偶然存在不能改变的是被理性识别出来的知识对象的本质”；知识会服从于事物客观本质，并“独立于一个主体想要赋予它们的任何主观意义”[1]。“存在”的真相被再次赋予了有待证明的假设性角色；这无论如何都无关乎对本质的追求——存在并不是本质的必然属性。“对我来说，世界无非是我所意识到的，并在我思（*cogitationes*）中显示出有效性的东西。这个世界的全部意义和现实都唯独建立在这种我思之上。”[2]这种假设使得以下断言性的表述成为可能：“对本质的分析理所当然（*eo ipso*）是一般性的分析；就本质、基本性质和认知而言，对本质的认知是被导向所有事物的。”[3]由此胡塞尔不仅维护了笛卡尔的基本思想，同时他对“消散”知识的实证主义进行致命打击实际上是冒险踏

① Quentin Lauer, *Phenomenology, Its Genesis and Prospects*, New York, Harper & Row, 1965(originally 1958), p. 9.

② Edmund Husserl, *The Paris Lectures*, The Hague, Nijhoff, 1967 (originally 1907), p. 9.

③ Edmund Husserl, *The Idea of Phenomenology*, The Hague, Nijhoff, 1968 (originally 1919), p. 41 .

上了笛卡尔自己都没敢铤而走险的泥泞道路。可以说，胡塞尔将费希特对待康德（Kant）遗产的激进方式同样用在了笛卡尔身上。必然与存在之间挥之不去的二分法没有被解决，而是被搁置一边了。悬置（ἐποχή）也就是对现象学我思之初的存在问题的悬置实际上从未被消除。人类知识的有效性以经验层面可获得的信息为代价，正如实证主义对本质真理毫不采用一样，现象学也不采用这些经验信息。难怪在尊崇他的“异教徒”的实践中，胡塞尔这位大师的宏大计划几乎不能被归结为是胡塞尔主义的，而明显是唯心主义的方法论规则 [比如表现在莫里斯 · 纳坦森（Maurice Natanson）对现象学的定义中，“现象学作为一个一般性术语，指代所有在解释社会行动时强调意识的首要性和主观含义的立场”①；在这个对胡塞尔主义漫画式的描述中，“那里”的世界被再度偷换为绝对判断的领域，并再次为胡塞尔宣称但并未成功驱逐的主观“至上”的陈旧观点所归类]。

然而，对确定性的追求、对知识必然性的渴望都恰恰是胡塞尔主义反抗实证主义的标志的源泉所在。似乎这种强烈意图的框架中“结构”的唯一形态就是胡塞尔意义上的“事物”（*Sache*），也就是可以完全用意图定义和描述的本质之一；这其实是与布东“意图定义”相类似的模式。组成结构的意图是关于秩序、连贯性
58 和逻辑结合性的意图。存在的问题将正如在其他“实事”（*Sachen*）中存在的问题一样，被悬置原则统治着。结构作为“事物”所遵从的唯一准则就是由其构成性的意图施加的意义。有必然性作为至高无上的意图，结构只能是事物“确定性”和“必然性”的缩影。

① *Literature, Psychology, and the Social Sciences*, The Hague, Nijhoff, 1962, p. 157.

现象学世界的悬置很难为科学假定出来的世界所同化。正如想要创造一套社会科学的实用方法论的现象学分支[梅洛－庞蒂(Merleau-Ponty)、舒茨、纳坦森]所充分展现出来的，胡塞尔意义上的必然性和确定性是任何试图将现象学原则扩展到足够覆盖社会学所有领域的努力的第一个牺牲品。确切来说，必然性和确定性这两种理想并不适宜被用于掌握人类现象层面的真实。任何有可能适合为科学实践所采纳和利用的结构概念必然是通过以下方式被定义的，即其中起主要作用的关键问题都产生自现象学层面上的权威证据。但是笛卡尔－胡塞尔主义那种由必然性知识单独提供的纯粹的确定性概念，在这种情况下可能变得不堪一击。古老的柏拉图的形式（εἶδη）留下的思想是在变化、多样和表面混乱的现象背后隐藏着永恒、不变和稳定。"本质"仍然是科学在反对实证主义的节制性（*sophrosyne*）的过程中寻求的最高目标，但现在它为与现象学面向不纯粹的血缘关系所污染了，并在长期存在的实证主义统治下被不可逆转地赋予了最高的合法化权威。

现在这种有点像是跨于两方激进的对手之间障碍物上的立场，由雅克·莫诺（Jacques Monod）简洁地表述如下：

> 在对现象的科学分析中，最重要的策略就是对不变量(invariants)的发现。整个物理学，如同任何数学发展一样，都详述了一种残缺的关系……然而也许，在科学中将会保留一种柏拉图式的要素，一种除非将它完全摧毁否则就不能去除的要素。在单个现象的无限多样性中，科学只能寻找不变量。①

① *Le Hasard et la nécessité, essai sur la philosophie naturelle de la biologie moderne*, Paris, Éditions du Seuil, 1970, pp.116, 117 .

莫诺没说的是，现在的科学家在用完全非柏拉图（un-Platonic）的方式追求柏拉图哲学古老的目标，即通过理性打开现象世界而不是理性本身。的确，“永恒”和“不变”这两个概念曾被柏拉图赋予了绝对的、只有通过不朽灵魂的记忆才能获得的特性，现在已经没什么神秘的了。或者说，即便我们慷慨地剥去其特殊术语的形而上学外壳，也仍然可以通过其他路径获得一条在本质上不同于通向经验材料的固定的路径。对莫诺来说，他的科学研究（也即生物学研究）所追求的“不变量”可以在对有生命的物质的实验分析中被发现，而且只能通过这种方式被发现。这些不变量是生物有机体的结构和功能，正如胡塞尔急切指出的，它们是“先验性地”固定“在那”，并且仅能通过经验上可以接近的现象，这种使它们
59 同时开放于又封闭于人类好奇的思想的现实才能获得。“这是一种复制，永远不会发生改变，每一代细胞的内容都以 DNA 中核苷酸序列的形式书写，从而确保了物种的不变性。”①

这种主要依其不变性来定义，但在仅是想象的、逻辑上具有可能性的意义上，则很难说是“必然”的结构，似乎也成为列维－斯特劳斯追求的认知任务。他在《神话的结构研究》（*The Structural Study of Myth*）②中所创造的著名公式 $F_x(a) : F_y(b) \equiv F_x(b) : F_{a-1}(y)$ 就恰好如此，他对这个公式的解说如下：

> 这里有两项 *a* 和 *b*，以及相对应的两个函数 *x* 和 *y*，现在假设在两种情形间存在一种等价关系，这两种情形被一种项

① *Le Hasard et la nécessité, essai sur la philosophie naturelle de la biologie moderne*, Paris, Éditions du Seuil, 1970, p. 119.

② *Structural Anthropology*, trans. by Claire Jacobson and Brooke Grundfest Schoepf, New York, Doubleday, 1967, p. 225.

与关系的倒置分别定义，但必须满足以下两个条件：(1) 一项被它的相反项取代（在以上的公式中，就是 a 和 $a-1$）；(2) 在两个元素的函数值和项数值之间进行一次颠倒（在上述公式中就是 y 和 a）。

这意味着神话思维的逻辑（如果存在的话）是可以通过神话分析被发现的。不管对意向性的含义（intentional meanings）做多少现象学的分析，都不能显示以上两种被描述的关系是等价的，或者揭示出一种倒置需要满足何种特定条件才能达成神话逻辑所承认的等价关系。这种逻辑规则也许不会发生变化，但很显然不是必然的，也就是说不是我们能够想象到的可以产生一种语言（这种语言有效地服务于将世界进行秩序化的任务）的规则。类似的，另一种逻辑规则暂时生发于一个不那么抽象的层面（因此也就是一个不那么普遍的层面），比如“花豹是一个身体不舒服的女孩相当于蝙蝠是花豹”① [或者，按照它的应用方式来记录，“(在这则神话中）一般认为，蝙蝠造成身体开孔，流出经血，而在另一则神话中蝙蝠转而造成身体闭合，吸入粪便”]②，这样的规则或许可以证明神话逻辑的不变原则，然而很难代表一种“显然的”或“在直觉上”的真正转换。

① Claude Lévi-Strauss, *Du miel aux cendres*, Paris, Plon, 1966, p. 330.

② 列维－斯特劳斯在《从蜂蜜到烟灰》(*Du miel aux cendres*) 一书中分析了蝙蝠在哥伦比亚圣玛尔塔山脉的柯吉人神话中的地位及其与经血、美洲豹之间的关系。原文参考中译本《神话学：从蜂蜜到烟灰》(周昌忠译，中国人民大学出版社 2007 年版）第 389 页。列维－斯特劳斯是用结构语言学分析南美洲神话的人类学大师，他认为巴西内陆原始社会的全部神话是具有一定形式结构的整体，不同地域的神话看似内容不同，但具有神话元素间的转换、反转关系。“花豹是一个身体不舒服的女孩相当于蝙蝠是花豹”意思是说，在一则神话中花豹与一个身体不舒服的女孩（也就是处于经期的女孩）之间的关系与另一则神话中蝙蝠与花豹之间的关系相当。——译注

再一次，诺姆·乔姆斯基（Noam Chomsky）非常明确地指出了“确定性”和“必然性”之间相互分离的定局，并指出与“确定性”再度结合的是“不变性”（有时也称作普遍性）。在描述了语言的若干结构性规则之后，乔姆斯基着重总结了一个很难说是柏拉图式的结论：

> 这种真实并不具有先验的必然性。语言的这些特征，如果是真实的，那么就是经验上的事实。我们可以合理假设它们先于有机体而存在，因为它们为有机体定义了什么可以算作人类语言，并且决定了他所获得的关于语言知识的普遍特征。然而也很容易想象出不具备这些原则的语言系统……我们也许可以推测，这些原则的确先在于物种……但是对于所有可想象的、可能作为人类语言功能的系统而言，这些原则并不是必然的甚至不是天然的特性。①

换言之，语言的不变性规则也许必然从智人物种中任何成员
60 的个体主观性优势中显现出来。对于整个人类而言，他们一劳永逸地成为其可理解的世界中不可或缺的构成要素，并且可能因“取决于其本身的理性”而暴露自身；但是在这个意义上，“必然性”一词就没有为普遍性的概念添加太多额外的内容，因为普遍性是一个经验事实。正是这个“此时此地”（here and now）的、可进行实验性确认的必然性，其本身是发展的长期历史进程的一个人造物，它对特定个体或群体所具有的先验（*a priori*）地位要归因

① *Problems of Knowledge and Freedom* (Russell Lectures), London, Fontana, 1972, pp.33,41-42.

它后验（*a posteriori*）于整个人类历史悠久的集体经历的事实。人类物种的历史使得一些结构具体化为每个人类成员可理解的、具有意义的世界的组成要素。

我们可以说，作为个体的人类生命历程（也就是个人存在的实体，由其价值及其所追求的目标定义，这些通常是目的论地组织起来并以未来为导向的）是可能的，并且的确只会发生在他作为一个认识主体而存在的框架中；这种存在反过来沉浸于历史层面上结构化和组织化的人类世界，在这个世界中人类思想和实践的同构已经完成了。用最通俗的话来讲，个体的活动和他所生存的世界提供的结构性框架之间的关系也许可以类比于工人与机器之间的关系，正如马克思在他的《政治经济学批判大纲》（*Grundrisse*）中描述的：

> 只限于一种单纯的抽象活动的工人活动，从一切方面来说都是由机器的运转来决定和调节的，而不是相反。科学通过机器的构造驱使那些没有生命的机器肢体有目的地作为自动机来运转，这种科学并不存在于工人的意识中，而是作为异己的力量，作为机器本身的力量，通过机器对工人发生作用。①

让人类的世界真实起来的思想与让人类世界可以为有意义的互动所理解和检验的思想之间的辩证关系，在《德意志意识形态》（*German Ideology*）当中以更具一般性的方式表述出来：

> 社会结构和国家不断从明确的个体生命过程中演变而

① David MacLellan, *Marx's Grundrisse*, London, Macmillan, 1971 , p. 133.

> 来，但是个体并不像他们自己或他人想象中的那样，而是真实地存在着，也就是存在于工作、物质生产之中，并且在绝对的物质限制、假设和不因其意志为转移的条件下行动。[①]

换句话说，个体不是作为人（persons）而存在，而是作为认识论层面或者说认识论创造的层面而存在（epistemic-productive beings）。作为人，他们会经历他们价值构成的规划与这种规划所应用于的由法则构成的先验性媒介之间的碰撞；他们甚至可能尝试以一个人特有方式克服这种对立，也即通过把对立双方都归纳为同一个哲学原则，这个原则引导的是价值构成的、有意义的、规划性的一方。然而作为认识论实体，他们都参与到完全服从于一套结构化－被结构化的转化规则的世界中；如果他们不参与，就几乎不可能存在，无论是作为有思想的人，还是作为有生命的生物体。莫里斯·古德利尔（Maurice Godelier）切中要害地指出，
61 如果在未来关于人的科学专注于控制结构（由人类世界创造，且作为人类世界的创造性所在）产生和发展的法则，那么当下处在心理学和社会学、社会学和历史学、历史学和人类学（在列维－斯特劳斯的意义上）之间神圣不可侵犯的对立就变得毫无必要。[②]接着让我们补充一下，马克思最初的规划将被证明是正确的；而现在困扰科学研究者的对立将被克服，个体与社会之间所谓的矛盾将凸显出来。

简明扼要地总结一下：结构主义者在对文化的理解中所寻求

① *Writings of the Young Marx on Philosophy and Society*, ed. L. Easton and K. Guddat, New York, Anchor, 1967, p. 413.

② Cf. *Système, structure, et contradiction dans le Capital, Les Temps Modernes*, 1966, p. 864.

的结构是一系列的生成性规则（generative rules），这些规则由整个人类在历史中挑选出来，控制着被视作认识论存在的人类个体的精神和实践活动以及这些活动得以展开的可能范围。由于这套规则参与到社会结构当中，因此对于个体而言它作为先验性法则般的必然性而存在；因其无穷无尽的系统化能力，所以对同一个个体而言它体验起来又如创造性的自由。然而，这就是此处所讨论的结构主义规划的基本假设，即人类基本经验的两个组成部分——他的存在和他的本质，他的客观特征和他的主观特征——最终来自同一个源头，并且它们应该也可以被追溯回这个源头。

结构主义规划的纲要

现在应该明确一下笔者的观点：以上篇幅中所描述的结构主义方法为社会学分析开拓了新的图景。尤其是结构主义承诺解决那些特别恼人的问题，这些问题至今都是社会和文化科学研究中所谓不可逾越的障碍。不过必须如以上声明一样郑重强调，笔者并不打算将结构主义方法作为社会学至今所做的所有发明和尝试的替代品。人们可以指出无数极其重要的分析性问题，是可以通过社会学家已经采用的方法获得有效且富有成果的解决的。看起来，希望存在一个无所不包的理论模型可以适合于解释由社会科学家合理提出的所有可能的认知问题，这样的愿景只能属于富有吸引力但是难以实现的乌托邦的范畴。多面向和多层次的人类实践——作为认知问题被重新表述为所有兴趣的最终源头——成功逃脱了每一次试图将其多样性简化为一个单一原则的努力。实践本身的被结构化－结构化本质（the structured-structuring nature）的原则，也不例外地遵循一种“生成性的元语法规则”（generative meta-grammar）。这就是为什么与其宣扬另一种革命性的宣言（在最近的社会学界十分常见），倒不如列举这些社会科学中悬而未决且纠葛不清的问题显得更加合理，这些问题——根据那些即使不
62 是普遍也是广泛认同的意见——至今还没有在智性层面上以令人满意的方法得以处理，不过很可能通过结构主义文化观所发明的方法，这些问题变得能够解决了。

（1）首先也很可能最吸引人的一点是，我们第一次有机会以一种严肃的方式揪住文化和社会的共性问题了（让我们再次重申，别把这种共性与默多克式的、通过对现象材料的统计分析得到的后验性归纳相混淆）。这个问题乍看上去清晰且可现实化，因此就更为重要。对人类存在共性的寻求不但没有获得显著成功，而且完全没有与此相关的分析工具，这就导致社会科学领域存在一种明显的“地方病”。几乎毫无例外的是，社会科学家当前使用的所有概念和分析工具都与一种人类世界观相联系，这种观念认为人类世界中容量最大的整体就是“社会”，一个实际上与“民族－国家”等价的概念。在民族－国家的层次上我们只能进行“比较”，最终导致我们仅能发现那些在民族－国家层面上才有意义的统计分布特征；我们或许可以采用博弈理论的方法，这种方法的对象必须满足一个条件才能用该理论提供的术语进行分析，即它们必须按照博弈的规则被“统一”起来。众所周知，社会科学没能在共性领域中超出自身的局限，这在实践中已成公认，长久以来在以科学为奋斗目标的社会学与作为文科分支的哲学化的人类学之

间一直存在奇怪且有害的区分。这种区分的存在几乎没有正当性，它使得只有那些处在民族－国家层面以下的人类事物才适合进行科学分析。关于这种区分具有非凡生命力的原因，有一项不得不提的原罪，这项原罪就是社会学在被制度化的早期阶段被作为大学的一门科学而建立。如果不是这样，在对待人类存在的双重身份的人文形式和科学方式之间存在的重要分水岭，就几乎不可能与民族－国家组织的边界相重叠了。

近来，吉迪恩·舒伯格（Gideon Sjöberg）和特德·沃恩（Ted R. Vaughan）将社会学公然抑制对超社会问题进行处理的现象恰当地追溯到现代社会科学形成之初的年代。[1]他们认为涂尔干和韦伯是要对困扰社会学已久且难以解决的苦恼负责的主要始作俑者。涂尔干决心将其对人类存在的看法固定在社会——相当于在政治上组织起来的民族——这个框架之中，这与他关于人的理论的内在逻辑完全一致。我们应该注意到，回顾法国社会哲学遥远的过去，从让－雅克·卢梭（Jean-Jacques Rousseau）再到远一点的布莱士·帕斯卡（Blaise Pascal），按照他们的看法人类被分成本质上不可兼容的两面，一面是野蛮和自私的，另一面是神圣和利他的；尤其是，按照卢梭提出的可以调和二者的理论谋略，道德的观念只有通过由政治上有组织的共同体形成的公意（common will）才能实现。因此，早在涂尔干之前，法国哲学传统就将终极的道德权威授予了民族－国家，并且宣布了每个人类个体身上所具有的社会事务 63
的终极道德来源。留给涂尔干的任务仅是将已经常识化的知识编

① Cf. 'The sociology of ethics and the ethics of sociologists', in *The Phenomenon of Sociology*, ed. Edward A. Tiryakian, New York, Appleton-Century-Crofts, 1971 , pp.259-276.

入未来社会科学的语言当中。因此，超－民族实体（supra-national entities）在社会学系统中没有一席之地也是合乎这种逻辑的结果。这些实体如果真的要进入这个体系，要拥有能够保证其作为道德权威来源的身份才行；但是依我们看，按照定义这一来源已经被认为是存在于政治化组织的共同体。因此，在涂尔干的表述中存在一种循环论证的意味，舒伯格和沃恩在对其进行引用的时候没有注意到其中固有的同义反复（tautology）："与国家相比，人类无法作为道德来源是因为存在以下缺陷，即他们没有构成社会。"[①]只要道德整合仍然是社会学的主要关注点和系统化主题，那么民族－国家就必然是社会的最高形式在经验上的化身，而任何指代超－民族实体的概念若非不正当的，也是缺乏"科学性"的。舒伯格和沃恩把这种限制性的偏见——韦伯和帕森斯所具有的这种偏见的程度与涂尔干一样明显——与社会学家受限于民族主义的意识形态倾向联系起来。然而，无论因果链指向哪个方向，当前占据支配地位的社会学形式对人类共性来说毫无用处，也没有一种可以承担描述共性的任务的相关语言。罗伯特·奈斯比特很好地指出，当"抽象、客观、纯粹的法定国家受到建立在共同体、传统和身份的优先性假设之上的理论的挑战"[②]时，现代社会学就开始了。在将共同体（或者民族－国家）相对于个人的优先性作为基石的社会学与社会学家在解释共性而非仅是"比较性分类"问题上特有的无能为力之间，也许存在一种紧密的联系。真正的共性如果能够得以建立，也是建立在塑造"认识论存在"和"实

① *Moral Education*, English trans. by Everett K. Wilson and Hermann Schnurer, New York, Free Press, 1961 , p. 76.

② *The Sociological Tradition*, London, Heinemann, 1967, p. 53.

践的行动者”（也即人类个体和个体之间关系的网络）的因素产生作用的层面上。

另一个阻碍当前社会学对人类共性问题的有效解决做出大量尝试的固有限制，在于对社会存在制度化的“分支部分”（branch division）的默许和遵从。社会学家“近亲繁殖”式地复制了既有的“权力的专门化”（specialization of power）概念；我们通常是工业社会学家，**或者**教育社会学家，**或者**宗教社会学家，**或者**政治社会学家等。只有在这些情况下，人类活动的所有范围所公认的结构或者说一般性规则经常被忽视的现象才会自然发生。即便是非刻意地接受一个领域的制度化边界，也要涉及接受对其制度化起到作用的实用价值，因此也就涉及对相关的、目光短浅的分析性参考框架的挪用。为了找出真正的普遍性，人们必须超越使观察者无法看到所有制度化领域共有的基础结构的那些边界——这些边界被置于表面的、现象的层面。同样的一般性规则控制着人类在政治、工业、农业、宗教等所有领域的实践活动；它们实际上优先于功能上的分化，并且只有在分析者的视野足够大到通 64 过一次搜索就可以容纳所有人类实践的情况下才能被发现。即便为了在经验上的可行性而聚焦于被挑选出来的某一个实践分支，它也一定正是由除去现象学面向的策略组织起来的，而现象学面向的源头和存在要归于功能上的差别。而且，对文化采用结构的方法，提供了一个可能正确且会广受欢迎的有利立场。

（2）结构方法所提供的另一个机会是使我们得以重新审视功能的概念，这个概念已经挫败到让人不抱任何幻想的地步。功能概念的传统用法几乎无一例外令人不安地想起亚里士多德的目的论。的确，从马林诺夫斯基到帕森斯，“系统的必要前提”的理念(如果不称之为概念的话)就一直不可避免地与功能概念成对出现。即使不是从“遗传学”的角度上讲，从逻辑上来说社会系统的概念相对于功能这个惯用语也具有优先地位，事实上功能现在的含义之所以具有可理解性要归功于社会系统的概念。无论制造何种情况对抗来自目的论的控诉，真相是为了具有完全的意义，功能的概念可能作为推理链条中连续的一环出现，这个链条起始于对一个已完成的、“完整的”社会进行关于其存在的表述，这个社会“倾向于”存续下去以“达到这个目的”就“需要”特定的模式以及“宣扬”特定的价值观等等。作为一个极具启发性的策略，无论功能概念多么有用，其理论基础特有的弱点依然是这个概念的主张者无尽苦恼的来源。当前诠释下的功能概念必然设定的逻辑次序额外导致了共时和历时两个维度之间不可逾越的鸿沟。的确，如果存在能够有效产生它的“必要前提”的成熟社会系统是功能这个概念可以得到富有意义的应用的先决条件，那么围绕功能概念组织起来的社会学分析就不能解释社会最初是如何产生的，并且在不合时宜的奇怪缺陷之外，这种分析也不能解释使得人类得以共存（coexistence）的共同形式如何具有持续的动力。

无论社会学理论最终选择哪种因素作为其核心的分析概念，我们都建议谨慎对待关于社会－个人优先性问题（societal-individual priorities）的毫无结果的争论所固有的选择问题。它必然会是一个作用于两个层面的因素，也必然会同时解释人类存在的两个相互紧密交织的面向，即主观的和客观的，决定的和被决定的，创造的和被创造的，社会化和被社会化。也仅由此，它可以被直接用作构建共时和历时的模型，不再诉诸人类存在的两种形式哪个更具优先性的伪问题，并以这种方式沟通个体处境和社会结构这两个至今仍相互隔绝的层面。

符号－功能（sign-function）概念看起来是个显而易见的备选，它具备所有分析所需的优点。实际上，符号作为“一种同时去除两个含混部分的行动”，作为一种创造和表达含义的行动，是“是对任何一边的混乱施加的秩序”[①]，以其自身的形式与人类实践本身共同延伸；作为一种分析性概念，它像是实践的镜像，忠实 65
于理想意义上的（尽管很少）共同维度。对文化模式的符号－功能面向（也就是符号学面向）进行分析，我们由此可以在不忽视分析层面的问题的情况下，将它们与人类实践直接联系起来。“功能”是一个动态概念，这种动态性不仅在于保存，也在于产生形式；它并不必然与已完成的、固定的以及假设中稳定化的实体相联系，而是与一种过程，与无尽的、可调整的人类活动链条相联系。在这个意义上，文化模式的功能在于创造秩序和方向，或者不如说是在于双管齐下地规制社会环境及其中的人类行为的过程。人类实践这相互构成的方面（即符号和功能）中的任何一方都不能宣称具有相对于另一方的优先性。

现在，文化模式的符号－功能通过“区别”或“界定”的过程[②]，被同时导向行动的环境中介和行为导向的计划。通过对无序面向的鉴别，这两个基本过程规制了“现实”和“认知驱动的地图”

① Roland Barthes, *Elements of Semiology*, English trans. by Annette Lavers and Colin Smith, London, Jonathan Cape, 1969 (originally 1964), p. 56.

② Cf. ‘distinktive’ und ‘delimitative’ Funktionen in N. S. Trubetzkoy, *Grundzuge der Phonologie*, Göttingen, Vanderhoeuk und Ruprecht, 1967, p. 241.

(cognitive-motoring map)。由此，“某一单一的对象并不具有任何含义，任何含义都意味着一种关系的存在；我们应该在结构的层面上寻找具有意义的基本单元，而不是在各种单一元素的基础上寻找”①。情境中应用的各种符号之间的关系才真正算作有意义的，并且恰恰是这种关系——一个符号的存在伴随着另一个符号的缺失——可以经得起功能性处理的检验。“任何文化－模式的意义－价值完全取决于它们与其他元素的对立和差异。因此，它们并非由自身任何实在的特性定义，而是被相反的特性和不同的价值定义。”符号之所以具有功能性，正是归因于其主动的、规制的能力，即塑造认知思维及其对象的能力。用路易斯·普列托(Luis J.Prieto)的话来说就是：

> 符号不仅将自身置于与已生效的可能性之间的关系，或者是与它所指涉对象的可能性的关系之中，而且置于与所有可能性的关系当中。除此之外别无可能，因为如果符号所指的是生效的可能性或者它所归属的可能性，这只在它限制了其他可能性的时候才会发生。②

举一个简单的例子，一个“禁止入内”的门牌只有在其他门上没有这样的标志的情况下才有意义，因为“禁止入内”这个符号的功能并不在于指明标志表达的内容和挂着这个牌子的特定的门之间一对一的特有关系，而是在于将从有标志的一边进门的人和从另一边进门的人有效区分开来，并且告知所有潜在的读者关

① A . J. Greimas, *Sémantigue structurale*, Paris, Larousse, 1966, pp.19, 20.

② *Messages et signaux*, Paris, Presses Universitaires de France, 1966, p. 17.

于不在“禁止入内”标识禁止范围内的人与在这个禁止范围内的人的差异。

（3）作为上述评论一定程度上的延伸，人类实践的结构方法 66
承诺提供一个新机会，可以为富有争议的文化－社会结构范式找到一个令人满意的解决方案。无论在文化和社会结构各自用到的多种定义之间存在何种广为人知的差别（并且这种持续的争论引发的情感非常强烈，容易放大一些相对不重要的差别），每当这两个概念以反义词的形式出现时，都是对人类长久和共同经历的境况的双重本质进行的根本意义上的合理化。一方面，人类感到自身的存在是一系列不可撼动的囚禁，挑衅地抵抗试图将它们按照人类意愿塑造的所有努力；另一方面，他们不断从自身的理性规划和富有情感的意志中学习，它们作为创造力的自由领域显得可以被直接管理、灵活而具有韧性。这种基本经验上的差别作为大多数西方哲学的公认来源，当然是实然（*Sein*）和应然（*Sollen*）之间、是什么和应当是什么之间相冲突的认识论副产品；在一个完全整合的社会当中没有模棱两可的意义和作出选择的必要［比如在科特·戈德斯坦（Kurt Goldstein）为其丧失抽象思考能力的精神病患者创造的假想世界中］，而这种差别也几乎不可能发生在人类身上。这种差别一直存在，从古希腊抒情诗的时代开始就以在西方文明中人类经验特征的智力公式的形式存在。同样的基本经验——取决于兴趣焦点和所分析的层面——被归入其他成对出现的二元对立当中，比如主体和客体、精神和物质、心灵和身体、规范和现实、价值和事实。

第一章中所区分的文化概念的三种类别属于哲学话语语义世

界中的同一半边，这一半边在另一种脉络中由心灵、规范、精神、价值等组成。这就解释了为何规范世界或者规范模式原则上可以追溯到人类创造力，或者最终追溯到产生人类精神的能力，然而社会结构即使是归结为一套制度化的行为规范也被作为实际（*in actu*）规范的潜在对立面，作为一个在某种“更加真实”的意义上（或者甚至说更为“实质”的意义上）本质上更加牢固、更加具有抵抗力的实体。

在西方文明的历史上，自始至终存在着一种根深蒂固且昭然若揭的趋势，就是通过把其中一个对立面作为另一个的必然结果而将上述世界图景的二元性合而为一。对于柏拉图式二分法的历史命运进行的简要回顾，使得我们对上述趋势表现出来的特定形式有了一个大致的了解。在当前讨论的分析框架中所提出的策略采取了本体论主张的形式是可以理解的，然而其他备选策略的范围则可以从文化上层建筑完全产生于社会基础结构的观念（在一些带有实证主义色彩烙印的马克思主义思想当中）到这种观念的直接对立面，也就是将社会结构视作“典型性的”且因此是文化
67 标准模式的单一沉淀物（在帕森斯、伯格和卢克曼那里都能见到，虽然他们在其他方面的主张可能是不同的）的观念。甚至正如我们所见，反对者都同意社会结构和文化之间的关系是一方决定或产生另一方的关系，有时也作为功能上的补充关系。这场争论的历史让人想起钟摆的间歇摆荡，而不是一条由一系列确凿解决办法组成的链条。而惊人的事实却是仍有为数众多的理论家希望能通过探索前人往复徘徊的死胡同来寻找启发，原因在于，众所周知，社会科学对自身的历史总是很健忘。

再一次地强调，对人类实践采用结构、符号方法使我们有机会对老问题提出新的、有信服力的解决方法。索绪尔对能指（*signifiant*）和所指（*signifié*）之间的辩证关系进行的有力分析提供了一条线索。[①]不光是语言学符号，所有符号当中这两个结合在一起的面向都是可以区分的。从符号学的角度来看，一个文化行动中这两个紧密关联但又可以通过分析区分开来的面向可以被分别组织到两个同构的（isomorphic）结构当中，其中一个结构通常被称为"文化"，另一个通常被放在"社会结构"的标题下来处理。如果我们将后者视作一个由依附和限制构成的能量流动网络（这一点通过控制论可以从包括人类社会在内的所有自动调节和自动程序化的整体的基本构成原理中获知），那么前者（也就是文化）就可以解释为一种代码，通过这种代码这个网络（也就是社会结构）中的信息被表达、传递、辨认和加工。双方共同参与到人类的一种基本努力当中，即降低人类境况的不确定性，将其秩序化，使其更具可预测性和更容易管理。[②]只要相信这个解释，那么文化和社会结构之间的关系就是意指关系（signification）（重申一下，这从头到尾都是一个主动的过程），并且专门设计用来分析同构整体的精确方法也可以被用于这类研究。

（4）尽管存在普遍的误解，现代结构主义仍然将对共时性和历时性之间的概念裂缝进行弥合的机会纳入它的分析工具当中。很多陈述则正相反，正如它们频繁出现的那样（列维－斯特劳斯

① 这种区分可以追溯到古希腊斯多葛学派的"能指"（semainon）与"所指"（semainenon）（Roman Jakobson, 'A la recherche de l' essence du langage', *Diogène*, 1965, vol. 51 , p. 22）。

② Cf. Z. Bauman, ' Marxism and the contemporary theory of culture', in *Marx and Contemporary Scientific Thought*, The Hague, Mouton, 1969, pp.483-497.

自己曾一度作为主要始作俑者之一，他要对当前人们将结构主义与对历史知识在描述系统方面的贡献的怀疑联系在一起负责）由富有激情的虔诚追随者提出，这种针对一种无疑是革命性观念的激情是可以理解的，但并不必然具有说服力。对好战的正统观念进行防卫，似乎着重要求抵制所有的模糊性。从很久以前“异端邪说”变成人人尊敬的常规开始就逐渐显现出，即便是最精致的共时性分析也无须舍弃历时性视角；相反，“历时性过程和共时性规律之间一定存在某种联系，因为变化并不会产生共时性层面的‘非法状态’（unlawful state），并且所有共时性状态都是历时性过程的结果”①。此外，起源和结构这两个面向只有从它们在过程和分析层面的相互依赖中才能被理解②，并且社会－文化的变
68 化以及社会系统和文化系统的结构也可以用相同的概念工具进行分析。③最容易让人想到的具有这种关联的概念工具就是“未标记”（unmarked）和“有标记”（marked）的符号［特鲁别茨柯依（Trubetzkoy）提出的有特征的（merkmaltragend）和无特征的（merkmallos）之间的“原始”对立］。④“未标记”的符号通常是两者之间更为简单也更为粗略的一种，最初用于不加区分地表示一整个大类的现象；而仅属于某个次类的特性因为某些原

① Joseph H. Greenberg, ‘Language universals’, in *Current Trends in Linguistics*, ed. Thomas A. Sebeok, vol. Ⅲ, The Hague, Mouton, 1966, p. 61.

② Cf. Lucien Goldmann, ‘Introduction générale’, in *Entretiens sur les notions de genèse et de structure*, ed. Maurice de Gandillac, Lucien Goldmann and Jean Piaget, The Hague, Mouton, 1965, p.12.

③ Cf. Z. Bauman, ‘Semiotics and the function of culture’, *Social Science Information*, 1968, 5, pp.69-80.

④ Cf. ‘distinktive’ und ‘delimitative’ Funktionen in N. S. Trubetzkoy, *Grundzuge der Phonologie*, Göttingen, Vanderhoeuk und Ruprecht, 1967, p. 67.

因变得重要起来，然后部分未标记的符号的应用接受了一个“标记”来仅用于辨识这个次类。如此一来，独占性的未标记符号站在了新的标记符号的对立面；未标记的符号对标记性的特征保持中立，现在通过自身的缺席来传达信息。维克多·马蒂诺夫（V. V. Martynov）[①]最近提出一种相当具有说服力的理论，他采用“标记物”（markers）的概念来展现变迁的历时性过程是如何凭借共时性结构的特有规则不断生成的。毫无疑问，马蒂诺夫的模型从未认真考虑过停止用文化术语替代语言学术语。我稍后会回到这个问题上来。

伟大的结构主义所承诺的要比我们仅通过列举其主要观点所展示出来的多得多。难怪，尽管人类学和社会学更加传统的代表人物有一些直言不讳的批评，但是尝试将语言学的成就应用于社会－文化分析的学者队伍仍在逐年壮大。在大不列颠，埃德蒙·利奇和玛丽·道格拉斯（Mary Douglas）将结构主义思想应用于人类学中所获得的非凡成就有力地证明了这一点。

尽管如此，反对语言学类比的情形被反复强化，而且并非所有强化都可以作为献给制度化科学保守主义的颂词而得以消散。那些尝试过的人，还有那些没有尝试过的人，都告诫我们不要对将语言学方法应用于非语言现象即使是人类现象抱有过分的期望。正如通常的情况，本体论上的语言比方法论上的语言更受欢迎；列维－斯特劳斯纲领的反对者首先对非语言的文化领域的本质特征表明了观点，据说这一立论阻碍了从结构主义方法推出一般性文化分析的所有尝试。

① V. V. Martynov, *Kibernetika, Semiotika, Lingvistika*, Minsk, Nauka i Technika, 1966, pp.118 ff.

这些批评中，大部分都碰巧容易混淆两个问题。第一个问题是，人类文化非语言现象领域的构成方式是否与语言一致以及我们在这些现象中试图识别出与索绪尔、雅各布森（Jakobson）、叶尔姆斯列夫（Hjelmslev）等人在语言中发现的同类型的要素和关系的工作是否合适？第二个问题是，包括语言在内的人类文化是否都起源于人类同一种普遍的努力即打破世界的自然秩序并施以一个人造秩序，以及这项工作是否在所有文化领域中都遵循相同的逻辑原则即一种已经进化到适合于世界特性的原则，还有我们是否可以在社会－文化分析中正当地使用这一一般性的方法论原则（这
69 种原则已经在结构语言学当中达到最高程度的精致与复杂）？理所当然的是，对第一个问题的否定答案并不必然意味着就第二个问题也会得出否定答案。然而很不幸，对很多评论家而言就是如此。

到目前为止，为第一个问题的科学相关性作出的辩护还很少出现。其中最有影响力的是由派克提出的[①]，我们之前已经简短地讨论过他的贡献。派克关心的恰是与研究第二个问题的学者相反的问题，他并不关心文化术语所指向的对象，也不关心文化术语和文化现象是如何组织和秩序化人类行为的认知和实践领域等诸如此类的问题，而是关心如何证明——忽视它们的符号功能——所有制度化的人类行为中的基本单元都与语言中的基本单元具有相似性。派克的主张是，所有文化都是在“文化”这个词正式意义上的语言。

① 他的理论的最完整版收录在他的三卷本中（*Language in Relation to a Unified Theory of the Structure of Human Behaviour, Summer Institute of Linguistics*, Glendale, 1954-1960）。引用部分出自派克的论文（‘Towards a theory of the structure of human behaviour’, in *Language in Culture* and Society, ed.Dell Hymes, New York, Harper & Row, 1964, pp.54-62）。

派克论证的问题在于，虽然语言是文化的一部分（仅专门用来传达信息），但文化并不是一种语言；就算没有其他理由，至少文化现象除了为某人传达信息之外还具有其他功能。因此，如果说文化是根据仅为了估量交流功能的建设性准则而建立的，就会显得非常奇怪。的确，人类不管做什么，总是从有限的基本原料来创造出各种各样的东西（比如说，每个民族无数种类的菜肴通常是用相对很少的基本材料烹饪而成）。然而陈述这个事实不能让我们更加深入地理解人类文化。一种可能的结果是出现一种对蝴蝶收集者的伪造的分类比较技艺的翻版，即一些“认识”，比如说“菜肴语言”是由盐、糖、胡椒这些“音素”组成的，而“手势的语言”则是由举起的手和低下的头构成的。顺着这条路走下去，我们除了会开始怀疑语言学类比的思想之外有可能一无所获。此外，语言学类比的命运并不取决于派克是否处处都能成功地辨认出“音元单位”（emic units），也不取决于查尔斯·霍基特（Charles F. Hockett）的以下宣称是否正确，即“很容易就能证明，并非所有文化行为都包含离散单元构成的序列，即话语所能分解为的那种由离散音素构成的序列”[①]。

真正重要而富有成果的应该是以上提到的第二个问题。诺曼·麦奎恩（Norman A. McQuown）很可能在表达以下看法时思考着这第二个问题：

> 我所引用的这种普遍原则是如此具有一般性，以至于它

① In *Language in Culture* (Conference in the Interrelations of Language and the other Aspects of Culture, 23-27 March 1953), ed. Harry Hoijer, Chicago University Press, 1960, p.163 .

> 们可能是整个世界的特性所在，而不仅仅局限于人类，或者尤其局限于人类文化以及语言结构……毕竟，所有事物都具有某种结构，在这个结构中的要素相互对比或相互补充，或者相互间自由变化，或者展现出模式上的一致性，或者当我们发现整体是如何的时候，这些要素看起来又十分巧妙。①

简要来说，语言学家发现的结构原则提供了以下机会：我
70 们现在在寻找支配人类文化必要的一般法则的过程中可以深入无意识系统，无意识优先于并制约了所有在经验上可触及的、具体的社会－文化选择。这样一来我们就可以在必然关系真正存在之处来领会它们。唯一可供选择的典型方案可以在玛格丽特·米德（Margaret Mead）的表述中得以一见："发生在世界各地、不同的文化发展层次上的文化行为，它们之间具有较为广泛的相似性"。这段话应该可以通过假设一种可能的、任何文化想象都不能逾越和忽视的生物组织来理解。②这里所提出的，是将这种在文化用途及其表现层面上的"事后"（*ex-post-facto*）相似性直接与前人类的、共同的生物本质联系在一起；这一步骤只会导致默多克坚信，人类普遍对太阳、月亮、雨水和雷电存在的兴趣具有生物学基础。我们被要求将一般性的文化法则定位于偶然性和外部性的领域，而不是试图在必然的、特有的和生成性的关系领域中发现它们。

结构语言学发现在文化整体上的直接应用，不可避免地为人

① In *Language in Culture* (Conference in the Interrelations of Language and the other Aspects of Culture, 23-27 March 1953), ed. Harry Hoijer, Chicago University Press, 1960, p.162 .

② 'Anthropological data and the problem of instinct', in *Personality in Nature*, Society and Culture, ed. Clyde Kluckhohn and C. Murray, New York, Knopf, 1949, p. 111.

类文化中非语言学和语言学子系统之间的重要差异所限制。

（1）我们通常假设语言过程是一种“纯粹的交流”；人们采用语言工具的唯一原因是希望可以在彼此间传达他们认为有用和重要的信息。这个观点更为激进的版本是所有话语事件除了传递信息之外没有任何其他功能，因此它是一个高度专门化的活动，并且其所包含的所有内容都是按照所意图的交流或意图得到的特定回应来解释。并非所有的语言学家和心理－语言学家都会同意这种看法。为了给出一个对语言就是“交流”的激进观念的更有力的反对意见，我们可以引用迪特曼（A. T. Dittman）和威恩（L. C. Wynne）所列的言语事件普遍具有的特性的清单，虽然它们并不能作为严格意义上语言系统的一部分。① 他们尤其作出了如下区分：声音的特征（破音、作为背景的笑声等）、声音的分隔（非词语的声音）、声音的修饰（渐强或钢琴等）、声音的特性（拍子、节奏、衔接的精度等）、声音的状态（疲惫等）。所有这些现象并不适合作为语言的一部分（但可以加上），因为它们都有缺陷：不像主观符号，它们不会根据与其他符号的关系保留其自身的含义，而是更接近查尔斯·皮尔士（Charles Peirce）在提到“索引”（indices）时所包含的意思。如果接收者了解一些心理学和生理学类的知识来作为发出者状态的信息，那么就可以读懂它们；但是语言的知识几乎不能帮助他们破译这些。根据卡尔·布勒（Karl Buhler）的说法 ②，虽然它们具有表达（*Ausdruck*）的特性［也就是朱利奥·莱普西（Giulio C. Lepschy）所说的情感性功

① Cf. ‘Linguistic techniques and the analysis of emotionality in interviews’, *Journal of Abnormal Social Psychology*, 1961 , vol. 54.

② Karl Buhler, *Sprachtheorie*, Jena, 1934.

能（*fonction émotive*）][1]，但它们并没有像语言符号那样被赋予内涵的（connotative）或外延的（denotative）意图。然而这些声音特性的确参与到每一次的言语行为中，并因此使得言语没有它乍
71 一看起来的那样同质化。自然语言与纯粹交流模型之间的另一个区别由苏联著名语言学家塞巴斯蒂安·肖米扬（S. K. Shaumian）指出："我们不能指望单从内在探索中获知语言变化的原因。结构化的语言依赖于心理－物理因素和社会因素起作用，这些因素是从外在视角来看的；就语言的结构而言，这些因素是不用考虑在内的，因为它们都是偶然发生的。"[2]

如果连语言过程都不能被看作"纯粹的交流"，那么非语言的文化领域可能更是如此。鲜有例外的是（比如手势和礼仪的语言——"语言"一词被自然地用于描述这些现象并非偶然），非语言的文化利用一些素材来运转，这些素材自身与非传递信息的、某种程度上的"能量"（energetic）需求直接联系在一起。虽然我们可以恰当地将非语言的文化事件看作信息的传播，但这些情况中的信息 / 能量的比例相较于纯粹语言行动中的情形对信息传播来说更为不利。这就意味着这些事件中非信息因素的作用比在话语行动中起到的作用要大，因此几乎可以肯定它们对塑造事件本身也更具影响力。首先，"能量需求"限制了将既定素材的用途调整适应于符号目的的自由。其次，在信息功能和活力功能之间产生冲突或摩擦的情况下，信息功能并不总是能占领优势。

① *La Linguistique structurale,* French trans. by Louis-Jean Calvet, Paris, Payot, 1968, p. 28.

② *Strukturnaja lingvistika kak immanentnaja teoria jazyka*, Moscow, Nauka, 1958, p. 29.

在埃德蒙·利奇近来的论文[1]中至少有一篇（虽然在他的其他作品中会找到相反的论述）似乎隐含了能够保证从结构语言学直接推出整个人类文化分析的事实依据，即“文化中模式化的习俗让人类在一个社会中共同生活成为可能，这些习俗所具有的人类特性使得它们与人类语言的结构‘相仿’(like)，因此语言结构从某种意义上讲与人类文化的结构是类似的”(虽然我们总是可以追问“相仿”一词上的引号是什么意思，以及“从某种意义上讲”又意味着什么)。利奇的分析回避了那些非语言的但又具有符号性的文化子系统之极端重要的显著特征——用罗兰·巴特（Roland Barthes）的话来讲，就是“(非语言的文化子系统）表达的要旨的本质并不在于意指（signify)”；巴特提议将那些源于效用和功能的符号性标志称为“符号功能”(sign functions)。[2]

最重要的是，文化的非语言类分支并不会为仅围绕着信息功能所形成的描述和模型所穷尽。信息与能量这两种自治的功能不断地互相干涉，所有文化现象都不能被完全化约为一种功能。每个文化系统，都通过自身作出的选择规制着各个共同体的成员所生活的世界；都履行着一种信息功能，比如降低环境的不确定性，通过表示 / 创造人类相互依赖形成的网络（被称为“社会结构”)中的相关部分来反映以及 / 或者塑造行动的结构。然而，文化系统也塑造了**具体存在**（concrete beings）的世界，而具体存在为了生存下去必须满足自身最低限度的个体需求。在居所、服饰、菜肴、 72
饮酒、交通工具、娱乐方式等方面，我们都能清楚地识别出这两

[1] In *Linguistics at Large*, ed. Noel Minnis, London, Gollancz, 1971 , pp.139-158.

[2] Roland Barthes, *Elements of Semiology*, English trans. by Annette Lavers and Colin Smith, London, Jonathan Cape, 1969 (originally 1964), p. 41.

重面向。我们稍后会详述这一点。

在这里还有一点需要作为恰当的补充。很有可能，作为人类秩序化活动对象的基本物质最初是凭借其“能量”的应用而被拉入人类世界轨道的。但是这些基本物质随后获得的多样形式以及围绕着它们产生的大量精细而复杂的用途与其具有的最基本用途之间几乎没有共同之处了。我们可以冒险假设，虽然某些人工制品被人类制造出来可能可以通过人类基本的非信息需求获得解释，但是它们分化出的各种形式及形成的错综复杂的系谱树则必须参照它们在与社会结构的关系（也就是与秩序化人类环境的任务之间的关系）中所起到的符号功能才能得以明确。汽车制造商疯狂的、在技术上（能量上）充满浪费的、无意义的想象力大爆发，可以作为最近的一则例证。如果汽车没有附属于其符号作用的阶层化功能，我们将会很难理解为何这种现代工业所生产出的精致产品通常在用过两年之后就会遭到淘汰。

综上所述，跟语言的情况相反，分析非语言的文化子系统，我们必须采用两个相互补充又相对独立的分析性参考框架。单一且同质的模型无法解释文化领域所有的经验现象。

（2）第二个限制涉及“简约法则”(law of parsimony)。人们经常认为，在自然语言的历史发展中最活跃的是日益增多的节约性因素；所谓的节约（economy）就是不仅那些未被意义的同构性鉴别支持的差异开始减少并逐渐消失，而且表达性对立(expressive oppositions）的替代类型也趋于固化，由此减少了对立模式的总数。叶尔姆斯列夫甚至从所有其他文化现象（除了少数领域，比如艺术或游戏）的对立面来定义语言：“(语言）如同一种结构，这种结构当中各类元素之间进行相互交换”[①]。这里的核心词“交换”意味着在表达层面出现的差异与“内容”层面可识别的差异相一致。叶尔姆斯列夫的观点是不被意义的同构性鉴别支持的表达性对立只是“附带模型”（extra-model）和表面现象，而并不是语言学事实本身，反之亦然。

即使是在自然语言中，这类冗余（不应与其他类能够保证信息正确解码、运行良好的冗余相混淆）的总量也相当令人印象深刻。著名的布拉格学派创始人特恩卡（B. Trnka）指出，每种语言当中都有大量这样的音素（phonemes），“它们之间互补性地分布，并且不存在两个音素同时出现的情形”。这意味着“它们已存和潜在的区分词语的能力还未被利用”。特恩卡甚至得出结论，“严格来讲，音素的真正功能并不是避免混淆词语间的意思，而只是在音素本身
之间作出区分”[②]。音素所具有的大部分潜在的区别功能在每一种现 73
存的语言中始终没有用到，这意味着只要面对表达层面的一组对立，我们就有权怀疑但却不能因此确定在内容层面上存在一组“交换”的对立。哈里·霍耶尔（Harry Hoijer）从每种语言中存在大量“遗迹”和古体（archaisms）的角度也抨击了同样的主题：

> 在很多印欧语系语言当中都存在将名词分为三大类的结构模式：阳性、阴性和中性。这种结构模式并没有可识别的语义关联，无论它最初具有如何的语义上的含义（这还未必），但如今显然，这种模式只作为一个语法工具而存在，它在功

① *Le Langage*, French trans., Paris, Éditions de Minuit, 1966, p.135, by Michel Olsen.

② B. Trnka et al., ‘Prague structural linguistics’, in *Classics in Linguistics*, ed. Donald E.Hayden et al., New York, Philosophical Library, 1967, p.327.

能上具有重要作用，但缺乏语义学价值。①

然而，无论关于语言在这方面还有何种表述，不受“简约法则”约束的情况在非语言的文化子系统中更为常见。对于任何特定时期的任何特定共同体而言，对于文化项目（cultural items）的辨别通常来讲都远超出实际需要。每种文化中的经验现实可以说充满“漂浮”的符号，等待着被附加含义。这至少部分地取决于非语言符码的特定情境：尽管所有以地缘结成的共同体基本上都只使用一种语言，但是共同体会同时暴露在相互交叉的文化符码之下，这些符码按理来说是相互分开的，却往往由同样的人来使用，尽管是在不同的角色情境中。这些符号在既定的边界上自由漂浮，但一旦与其内在制度化的情境系统切断，它们就丧失了与其原本含义的“交换”纽带。②唯一可以供特定共同体成员在使用子文化符码时共同参照的语义框架是作为整体的共同体的社会结构。的确，一些在“专门”的制度化子符码内部具有含义的符号也能在共同的“总符码”中获得额外的可识别性特征（比如对于来源于“专门”的子符码框架的符号，往往也标明了它在整个社会分层中的位置)，但这绝不是一个普遍规则。另外，虽然人类的创造力从很大程度上说是由对新符号取代旧符号的需求激发的，旧符号因频繁使用而被耗损，但不能仅被归为这一个原因。至少部分是由于具有自发性和无目的性的特征，人类的创造力生产了大量超出其实际语义需求的文化项目。这些文化项目都是“可能”（would-

① ‘The Sapir-Whorf Hypothesis’, in *Culture, Language and Personality*, University of California Press, pp.97-98.

② 参见安伯托 · 艾柯（Umberto Eco）对“裂变”现象的重要讨论（‘Lowbrow highbrow, highbrow lowbrow’, *Times Literary Supplement*, 1971 , p. 1210)。

be）的符号，是潜在的符号，而在当时并不会与人类现实结构中任何真正的特征相“交换”的符号。再者，传统所发挥的作用也是巨大的——借由文化“遗忘”的延迟而发挥作用。任何文化的发展不仅在于发明新项目，同样也在于选择性地遗忘旧项目：那些随着时间推移已经超出本身的含义，但也没有新的语义功能像流连于可理解但无意义的历史废墟那样依附于其上的符号。然而一些项目在被剥夺意义很久之后仍久久不愿消失。它们的幸存只是 74
因为一个系统的改变和社会化的习俗之间的非同步性，从而挑战了功能主义者对所有现实事物都有效用的信仰，同时支持了涂尔干主义关于集体精神的迷思。

简言之，在文化的经验现实中并非所有元素都能通过参考它们的符号学作用而获得解释。我们需要重申，从实际的语义功能的视角研究文化并不能穷尽其经验存在的丰富性。

（3）从语言的交流性本质可以得到进一步的结论，即言语行动可以被定义为由表达信息的**意图**引起的事件。安德烈·马丁内所带领的法国语言学家团队更是将语言定义为一种“极为广泛，并且至今未被完全划定边界的社会现象，这类现象通过交流的意图定义自身并可以对照行为准则来检查”。根据他们的观点，这暗示着交流的意图并不能单独界定语言，而另一种观点则从反面证实了这一点：“在艺术被视作一种语言之前，有必要仔细弄清艺术家们首先是寻求交流，还是仅仅表达自身。”[①] 将交流的意图作为语言现象典型特征的观念在学者的脑海中是如此根深蒂固，以至于当列维－斯特劳斯最初尝试将亲属系统的语言学本质揭示出来

① *La linguistique*, sous la direction d' André Martinet, Paris, Denoel, 1969, p. 165.

时，似乎认为亲属系统试图以自身的象征方式，来实现输送女人或者用女人与男人进行交换。[①]

现在似乎很难确定是否**交流的功能**确实最为普遍，而人类社会中所实行的其他更具体的功能则是从属和特殊的。然而只有当我们以现代系统论的精神而非按照“将某物通过某人传递给某人”这种传统中的“交换”来定义交流时，交流的功能才可能是最普遍的。现代系统论将“交流”的概念与“依存”“秩序”“组织”的概念联系在一起。这些概念又被定义为某种施加在事件的原本不受限制（比如无组织的、混乱的）的空间之上的限制。[②]假设有两个元素，如果第一个元素在第二个元素处在一种既定状态时并不会出现所有可能的状态，那么可以说这两个元素属于同一个系统（即二者之间可以相互交流）。用更具描述性的语言来说，一个元素“影响着”另一个元素可能呈现出来的价值。

简单来讲，只要是对潜在的、可能发生的事件或者事件的发生概率施加某种限制，我们都会谈到交流。只要一系列事件被秩序化了，从某种程度上说也就意味着可预测了，我们都会谈到交流。如果现在我们的视角是从社会学走向结构语言学而不是相反，那么我们会将整个人类活动视作一种对人类的生活空间进行秩序化、组织化并使之成为可预测和可管理的努力，这样一来语言也就作为一种为了达成这一总体目标而发展出来的工具，一种狭义
75 来讲仅作为交流手段的工具。不像所有文化事物那样可以将自身

① Cf. *Structural Anthropology*, English trans. by Claire Jacobson and Brooke Grundfest Schoepf, New York, Doubleday, 1967, pp.44-45.

② Cf. for instance W. R. Ashby, R. W. Sperry and G. W. Zopf in Foerster and Zopf (eds), *Principles of Self-Organization*, Oxford, Pergamon Press, 1962.

细化为一套交流功能包含在语言当中，语言本身变成了实现秩序化的总体努力的众多工具之一，这是由作为整体的文化促使的。这种针对语言及其功能的社会学方法并不违背索绪尔自己的原初意图，至少在他的一些追随者看来是这样的，安东尼·梅耶（A. Meillet）[①]在这些人当中最具代表性。

为了避免“交流”（communication）这个词的含混性带来的误解，最好用“秩序化”（ordering）指代文化作为一个整体具有的高级功能。语言行为的直接效果就是在某种程度上对信息接收者的认知领域进行整理；作为结果，某些其他动作上的行为随后就会跟上，这些行为会组织自身的行动空间——不过，这些行为虽然是言语的后果，但并不完全属于语言的范畴。另外，从更广泛的意义来说（纯粹的语言学行为可以归入其中），文化事件只有在特定的秩序化完成之时才算完成。文化惯例中致辞和问候的礼仪，通过传递何种模式的行为是合适的以及激励参与者选择这种模式而非那种模式的信号，为随后的互动组织了行为上的空间。每个参与者都会意识到某种特定的模式可能会被其他参与者选择，这种知识使他能够在向他开放的选择框架中规划自己的行为并掌控全局。

这种通过限制来实现秩序化（ordering-through-limitation）的特定社会－文化路径与人类的一个首要特征紧密相关（correlated）[②]，即个体在集体中所处的位置与其生物学上的“先天”条件之间的联系是间接的（mediated）。这就意味着个体的“社会”

① ‘Le développement des langues’, in *Linguistique historique et linguistique générale*, vol.II, Paris, Klincksieck, 1936, pp.75 ff.

② 我希望强调的是“相关”（correlated）一词在这里的用法，而非“决定”与“被决定”。二者之间的关系会让人们更多地想到控制论学者所称的“正向反馈”。

地位并非是由其先天禀赋全然决定的，尤其是身体上的强壮和勇猛；反过来也意味着先天遗传或后天发展这两种情形中个体特征在自然的框架中的生物学指征变得与社会无关，如果不算误导的话。一个拥有强壮肌肉的码头工人如果是一群鹿或者一群鸟的“啄食顺序”（pecking order）①中的一员，那么他的肌肉肯定能保证他获得最受尊敬的地位，然而在人类社会中将他的肌肉作为其地位的标志则完全是误导性的。

这种间接性始于工具的产生，此后人类就一直让自然中没有的人造物和制造它们的活动包围着自己。这些造物一旦被创造和使用，就通过完全改变个体的行动能力破坏了自然秩序与社会秩序原本的同源性，并创造出一套环境性的机会和可能（probabilities）的新安排。由此，一个决定性的、适应性的价值就交给了特定社会关系网络（在这个语境中主要指“非自然的”）的定序（ordering）和定向（orienting）。②

作为一项规则，人类境况的两个条件——定序和定向——被置于两个独立的标题下，即社会结构与文化。③何种情况导致了

① 啄食顺序指群居动物通过争斗取得社群地位的阶层化及支配等级的现象。在鸡、蚂蚁、蜂类、鸟类等动物中，社会等级高的个体有进食优先权，若有地位较低者违反此原则，则会被啄咬警告。——译注

② 除了工具的使用与社会－文化秩序的出现之间的紧密联系，在工具的发展水平与社会－文化调节系统之间也存在密切的关系。威廉·埃利奥特（William G. Elliot Jr.）曾经指出过一个很好的现代例证：“如果没有汽车，公路标志可能仍然是原始的、地方化的和高度个人化的。汽车极大地扩大了旅行的范围，并且将大众引入了个人旅行的新时代。同时，它不仅创造了新的危险，同时也创造了改进为那些从新公路上去到遥远地方的陌生人所进行的指引的大量需要。”（‘Symbology of the highways of the world’, in *Symbology*, Art Directors Club of New York, 1960, p. 50）

③ 以下观点是这种传统范式众多呈现方式中的一种。贝德尔曼（T. O. Beidelman）讨论了“文化与社会之间的相互作用”，将其看作“意识形态（通过宇宙观和道德规范展现出来）与社会行动（通过对这些规范的遵守和违背展现出来）”之间的相互作用（‘Some sociological implications of culture’, in *Theoretical Sociology*, ed. John C. McKinney and Edward A. Tiryakian, New York, Appleton-Century-Crofts,1970, p. 500）。

一枚硬币不可分割的两面长久以来被分为两个失去关联的概念框 76
架，这还需要进行历史研究，然而无论原因是什么，学者们都已经为解决这个只要仔细观察就会发现是虚假和人为的问题投入了旷日持久、入不敷出的努力。在与广为人知、纯粹是将认识论差异实在化的人文倾向保持一致的过程中，原本被创造出来用于“描述”人类秩序活动的两个不可分割的面向被当作了两个具有本体性差异的存在。

我们打算从以下主要事实出发，即人为环境替代自然环境意味着人为（非自然的、非人类活动单独创造）秩序替代自然秩序。“秩序”是一个分等级的（graded）概念，其水平或有序性由可预测的程度来衡量，比如通过系统承认的事件发生概率的标记与系统试图清除的事件发生概率的标记之间的差异性来衡量。换言之，定序意味着将理论上可能发生的事件的宇宙分成两个独立的事件子集：一类是极有可能发生的事件，还有一类是几乎无法预测的事件。定序驱散了事件的预期过程中的某种不确定性，但不确定性仍然存在。除非能从一个无限多项的序列中挑选出有限数量的“合法”（legalized）选择，否则这个过程无法完成。这种对系统有序性实现的方式的理解正是博厄斯著作的基础，他曾评述过在秩序产生和秩序维持过程中“规范”（norm）所具有的统计学意义和道德意义之间的紧密关系，尽管人们已经忘记。他说：

> 这些习惯是约定俗成的，其他的则不是，这个简单的事实就足以作为排除那些非约定俗成行为的原因……礼节的观念仅是来自这些行为的连续性和机械重复，这就带来了这样

> 一种看法，即违背习俗的举止都是异常的，且因此也是不得体的。在这种关联中可以看到，不好的举止总是伴随着更加强烈的不快之感，之所以如此，在心理学上是因为这些行为与已经成为习惯的行为相违背。①

让我们把注意力转向这样一个事实，即博厄斯并没有在秩序建立（order-establishing）和秩序定向（orientating-in-order）之间作出区分，可能是默认我们不知怎么就喜欢和偏爱评价习惯性的和可期待的事物，却讨厌和排斥异常性的和突发性的事物（这是一个已经得到心理学家充分证实的推测）；而且人类的这一能力可以同时解释对秩序的需求和文化所具有的导向功能的效率所在。仅一个手段就足以同时实现两个目的：(1) 有序化（结构化）意味着使被有序化的部分具有意义，比如达到一种状态，使得一些特定的事件通常都遵循某种特定条件；(2) 使得那些理解这个部分意义的人知道这些事件一定会遵循这些特定条件。也就是说，当且仅当这些人拥有关于这一有序部分动态趋势的信息时，这个部分才对这些人有意义。对这个有序部分完全确定所需的信息量
77 与假定这个有序部分是完全“无序”所需的信息量之间的差异（divergence）衡量了“有意义”的程度。

直到现在，我们还没有在概念上区分人类有序化努力的两个方面：一是将意义带入原本并无意义的领域；二是提供一些标记，用来向能够读懂它们的人标明和显示意义。这种双管齐下的努力

① Introduction to *Handbook of American Indian Languages*, Smithsonian Institution, 1911; reprinted in D. E . Hayden et al. (eds), *Classics in Linguistics*, New York, Philosophical Library,1967, p. 220.

的两个方面似乎可以在同一个分析框架下来描述和理解。问题是，除了需要分析秩序化活动的框架之外，是否还应该引入其他的参照框架或概念集合来解释社会－文化关系。其实世界的有序性对生存于其中的人类而言是极其重要的，以至于将有序性归为具有目的本身的价值也完全合理。若非多余，几乎不需要通过指出一个所谓“为使世界具有意义”服务的目的来为上述需要寻求进一步解释。

因此，文化的逻辑是自我规制的系统（self-regulating system）的逻辑，而不是编码的逻辑或语言的语法生成逻辑——后者是前者的特殊情况而非相反。紧跟着的是最重要的结论：我们（在对文化的非语言领域时）只有推断语言的最普遍特征才是正当的；正是这些特征将限定在自身范围内进行的语言学互动描述为一类更加包容的自我规制系统。因此我们最好直接向系统理论寻求灵感。然而这并不必然意味着我们要停止学习语言学对符号化本质进行分析所获得的卓越成就，而意味着在允许自己从语言学的成就中获得启发时意识到这并不比通常的类推法具有更多的论证力量。

（4）日常使用的“符号”（sign）仅意味着以某些事物代表某物（*aliquid stat pro aliquo*），而研究者们对于“意义”（meaning）的关注从传统上讲则转向了某物在何种条件下“代表”其他事物。行为主义对符号进行解释的漫长发展线要从约翰·华生（John Watson）开始，中间经历了 C. K. 奥格登（C. K. Ogden）、艾弗·理查兹（I. A. Richards）和查尔斯·莫里斯（Charles Morris）的经典作品，到查尔斯·奥斯古德（Charles E. Osgood）这里，他于

1952 年在学习理论（the theory of learning）的启示下，将符号定义为“在一个有机体中进化而来的调解反应，这种反应作为由客体引出的整体行为的极小一部分，能够产生调解反应特有的自我刺激，如果没有前在的非客体与客体刺激模式之间的联系，这种自我刺激就不会发生”[①]。由此，从行为主义的观点解决意义的问题就是显示出通过联想“客体”，一个“非客体”唤起了类似于受到这个客体刺激而作出的反应。对于一个会被行为主义者称为“心灵主义者”（mentalist）的心理学家来说，“代表”（standing for）意味着“发出”（sending to），这在本质上区别于它在被使用时的
78 行为主义定义，但它仍包含在会困扰任何心理学家的问题的范围当中：一个符号仅是对某人来说已经是或变成了一个符号的东西。正如我们之前看到的，对一个社会学家或“文化学者”来说，主要问题则就不同了：“某物”如何获得非自然、非本有的力量来代表其他事物，从而发挥一个符号的作用呢？严格来讲，这就是社会－文化学家的问题更接近结构语言学家的问题的原因。结构语言学家要解决的问题正是，一个“非客体”对一个具体的“客体”而言不是引起“自然”反应，而是能够引起所有可能的反应所必须满足哪些条件。

一些语言学家更进一步区分了据说是隐藏在两个问题背后的两类截然不同的信息。根据贝奇尔·马姆伯格（Berzil Malmberg）的说法，一条消息（message）[②]可以说以一种双重的方式包含着

① Charles E. Osgood, ‘On the nature of meaning’, in *Current Perspectives in Social Psychology*, ed. E. P. Hollander and Raymond G. Hunt, New York, Oxford University Press,1963.

② Berzil Malmberg, *Structural Linguistics and Human Communication*, Heidelberg and Berlin, Springer Verlag, 1967, p. 31 .

信息 (information)。首先它有它的“意义”，这是传统上对这个概念流行的解释。但是信息也可能隐含着我们这里所说的区别性信息，也就是说它的区别性特征使得接收者可以识别符号——具体来说是它们的表达层面，因此这个信息并不必然地隐含对消息的理解。类似象征、传递信息的奥秘首先在于符号－载体自身内部的关系（根据查尔斯·莫里斯的经典三分法，也就是句法上的关系）。兹韦金采夫（V. A. Zvegintsev）甚至认为这样定义语言更为恰当，即具有一种特异的互为符号（intersign）关系的、最为发达和专门化的符号体系。正是因为这种关系，语言才扮演了以下角色：“一种分离工具，一种出现在人类言语活动中的分类系统……将我们感知和感觉到的这个连续统一的世界分成独立的单元，语言为人类提供了可以通过言语交流的手段。”①

在此，我们碰到了符号的第一个重要特征即它们是相互分离、独立且互不相同的，并且正是因为不同它们得以起到符号的作用，得以被作为符号而感知，得以“代表”和“发出”。现在可以清楚看到，将关于符号的讨论限制在符号与其所指客体之间的关系具有多大的误导性了。研究一个单一符号和这个符号所指的单一客体之间的关系是无法理解符号的本质的。我们当然无法在“单一符号—单一客体”的对应性框架中发现作为符号首要典型特征的分离性和差异性。为了使对应性成为可能，符号必须事先进入它们之间的某些确定的关系当中。

雅各布森反复强调是皮尔士发现了意指（signifying）（比如

① V. A . Zvegintsev, *Teoreticheskaya i prikladnaya lingvistika*, Moscow, Prosvjeschtchenie,1967, p. 421 .

有意义的现象）的初始条件。正是他坚持“为了使自身能被理解，符号——尤其是语言符号——不仅要求两个主角参与到言语行动中，它同时也需要一个解释者……这个解释者（*interprétant*）的功能是装满其他符号或一系列符号，这些符号与当前的符号一起被
79 给出，或者可以替换这个符号”①。这个问题近来最典型的论述是格雷马斯（Greimas）在他相当直白的构想中作出的：“意义是以关系的存在为先决条件的：术语之间关系的出现是意指的必要条件……必须找到在结构的层面而非元素的层面的基本的意义单元。”②安德烈·马丁内及其门徒甚至更加明确和肯定地指出：“消息本身并不能传递信息，信息是通过它与对应消息的关系来传递的。”③

皮尔士敏锐的猜想随着时间的推移被现代信息论支持和证实，并成为对符号和意指功能的现代理解所不可撼动的基础。单独的一个符号完全没有意义，有意义的是在同一个地方可互相替代的符号之间的差异。因此，任何信息是且可以根据一个特定符号的在场或缺席而被表达，而不能由其自身的固有特性而被表达。这反过来意味着符号所具有的最重要的决定性典型特性恰恰是可以使之与其他可替代性符号相区别的特性，并且这一区分能力是在表达信息的过程中唯一重要的事情，比如在将混乱变成有意义的系统，或者更通俗来讲在降低不确定性的程度的过程中。

现在可以说，如果人类文化是一个意义系统（而且必须是，如果对人类环境进行秩序化以及对人类关系进行模式化是它普遍

① Roman Jakobson, ‘Le Langage commun des linguistes et des anthropologues’, in *Essais de linguistique générale*, Paris, Éditions de Minuit, 1963, p. 40.

② A. J. Greimas, *Sémantique Structurale*, Paris, 1966, pp.19, 20.

③ *La linguistique*, sous la direction d’André Martinet, Paris, Denoel, 1969, p.155.

被承认的功能)，那么自此对意指本质的探讨在这种背景下就完全具有相关性了。这意味着独立地通过与其他项目分隔开来的方法分析一个文化项目以建立起它的意义，有时是完全不相关且经常是片面和有局限的。但这恰恰是从马林诺夫斯基开始的功能主义者通常做的。他们要么像马林诺夫斯基那样尝试通过将文化现象与个体必须满足的需求联系起来以解释文化现象 [对于这个习惯，乔治 · 巴朗迪埃（George Balandier）正确地反驳道：“马林诺夫斯基给予所谓‘基本’需求的地位，可能会鼓励我们通过将社会－文化秩序还原为心理－生理秩序这一程序（从科学的角度来讲非常随意且非常可疑）来解释社会现象。”①——的确如此]，要么就忠于涂尔干的传统，为“需求的系统”塑造一个拟人化的概念以宣称每一种文化模式都具有一个合理的功能。两种方法都明显跟将意义与符号间的对立联系起来而不是将意义与单个孤立的符号联系起来的方法论主义（methodological imperative）相矛盾。一个符号的意义只有在其他符号构成的脉络而非某种非符号实体构成的脉络中才能变得清晰起来，因为只有在前一个脉络中所分析的符号与其他符号存在系统性的关联。

我们已经将注意力集中在了文化项目与文化模式在符号学作用上（传递信息）的差异，然而还不能下结论说文化项目在外在形式上的所有差别都必然是承载意义的。重要的只是那些可供替换的项目之间存在的差异，比如在一系列人类互动相同情境、相 80
同位置中可以相互替代的项目。这种符号学上的重要范畴存在于

① G. Balandier, ‘L’ Expérience de l’ethnologue et le problème de l’explication’, *Cahiers internationaux de sociologie*, vol. 35, December 1956.

两个人在相互攀谈时所采用的不同的行为模式之间，晚礼服和休闲服之间，超短裙和“普通”短裙之间，带有“禁止入内”标志和不带有“禁止入内”标志的门或者一扇门的两面中带有“禁止入内”标志的一面和不带有“禁止入内”标志的一面之间。这些都是“范式上相对立”的项目，比如在同一行为系列中可以相互取代的项目。每当两个文化项目处于范式上的相互对立，我们就可以逆向地猜想它们传递的是一些非符号现实的信息。在采用任何范式上相对立的项目或模式之前，情况都是不确定的，因为在某种程度上来说每个项目都有可能出现；当其中一个而不是其他项目出现时，不确定性就降低了，由此秩序得以建立。

根据特鲁别茨柯依提出的著名的类型学①，一组有意义的对立中双方的差异可能存在于以下三个方面：其一，除了双方的共同部分之外，每一方都拥有另一方没有的要素，这就是“均等对立”（äquipollente Oppositionen）；其二，每一方都在不同程度上具有相同的特性，这种叫“渐进对立”（Graduelle Oppositionen）；其三，称为“剥夺性”（privative）对立，“即其中的一方以先在的标记为特征，另一方不以先在的标记为特征”。这种类型的对立中，双方相应为“有特征的”（merkmaltragend）和“无特征的”（merkmallos）（特鲁别茨柯依），“有标记的”和“未标记的”（“语言能满足于某物与空无一物之间的对立”——雅各布森）②，以及内涵的和外延的（叶尔姆斯列夫），尽管这一类对立不如均等对立出

① Cf. ‘distinktive’ und ‘delimitative’ Funktionen in N. S. Trubetzkoy, *Grundzuge der Phonologie*, Göttingen, Vanderhoeuk und Ruprecht, 1967, p. 67.

② ‘Signe zéro’, in *Mélanges de linguistique, offerts à Charles Bally*, Geneva, 1939, p. 144.Reprinted in E. P. Hemp, F. W. Householder and R. Austerlitz (eds), *Readings in Linguistics*, II, University of Chicago Press, 1966, p. 109.

现的频率高，但其所具有的特征应当引起文化研究者的关注。最重要的特征在于未标记的一方具有一种“双重含义”，即它要么“代表”整个范畴，要么“代表”其中的一部分——将已标记的一方“去除”之后余下的部分。由此，未标记的一方表示了实体的确定范畴，但不表示任何确定特征的存在或不存在（也就是对这种特征保持中立），因为这种特征的出现是由标记的一方意指的。约瑟·哈罗德·格林伯格（Joseph H. Greenberg）着迷于“人类思维中这种趋势的普遍性，即将一对对立范畴中的一方作为未标记的，以便使它要么代表整个范畴，要么优先（*par excellence*）代表已标记范畴的对立方”[①]，他甚至宣称剥夺性对立是最相关的“语言共性”之一。

我们有理由认为“未标记的－标记的”对立，不仅仅是一个特定的语言学策略，还是人类秩序化活动的一种普遍形式，在文化的整体运转尤其是其动力学方面发挥着重要作用。顺便一提，这种奇特的对立类型导致数代人类学家忽视了文化实体的独特功能，而引诱他们集中精力分析相互孤立的项目。之所以会这样，正是由于这一对立形式的性质使然——未标记的一方只有在它与已标记的一方刻意相遇时才会展示出它的“未标记性” 81
(unmarkedness)。通常我们不会感到未标记部分具有区分性；它向我们表示出事物的“常规”和普遍状态，也就是统计学意义上的“规范”，这一规范的普遍性激发了一种默认，那就是必然存在某种“普遍的人类需求”使得特定的未标记的范畴成为必需和必

① In T. A. Sebeok (ed.) *Current Trends in Linguistics*, vol. III, The Hague, Mouton, 1966, p. 72.

然。未标记是一个背景，而不是一个特别的特征。我们为“超短裙”起了一个特殊的名字，但并没有给剩下那些普通裙子起名；我们准备承认超短裙以某种方式将它们的穿着者区别出来，它们传递了一种特定的信息并且承载着特殊的符号价值等，然而同时这几乎很难发生在大多数普通裙子上，因为超短裙也具有普通裙子的特征；至于普通裙子，我们一直相信它们起到了一些纯粹满足生理需要的功能（比如维持体温），也许还有一些模糊的道德功能，这些很普遍的特征很难使人们怀疑它们具有派别歧视（sectarian-discriminating）的特征。超短裙需要一些时间来变成广泛的和“规范的”，以成为一个新的符号学意义上的中性背景，并且按照它们的出现频率来划定所谓“正常”的边界，并可能被剥夺全部的区分性资格。这样一来“长裙”（maxi）的出现才可能赢得胜利。

在维克多·马蒂诺夫极具启发性的著作[①]中我们找到了如下假设。如果一个与符号学相关的句子的核心结构是 SAO（Subject-Action-Object，主语－行为－宾语），那么通过修改这个结构中三个组成部分中的一个，我们就可以从句子 V' 过渡到 V"。“修饰成分”（modifiers）就是那些被加在两端成分其中一个之上的新符号；“具象成分”（actualizers）就是被加在中间那个成分之上的符号。让我们注意一下，被修饰和被具象的成分都与它们此前的版本即“标记的”符号和“未标记的”符号有关：S" 是 S" － S' 这组对立中被标记的成分。事实上这是唯一能够创造新意义的方

① V. V. Martynov, *Kibernetika, Semiotika, Lingvistika*, Minsk, Nauka i Technika, 1966, p. 72.

式；通过切掉之前没有区分性的范畴的某些部分，通过从一个更大的集合中的一个特殊子集中提炼专门的特征，这个方式得以实现。有时旧符号会在吸收它们的修饰成分或具象成分（当它们经常被一起使用）时改变自己的外形；这个过程被伊萨琴科（A. V. Isatchenko）[①]称为“语义浓缩”（semantic condensation），并且这个过程可能至少要为任何尝试追溯多样化符号的共同根源时经常遇到的困难承担部分责任。尽管如此，人们仍倾向于怀疑，给既存符号“添加标记”（修饰成分或具象成分）（即将更为精致、微妙和更具区分度的特征引入此前未分化的范畴）为符号学编码的衍生化和丰富化提供了不是唯一也是最主要的途径。维克多·马蒂诺夫也注意到已标记的部分以它们在核心结构中的“漫游能力”（wandering capacity）为特征：修饰成分能够变成具象成分并且反之亦然（人们在办公室里应该尊重年长的人——人们应该在办公室里尊重年长的人——在办公室里人们应该尊重年长的人），这意味着这一整个（*in toto*）关系中相同或相似的“被标记”的意义可以通过标记动作的主体、客体或者动作模式本身得到可替换的表达。

现在可以发现，在维克多·马蒂诺夫所分析的句子的核心结 82
构与纳德尔（S. F. Nadel）[②]所分析的社会关系（社会制度化角色之间的关系）的核心结构之间存在显著的相似性。行为模式与对应的社会角色之间不仅是内在关联的，事实上它们是对同样周而

---

① Cf. A. V. Isatchenko, ‘Kvoprosu o strukturnoy tipologii slovarnowvo sostava slavianskich jazykov’, *Slavia*, 3 , 1958.

② Cf. S. F. Nadel, *The Theory of Social Structure*, London, Routledge & Kegan Paul, 1957, especially pp.22-26, 60.

复始的交流过程进行概念化的两种互补的方式。两个个体（或者更恰当地说，两类个体）之间关系的变化通过同时改变角色的社会定义及相应的行为模式而得以实现。实际上，我们可以假定一个被标记的、具有区分度的行为的子模式会在更宽泛的角色内部区分出一个新的、被标记的也是更狭义的子类别。社会结构分支中的新角色似乎被归类为一个新的、具有更加专门化和具体化功能的制度类别中。在从核心结构走向更加具体化的核心结构的过程中发挥作用的基本装置仍然是“修饰成分”和“具象成分”——简单来说，就是标记物（markers）和标记行为（marking）。

（5）目前，结构语言学的一个基本原理是表达形式对其所表达的内容来说基本上是任意的。用索绪尔的话来说，“能指”并非由“所指”促成。不是所有有声望的语言学家都同意这个主张。最先反对索绪尔极端观点的人当中有埃米尔·本维尼斯特（Emile Benveniste），本维尼斯特指出：“能指与所指之间的联系不是任意的；相反，这种联系是必然的……它们一起印在我的脑海中；它们同时唤起对方。”[①] 今天雅各布森也表达了同样的观点，其核心主张是在“思想”或“观念”与音素集之间存在非常紧密的联系，并且只有通过音素集思想才得以表达和传递。特定声音的发出如果得以正确破译会引起特定的思想，并且这一思想只能以公认的表达形式才能存在，而它的存在是通过“能指”来传达和完成的。

无论这个问题在语言学领域中多么具有争议，在社会－文化现象中“文化符号”及其对应的社会关系在大部分情况下无疑是

---

① ‘Nature de signe linguistique’, *Acta Linguistica*, 1939. Reprinted in *Readings in Linguistics*, vol. II , ed. P. Hemp et al., University of Chicago Press, 1966, pp.105-106.

相互激发的，二者并非任意地指向对方。它们之间的相互关系当然呈现了光谱的全部范围，从完全随机的基因特质交汇到身份认同的那一点。但是接近这一连续体另一端的关系的发生频率引发了对社会学与“文化学”（不管它的正规名称是什么）之间边界的无数次侵犯，并且最糟糕的是很多精力被浪费在诸如社会的“终极本质”到底是文化的还是社会的这样的假问题上。事实上所有的人类生活现象在本维尼斯特或雅各布森的意义上都是社会－文化的：被称为“社会结构”的社会相互依赖网络除了以文化形式存在，难以想象能以其他形式存在，虽然大部分文化符号的经验现实和社会秩序的产生都是凭借已建立的限制所完成的。翁格豪尔（Ungeheuer）的著名定理“只有信号主体才能在‘通道’中流 83
通”[①]显然与广义上的交流的情况无关，但解释了大部分的社会－文化现象。当选择一种特定的文化模式时我们在一个既定的社会行动范围内创造了相互依赖的网络，这个网络可以概括为一个社会结构的整体模型。除非通过文化模式的可利用资源，否则我们不可能以其他方式将任何事物纳入这个概念。社会结构凭借永不停息的社会实践过程而存在，而且是因为社会实践是由一些有限数量的文化模型模式化的这个事实，这种独特的存在才成为可能。

如果用一句简短的话来概括“结构主义的纲要”，我认为是它意图克服社会学分析中众所周知的二元性，但同时又拒绝滑入二元性中任何一端的诱惑。最近有人尝试将结构主义的方法适用在传统的唯心论者的风格中，他们所用的唯一策略就是将唯心主

① G. Ungeheuer, ‘Einfuhrung in die Informations theorie unter Berucksichtigung phonetischer Probleme’, *Phonetika*, vol. 4, 1959, pp.95-106.

义所诠释的“意义”王国假定为文化符号的语义学领域。我相信，只有当人们能够明白语言学分析中符号学领域所起到的作用，可以将其应用在人类关系世界的社会结构中时，结构主义的承诺才能从可能变成现实。

第三章

作为实践的文化

87 正因第一章所叙述的缘由，英国人类学家很少使用文化的概念；不同于那些发现“文化”一词能被很便利地用来描述他们听来的与文化有关的事物的美国同僚，拉德克利夫－布朗或埃文斯－普理查德这一代人类学家则成功地从社会结构的角度解释了他们所看到的东西。雷蒙德·弗思（Raymond Firth）将社会结构这个英式概念的传统用法恰当地总结为：社会结构是很大程度上的社会结盟，也是很大程度上的社会关系，“这对社会成员的行为似乎起到十分重要的作用，以至于如果这些关系停止运转，社会就不能说是以社会的形式存在了”[①]。这样一个明显的直觉性定义有很多启发性的效果值得一说，虽然其中的关键措辞还不是很明确，而且未确定决定性的边界，但其基本意图是足够清晰的。如果考虑到这个定义事实上是通往一种社会整合理论（a theory of social integration）的十字路口上的重要路标，那么它确凿无疑是清楚明白的。一个社会的特性最终或多或少根植于社会关系的恒定网络，这个社会的“社会性”本质首先包括一个凭借人们之间的互动发展并维持下来的具有相互依赖关系的网络。社会关系本身是实际互动的“硬核”（因为社会结构是社会组织的硬核，是“在共同

① *Elements of Social Organization*, London, 1951 , p. 42.

体中所有事情随着时间推移逐渐完成的那种方式”的硬核）。[①]它们是社会实践经久不变、跨越时间的骨架。事实上它们也是漂浮的事件外表下的稳定的核心和模式。在相当长的一段时间中，大部分英国人类学家似乎对这个折中的理论承诺很满意，他们很少（如果不是完全没有）会问这些模式最初是怎么产生的，或者就此而言这些模式的真正本质是什么，以及是什么让它们保持“运转”。结构的概念，其实从语义上讲和凝聚（cohesion）与平衡（equiliblium）的直觉性含义足够接近。埃文斯－普理查德使得这种联系格外明确；对他来说，“结构”的用法“隐含着某种部分之间的连贯性，至少达到任何开放的矛盾和冲突都得以避免的地步，并且比人类生活中大部分转瞬即逝的事物都要持久”[②]。然而仍然无人提及这种连贯性的源头以及这种永恒性的原因是什么。如果这个问题是从系统的角度提出的，那么问题的答案很可能与涂尔干的“社会行动”（societal action）相差不远，无论是以集体意识（*mentalité collective*）的形式，还是不那么形而上的仪式、习
惯、传统的社会化等形式。重点是无论被指出的是何种原因，它 88
们都可能无一例外为经验上可观察的人类互动的“物质化”肉身（“material” flesh）所刻画；这种对原因和驱动力的追寻可能很难使探索者们超越制度（institutions）的领域。

然而这种“超越”从一开始就是美国人类学的天然领土。尽管美国人类学家明确讨论了社会结构的概念（相对于英国人类学家而言，他们中很少有人这样做），他们还是急忙强调了自己是从

① *Elements of Social Organization*, London, 1951 , p. 211 .

② *Social Anthropology*, London, 1951 , p. 20.

不同的角度来看的。对雷德菲尔德来说，社会结构“可以被看作一个伦理系统，它是关于什么是好行为的观念的有序安排”。他更愿意不把社会结构看作“人群的纽结——由社会网络也就是社会关系的绳索连接在一起，而是作为人们关于人与人之间行为的特有的、相互关联的思维状态”①。因此，社会结构被他简化为一套道德律令，一套规范和期望的整合，它取代了更为广义的（或者可能仅仅是不同的？）将社会作为总体的整合的问题。克鲁伯提出关于精神气质－文化表相（*ethos-eidos*）的深层－表层的二分法，实际上与拉德克利夫－布朗所提出的社会结构－社会组织关系相对应。他告诉我们，文化表相“是文化的外观，文化的现象，所有这些都可以被明确描述出来”，然而精神气质是那些隐藏起来为现象的外衣提供连贯性和规律性的更深层现实，是文化的“总体特性”，这种特性同时概括了“组成个体气质或性格的那种东西”，它也是“主宰文化的理想和价值观的系统，并因此倾向于控制其成员的行为类型”。以一种有些飘忽、幽灵般存在形式存在的精神气质是“渗透在整个文化中的特性——像是一种风味——与文化表相相反，不是由一些相互分离的部分装扮外表而成的总体”②。“实然”（ises）世界的根本基础因此转向了“应然”（oughts）的宇宙，可观察的现象层面在表面上的凝聚性奥秘在规范和道德评估的领域获得了确凿的解释。社会系统的出现和持续首先变成了一个精神交流、教育、道德教化及个性形成的问题。

英美人类学家之间的争论比两个意外分离的遗传漂变（genetic

① *The Little Community, Viewpoints for the Study of a Human Whole*, University of Chicago Press, 1955, p. 46.

② *Anthropology*, New York, Harcourt, Brace, 1948, pp.293-294.

drifts）短暂的相撞承载了更广泛的意义。它多少反映并概括了一场关于社会整合的长期并且至今仍悬而未决的争论，几乎所有主要的流派都卷入其中。这场争论反过来仅表现出了深深根植于人类最基本经验中的困境的诸多面向之一，并总是萦绕于人类自我反思的总体的周围，以复杂的哲学体系为一极，以对日常生活的常识性理解为另一极。因此，局限于原初争论的狭窄框架中似乎并不特别有助于解决上述争议。为了充分理解其重要性，必须从更广泛的视角来看待这场争论，最终立足于人类对生活历程本质上直观而又持久的感知上。 89

人类存在的不可简化的二元性或许是所有个体最普遍且永无止境重复的经历——至少对任何陷于充满理想与残酷现实相冲突的多元混杂的社会情境中的个体来说是这样的。哲学的大部分历史看上去就是在对这种二元性进行一种永无定论但又常是乐观的解释，这种解释是通过将多数情况归为同一种（从发生学或逻辑学的、认识论或实践的意义上讲）的原则进行的。这种二元性是我们从现实世界“接收”到的认知对象之一；这些认知对象似乎分为两个截然分隔的部分，在很多重要维度上都彼此区别。它们似乎拥有不同的“实体”和特定的“存在方式”；它们为自己增添信息，通过不同的认知渠道让自己向人类的洞察敞开；更重要的是，它们似乎能够容忍和认可不同程度的人类控制，并向人类意志显示出不同程度的顺从。除非加上一套解释性的概念，否则这种经验在本质上就是一种直觉性的、前理论（pre-theoretical）的和难以通过确切的话语形容的东西。由于每套解释性概念只有在一个选定的话语世界的语义场中才有意义，而且没有任何一个话语世界必然包括全部的人类经验，因此所有已知和看起来清晰表达的基本经验都注定是片面的。每种表达都将直觉上可获得的确定性“投射”到一个单独的参照面上；因为具有共同的根源，所有参照面都属于同一个家族——但是这些表达很快成长为自主的实体，以至于发展出它们自己的所谓的彼此无关的论证逻辑。因此我们面对的是哲学论证或科学论证这样表面上的独立领域，是被恰当地称为精神与物质、思想与身体、自由与确定、规范与事实以及主观与客观的这些问题。无论每种区分经由错综的定义达到了何种复杂和在学术上的精微程度，追溯到原初的、尽管连自身都无法说清的经验，它们都来自同一个系谱。威廉·詹姆斯（William James）似乎最接近于综合地领悟到这些多元面向组成的整体性，他告诉我们：我们感知到自己是这样的人，即“部分地作为被认知对象（known），部分地作为认知者（knower）；部分地作为客体，部分地作为主体”[①]。詹姆斯的**宾我**（Me）和**主我**（I）所处的背景很大程度上可以延伸到雅斯贝尔斯（Jaspers）、海德格尔和萨特的存在主义探索中所出现那些论证，它们也出现在梅洛－庞蒂、舒茨等对社会生活的本质的伪现象学探究中，或是行为主义者在心理学发动的鲁莽的革命中——然而只有早期的存在主义足够勇敢到放弃将二元性归纳为一个统一的公分母的努力，虽然结果并不是特别鼓舞人心。我在这一章中打算展开的主题是，文化－社会结构之争原本与那些源于人类存在状态的双重性本质（dual nature）之基本经验的问题属于同一类。

如果我们先忽视存在之二元性早期的哲学表现，那么现代哲

① *Psychology*, New York, World Publishing Co., 1948 (originally 1892), p. 176.

学对于这种与社会科学[1]的实践问题有关的困境的处理至少要追 90
溯到 19 世纪晚期德国的新康德主义。文德尔班在内在和超验之间作出的区分在这里起到至关重要的决定性作用，这集中（*in nuce*）体现在理解社会学（*Verstehende Soziologie*）、文化人类学和现象学哲学的基本思想中。文德尔班以超验与直接经验的关系来定义超验，由此“超验”的范围包括了整个经验世界，并且只有价值、“应然”和理想型留在了内在可接触的范围内。不过文德尔班还是小心地避开了“唯心主义”和“唯物主义”之间形而上争论的“不毛之地”。他在笛卡尔背离柏拉图遗产的地方提出他的问题。对文德尔班来说，内在性是除了超验性、经验性和物质性之外人类存在于世界的独有特征。因此，它被定义为某种有意义的东西，比如文化存在（cultural existence）。不同于物理现象，在内在性的、饱含意义的层面上存在的人类生活只有通过一种相似的、内在性洞察的方法才能被理解和评判；认识人类事务的方法论必须有效地对这些事务酬报以内在本质。“通过那些不能适用于物质现实的知识范畴，生活的独有特征才能被理解……意义、价值、目的、发展和理想就是这样的范畴……意义是一个综合性的范畴，生活据此而变得具有可理解性。”[2]意义的总体构成了精神领域（the realm of the Spirit）。这个领域既不属于现象世界也不属于个体心理学的世界，同时也不能为任何一方所穷尽。精神是超个体的，这就使得个体生命历程变得具有可预测性，因为这

① 由此我们将存在主义的原初表述搁置一边，尤其是克尔凯郭尔（Kierkegaard）的存在主义，因为它恰恰是与社会科学的“主体性本质”问题不相关的——这就相当于宣布不可能存在一种选择了这种存在主义作为方法论原则的社会学。

② Wilhelm Dilthey, *Patterns and Meaning in History*, ed. H. P. Rickman, New York, Harper & Row, 1962, p. 105.

个过程参与到了精神的运转中，潜入了由精神整体化了的意义之池当中。与很多社会学家所相信的相反，“集体表征”（collective representations）的奥秘早在被涂尔干发现之前就是那个时代欧洲思想中合法且重要的一部分了。即便是无意识的，我们也认为这种荒谬的不一致性是实证主义坚持将合理存在等同于类事件的（event-like）、经验的、知觉上的可及性从而产生的后果。从以上精神的存在特征的角度问出这个问题，不管怎样都会很难表达清楚，更何况是以文德尔班或狄尔泰的语言。精神绝不是个体意识的简单相加，意义也不是来自大多数人的意见。然而如果不可证实是形而上存在的典型特征，那么二者也都不是形而上的虚构物。正如李凯尔特（Rickert）所说，也正是胡塞尔详述的，通过不证自明的情感而不是感知能力，精神完全向人类的知识和理解开放。

因此，精神（*Geist*）而非灵魂（*Seele*）才是理解生活的真
正支点，也是理解全部生存能力的真正支点。当我们领悟一个社
91 会事件时所理解的不是他者的“灵魂”，因为如果将他者的灵魂
当作一种经验现象，那么它从本质上讲就无法区别于其他经验现
象，这样一来我们将无法获得对它的理解。我们只能理解渗入个
体“灵魂”的“精神”要素，因为我们自己也同等地参与其中，
同时也因为只有客观的、普遍的、不变的东西才是可以被理解的。
在不放弃自己的主权，也不被众多个体的“灵魂”吞噬的情况
下，“精神”仍然构成了每个“灵魂”的存在基础。用狄尔泰的话
来说就是：

> 每一种单独的生活表达在这个客观的思想领域中都代表一种共同特征。每个词，每个句子，每个手势和礼仪准则，以及所有艺术品和所有历史行动都是可理解的，因为通过它们来表达自身的人以及理解它们的人都有一些共同点。

因此：

> 一种文化中的固定的行为秩序使得问候和鞠躬可以通过它们之间的细微差别来表示某种对待他人的精神态度，并且能够在这样做的时候获得理解……作为规则，个体所理解的生活表达并不仅仅是一个孤立的表达，而是充满了人们共有的知识和与精神内容相关的知识。①

个体的精神态度之所以可以相互沟通，是因为彼此之间具有共同精神领域的联结，个体的精神态度在意义领域和人类的实际互动之间提供了中间环节及对它的理解。也许用词不同，然而这一思想与克鲁伯的精神气质具有惊人的相似之处，更进一步来说，与文化的概念在整个美国人类学通常使用的方式如出一辙。

的确，无论有没有这种相当尴尬的“精神”的思想，文化作为一个实体的形象都不能被化简为心理学现象，尽管文化使这些现象主体间性的（intersubjective）、交流性的能力成为可能。简言之，“精神”这个德国概念广泛且牢固地扎根在很多社会科学的传统中。具有代表性的是克鲁伯激烈地反对文化科学中的心理学还原主义，他一再强调“一千个个体不能独立产生社会”，嘲讽

① Wilhelm Dilthey, *Patterns and Meaning in History*, ed. H. P. Rickman, New York, Harper & Row, 1962, pp.123, 121 .

"文明只是一个心理活动的总和而并非超越这一总和的实体"的观点，并由此也就不认同"社会的可以完全归为心理的"[1]。正是克鲁伯付出的不懈努力，将文化之躯从其个体的、心理的桎梏以及具有"超有机体"本质的名义中解脱出来。这个论纲得到了很多人的全力支持，包括莱斯利·怀特。他在一段明显是释义涂尔干所一贯坚持的初衷的陈述中说："从科学性的分析和解释的立场来看，文化可以被看作自成一体（*sui generis*）的事物，作为依据自身的原则和规律来表现的一类事件和过程，因此只能由自身的要素和过程来解释。"[2]因此文化本身是一种现实，与人类世界的"硬的"、物质的组成部分以及"软的"、心理的、内省性的部
92 分都不相同。然而社会研究者是如何假设这种特殊现实的存在状态的呢？对于这个让人困扰的问题，答案也许可以分为以下三个大类。

第一类主要围绕涂尔干外在强制力（*tour de force*）的主张，外在强制力旨在将文化明确彻底地还原为社会。"在没有同时创造一种理想的情况下，社会既不能创造自身也不能再创造自身。"人类个体远不是文化事件的根本来源，他们"无法是社会性的存在，也就是说，他们在没有获得这种理想的情况下无法成为人"[3]。这种想法并不新鲜，可以追溯到帕斯卡和卢梭；但却是涂尔干给它披上了准经验主义的外衣，并且由此为这种本质上的哲学猜想铺平了一条通往社会学和人类学学术领域的道路。随后贯之以文

① 'The superorganic' (originally 1917), in *The Nature of Culture*, University of Chicago Press, 1952, p. 41.

② *The Science of Culture*, New York, Farrar, 1948, p. xviii.

③ *The Elementary Forms of Religious Life*, English trans. by J. W. Swain, London, Allen & Unwin, 1968, pp.422-423.

化之题的讨论内容都被涂尔干作为理想来处理，理想是“某种加在真实之上且超越真实的东西”，它通过与社会的存续的紧密联系也就是人类存在的本质的紧密联系，将自身强加于人类的思想之上。屈服于集体意识的压力并重视它的训诫，人类成为并维持着作为社会的一分子。我们可能会说文化已经完全成功地投射在社会的层面上，仅因为社会被整个填塞到文化的语义领域中。在涂尔干看来，实际上无论社会还是文化在历史和逻辑意义上都并非“最首要的”。二者融为一体，且只能用对方的术语才能描述清楚。

而文化与人格理论家则走向了相反的道路。他们试图将文化的整体简化为人类人格的总体。对卡迪纳来说，精神气质这个传统概念与“基本人格结构”的典型要素具有相同的范围。这个结构通过类似于涂尔干意义上的仪式和集体庆典而被不断创造并永存下去，然而卡迪纳从这个一般的大类中选择了一个有些不同的子类，在这个子类中的是弗洛伊德所相信的与塑造人类人格具有特殊关联的那些对象，因此他的注意力就集中在婴儿期的训练过程、个体的满足、挫败的产生和疏导方式。在删掉其文化理论模型的要素的过程中，文化与人格理论家接受了本质上被心理学家称为“黑箱”的东西——是介于经验上有形的刺激及其反映之间无法直接相接触的空间。与人格一样，文化是负责将刺激转化为合适的行为模式的机制。文化不能被简化为个体心理的多数状态——卡迪纳和他的同事小心地避免了这个克鲁伯定义的致命陷阱，因此再一次地强调，无论文化还是人格在历史或逻辑上讲都不分主次。它们融合为一体，并只有用对方的语言来描述才具有可理解性。

第三类是最初由马克斯·韦伯尝试的明显是方法论层面上的解决方案。从韦伯的作品中我们很难了解到文化存在的真实形态。
93 精神及类似暗示着形而上学的概念与他想建立社会学的科学地位的意图相冲突。然而，通过重点强调将“诠释性理解”作为科学性的社会学所具有的主要特征和社会学探究的特有对象，韦伯在他的鸿篇巨制《经济与社会》(*Wirtschaft un Gesellschaft*) 中站在了齐美尔的对立面上，在“主观上的意图与客观上有效的意义之间做出了一个鲜明的区分”[①]。然而，他与同时代由海德格尔学派代表的德国哲学思潮之间的主要区别在于，他完全抛弃了对于“客观上有效的意义”的存在形式的所有兴趣。上文中所体现的心理经验和精神之间的对立已经不复存在，双方都获得了一种现实的属性。韦伯的二分法在方法论领域中始终如一地保留下来。这种二分法生发于将社会学的客观性作为“理解的”科学的倾向，而且韦伯决定在不承诺任何特定的本体论立场的情况下解决这些问题。然而，任何单一的、不稳定的且偶然的心理经验对意义的超结构的无尽追寻都大量且长期在韦伯的探究中若隐若现。现在这在方法论的领域中导致了一种“理论上构建的纯粹类型的主观意义，这个类型的意义归属于一个既定行动类型的行动者或行动群体”，以区别于“既定的具体情况下的一个特定行动者的实际存在意义”。“这个意义适合于科学构建出来的纯粹类型的共有现象”，不仅不同于实际一员的“私人”意义，也不同于通过抽样调查统

① *Social and Economic Organization*, English trans. by A. M. Henderson and Talcott Parsons, New York, Free Press, 1969, pp.88 ff.

计得来的均值。事实上，不存在一条可以从个体的主观意义通向“理想类型”（ideal types）之建构的道路，这种“理想类型”代表着特定行动的客观意义，而且对于社会学家而言具有“清晰易懂且没有含混性的优点”。纯粹类型即使没有“实际成为行动者有意识的‘意图’的组成部分”，它在客观上仍然有效。理想类型必须“在可以知道这一行动是否会发生以及何种动机决定了它的发生之前”就要建构起来。由此，客观意义相对于主观意义的优先性和优越性就成为整个方法论的本质，并且这种优先性和优越性保留至今。

因此，无论为这个“超有机体”存在状态的恼人困境寻求和提出何种解决方案，文化的自治性这个观念（作为一个概念而言，不管用于解释它的术语是什么）都为在其他方面存在广泛分歧的理论提供了少有的共识之处。我们明确认为或默认，对于物质客体的世界和主观精神的世界这两个经验上都可以到达的世界，文化都是完全的自治体。第二组对立尤其为“意义取向”的社会学经典所着重强调，因为对他们而言文化在心理学上的被消解的威胁最为严重。弗洛里安·兹纳涅茨基（Florian Znaniecki），最热衷于将社会学定义为“文化科学”的社会学家之一，急切地将自己与任何形式的心理学还原主义划清界限。带着一种在社会学研
究中少有的决心，兹纳涅茨基宣布了将意义的主观解释作为社会 94
学研究主题的最终控诉意味着什么：“个体自身精神生活的意识是所有知识的基础，这一主张所依据的认识论教义被文化领域中科学性研究的发展决定性地驳斥了——正是这一领域引出了它的大

部分观点。”[①]就社会学家的研究对象而言，兹纳涅茨基认为：

> 我们根本不可能认为在个体的思想中包含任何类似的标准，个体思想的象征性表达和行动性表现都提供了确凿的证据，这些证据显示出对这些个体来说，文化是独立存在于其当前经验的某种东西，也是某种已经且可以被其他人以及自己体验和使用的东西——无论它是否存在于自然世界（the natural universe）当中。

为了避免在读者的脑海中留下潜藏的疑惑，兹纳涅茨基言简意赅地总结了自己的主张，即“文化材料既不能还原为客观的自然现实，也不能还原为主观的心理现象”[②]。即便如此，兹纳涅茨基可能还是最经常被指具有主观主义倾向的社会学家。文化材料的确凭借自身而存在，尽管其不同于典型“自然世界”的现实。文化不仅具有主体间性，而且从自身的独特意义上讲的确是客观的。

我们现在可以对产生“文化”及同类术语的多样用法的基本思想进行一个简要回顾。尽管文化似乎属于一个庞大的概念家族，这个概念家族源自世界二元性之普遍经验的“内在”部分，但因为“文化”试图超越主观和客观之间的对立，它与其他同族成员并不相同（它与精神概念的不同之处一样）。文化长久地存在于人类关于世界的思考中，是因为它深深根植于人类主观性的原初经验当中；但它之所以不同于其他来自同一根源的分支，是因为它

① *Cultural Sciences, Their Origin and Development*, University of Illinois Press, 1963, pp.131-133.

② *Cultural Sciences, Their Origin and Development*, University of Illinois Press, 1963, p.134.

被嫁接到一个来自对立根源的茎干上，也就是坚不可摧的客观经验之上。无论怎样定义和描述文化，它的范围总是处在基本经验的两个极端之间。文化是具有主观意义的经验的客观基础，同时也是对非人类的陌生世界的主观“占据”(appropriation)。正如我们通常看到的，文化作用于个体与其所感知的真实世界的接合之处。它顽固地抵抗着将其与经验框架中的一极或另一极单方面联系起来的尝试。文化的概念是客观化了的主观性，这个概念试图理解一个个体行动如何能够具有超个体（supra-individual）的有效性，而坚不可摧的现实是如何通过大量的个体互动而存在的。文化的概念似乎投射到赖特·米尔斯（C. Wright Mills）为社会学研究所假设的那种模型上，这一模型聚焦于个体传记与社会历史之间的联系。简言之，无论对文化的概念进行多少精致描述，它都属于代表了人类实践的术语家族。

因此，文化的概念超出了直接而单纯的私人经验材料的范畴，95
也就是主观性那无所不包、自我维持的本质。[1]由于个体与人类共同体之间具有性质上的差别，文化的概念对人类状况的自我感知所提升到的复杂程度已经超出了常识性的天真(commonsensical naivety）的基础层面。正如梅扎罗斯（I. Mészáros）所指出的：

> （人类个体与人类整体之间）最重要的区别是，个体被嵌入他的本体论范围之中，并且从作为其最终行为的原则性前提而起作用的人类交流的既定形式出发，而人类作为一个整体——“具有自我超越性”和“自然中具有自我调节能力

① 与另一个关于世界自我存续的客观性的天真假设共存于同样明显矛盾的常识中。

的存在”——却是自身社会学范围的“创造者”。当然，时间上的尺度也完全不同。虽然个体的行动为其有限的寿命及其生命周期中大量其他的限制性因素所严格限定，但人类作为一个整体却可以超越这种时间限制。因此，评估“人类潜能”可以有完全不同的标准和尺度——严格来讲，“人类潜能”这个术语仅适用于作为整体的人类，以及评估受限个体的行为。①

在梅扎罗斯每一处使用“人类”（mankind）的地方我们都更偏向于用“共同体”（community）的概念来替换，因为“人类”强烈地隐含着将人类（human being）作为“物种样本”，而不是由沟通和交换的网络凝结而成的群体的观念。创造的思想，对宇宙进行主动同化的思想，以及对混乱世界施加人类智力行为的秩序结构的思想——被永久地构筑到实践的观念当中的这些思想——只有被视作共同体所具有的能够超越自然的或“自然化”的秩序并能创造不同的新秩序的属性时才是可以被切实理解的。此外，与创造的观念相联系的自由的思想当被作为共同体的特性时就获得了一种完全区别于就单一的个体而言来讨论时所具有的意义。第一种情况是改变人类状况的自由；第二种情况则是摆脱公共强制及限制的自由。第一种自由是一种人类存在的真实形态；第二种常常生发于对一个新的、更合适的人类世界之秩序的错误寄托，这种寄托受到一个疏离、僵化且一成不变的社会的迷惑性影响而投射在虚幻的个人主义领域中。因此，是共同体而非“人类”（也就是常被等同于作为物种的人类）是实践（praxis）的媒介和载体。

① Marx’s *Theory of Alienation*, London, Merlin, 1970, p. 279.

然而，与涂尔干对共同体的绝对化相反，如果作为人类物种中一分子的人们没有创造性构建共同体的能力，那么共同实践就很难产生。马克思深刻意识到这个真理，尽管从他对共同体作为理解人类状况的基点的一贯强调中可能会得出误导性的结论。这就是为什么马克思认为社会性是人类本质中最必不可少和不可分离的特性之一。正如近来理查德·沙赫特（Richard Schacht）所提出的那样[①]，马克思并不认为社会性可以成为普遍性的代名词，而是挑选了大量普遍的、物种固有的特征作为社会实践的前提，它们所具有的社会性特质尤其显著。与涂尔干又一个不同之处在于， 96
马克思将社会看作处于普遍的人类特性与人类个体的经验状况之间的调节因素，而对涂尔干来说任何有关人类的东西只可能产生于社会。可以看出，在马克思主义的少数派和涂尔干所启发的当代社会学的多数派之间余下的重要差别，都是由这个重大分歧预先决定的。

任何对文化现象的分析似乎都必须考虑这个所有经验层面的具体实践的普遍前提。使得社会生活成为可能的特性一定在逻辑上和历史上都先于社会存在，就像语言能力一定先于语言技巧。由于所有的文化实践都在于将一个新的人工秩序施加在自然秩序之上，人们必须在根植于人类思想中最具影响力的分类规则（ordering rules）领域中寻找关键性的文化生成能力。由于文化性的分类是通过意指活动实现的，也就是通过做标记来将不同现象进行分类，因此符号学作为符号的一般理论为文化实践的一般方法论提供了核心。意指活动就是意义生产的活动。反过来说，意

① Cf. *Alienation*, London, Allen & Unwin, 1971, p. 74.

义这种远不能被还原成心理的、主观状态之类的东西是通过“一种同时去除两个含混部分的行动”而产生的；按照罗兰·巴特的话来说，意义就是“一种两边都处于混乱的秩序，但这种秩序基本上就是一种（对这两部分的）分裂”，“意义首先是对形状的剪裁”。[①]路易斯·普列托会说，意义源于“一个话语世界中的分裂与另一个话语世界中的分裂之间的对应关系”，话语世界由表意行动产生，这个行动将一个领域分成一类及与其互补的另一类。[②]从这个最具一般性和普遍性的特征来看，人类实践在于将混乱变成有序，或者用一个秩序替代另一个秩序——这里的秩序同义于具有意义和可理解性。从符号学的角度看，“意义”意味着秩序，且仅意味着秩序。无论意义是否由行为主义者从心理学层面被解释或看作一种反应机制，它都独立于个体甚至是集体行动者的行为。它不再依赖于激发与符号相联系的思想而存在，正如 C. K. 奥格登和艾弗·理查兹所认为的那样；它也不是一种会引发有机体某个部分反应的刺激形式，正如查尔斯·奥斯古德和查尔斯·莫里斯所认为的那样。不如说意义是一种能使以上两种效果成为可能的人类世界的文化组织。

从这个意义上讲，列维－斯特劳斯的鸿篇巨制可以被视为对产生秩序的规则的曲折探索。对这些规则之存在状况的争论——虽然可能在哲学层面上是重要的——很大一部分似乎与对人类实践的方法论研究不相关，正如将语言的存在本质看作一个系统与研究其结构并不相关。为了避免空洞的本体论争论耗费我们理解

① *Elements of Semiology*, English trans. by Annette Lavers and Colin Smith, London, Jonathan Cape, 1969, pp.56-57.

② *Messages et signaux*, Paris, Presses Universitaires de France, 1966, pp.20, 26.

人类文化实践机制的太多精力，我们最好轻松地或者说从隐喻的层面看待列维－斯特劳斯作品中不断提到的“精神”（l’esprit）或无意识（inconscient）。通过悬置本体论的问题，一种关于人类实 97
践的真正无限的视野为列维－斯特劳斯以下这段重要表述所打开，即文化的“所有形式”“只存在程度上的差别，而不存在本质上的，或一般性的，或种类上的差别。为了理解这些文化形式的共同基础，我们必须关注人类思维的基本结构，而不是世界上某个特定区域或文明中某段特定的历史时期”[①]。

文化的与自然的

或许是这种对普遍性的追寻引导列维－斯特劳斯从乱伦禁忌开始了他的人类学探索。这并非由于乱伦禁忌存在于所有已知的文化共同体中而成为默多克意义上的“文化共相”中最显著的例子，而是由于它构成了文化区别于自然的最基本行为，从这里开始人类从仅由自然法则统治的世界迈向人类王国最重要的一步，在这个领域中一种全新的、前所未有的秩序被施加于此前由自然垄断的秩序上。[②]

> 从更一般的角度来说，乱伦禁忌体现了从血缘关系的自然事实过渡到联盟关系的文化事实……作为一种禁忌，乱伦禁忌被迫宣称，在群体生存的基本领域中，社会优越于自然，

① *Les Structures élémentaires de la parenté*, Paris, Presses Universitaires de France, 1949, p. 96.

② *Les Structures élémentaires de la parenté*, Paris, Presses Universitaires de France, 1949, pp.36, 56.

集体优越于个人，组织性优越于随意性。

乱伦禁忌在自然与文化之间提供了一个最为显著的相交点，即在没有明确联盟的确切形态时自然强加了联盟的必要性，而文化最终决定了联盟的形态。存在（*Dasein*）是自然的，本质（*Sosein*）是文化的，这似乎是联结文化现象与其自然基础之间纽带的普遍模式，但这个模式从未像在列维－斯特劳斯的《亲属关系的基本结构》（*Les Structures élémentaires de la parenté*）所探寻的领域中如此显而易见。

就现在分析的情况而言，自然的贡献可以被基本归结为以下两点：(a) 提供了创造某种界限宽松的模式的“生存”必需品（这可以从功能上或逻辑上来解释）；(b) 为生成模式的符号提供了所需的构成物质（比如血缘关系）。余下的贡献都属于文化的实践。列维－斯特劳斯选择“心智结构”（les structures mentales）作为所有文化秩序的基础并由此构成了真正的文化共相，这一结构有三个原则：(a) 需要一个规则；(b) 互惠，作为可以克服我与他人之间对立最直接的形式；(c) 具备礼物所具有的综合特征，即将一种价值从一个个体转移到另一个个体的事实将这两个参与的人变成了合作伙伴，并为被转移的东西赋予了一种新的特质。这三个原则足以解释和理解乱伦禁忌具有产生秩序的能力。乱伦禁忌甚至应该以积极的语词而非消极的语词来描述，比如作为互惠性礼物所提供的姐妹将提供姐妹的兄弟变成了同盟，而让被交换的女人成为结盟的纽带。列维－斯特劳斯似乎相信这三个共相足以
98 解释整个文化过程——不仅是基本的乱伦规则，而且包括社会结

构在其所有方面的创造和维持——尽管据我所知，他从未用这三个共相分析除了亲属关系之外的任何其他结构。因此它们在更广泛情况下的充分性还有待证实。为了确保它们远离直接的血亲和姻亲关系并能适用于复杂社会的结构，人们必须彻底地扩大互惠和礼物的意义。然而解决这个问题出现了种种困难，而且需要进行大量的探索，不幸的是这在本项研究的框架中是无法完成的。在列维－斯特劳斯阐明的三个共相中，在这里仅对其中之一花些时间，即对规则的关键需求。这是首先从自然世界分割出一个领域并将其转变为文化实践的场所的规则。

在米尔恰·伊利亚德（Mircea Eliade）对古代与现代宇宙观的普遍特征进行的杰出分析中，他发现在服从于人创规则的“秩序之岛”（islands of order）的宇宙状态与可感知世界的余下部分之间存在一个显著的差异：

> 我们所处的这个世界……是人的存在及其劳动在其中得以被感知的世界——他所攀登的高山、人口密集且用于耕种的区域、可以通航的河流、城市及圣所——所有这些都有一个宇宙原型，它被认为是一种安排、一种形式，或者单纯只是作为更高的宇宙层次上的“双重性”存在。然而这个世界中所有包围着我们的其他事物都没有这种原型。比如，住着怪兽的沙漠地带、未开化的荒地、没有任何航海家敢去冒险的未知海域等这些都无法与巴比伦的城市或者埃及的诺姆（Egyptian nome）一样拥有具有不一样的原型的特权。这些地方对应着另一种神话模型，但这种神话模型的性质完全不

> 同：所有这些荒凉的未开化之地及类似地方都为混乱所吞没；它们依然处于未分化的、无定形的前创造（pre-creation）状态中。

适用于空间维度上的道理同样也适用于划开“秩序之岛”的时间裂隙：

> 一个“狂欢”之王的登基，对真正主权的“羞辱”，整个社会秩序的倾覆……所有特征都暗示着普遍的混乱、秩序和等级的废除、“纵欲”和无序。可以说，我们目睹了一场为一个新生的人类物种的诞生铺平道路而消灭所有人类的“洪水”。①

人类实践所塑造的领域与其他领域之间最首要和最基本的差别是由世界中的人类活动（humanactivity-in-the-world）实现的。创造始于实践。实践没有触及的区域，或者那些被强行引入实践所规制的延展部分用以强调秩序边界的区域，都被作为无定形的、模糊的和混乱的地带。

在分析“食物的语言”（alimentary language）时，罗兰·巴特列举了很多在功能上截然不同的规则，它们似乎具有更广泛的承载力，并且构成了所有文化系统中必要的生成性的部分。巴特首先命名了“排除的规则”（rules of exclusion）（在食物语言的情形中，这一角色是由食物禁忌扮演的）；文化秩序的创造首先从
99 对一条规则的应用开始，这条规则指定了特定话语世界所适用的

① *Cosmos and History*, New York, Harper, 1959, pp.9, 57.

领域，同时也划定了不受规制的混乱的范围。其余类别的规则适用于已经严格限制的四分之一区域内。那些规定的对立只有在排除规则所划定的限制之内才有意义。更重要的是，联想的规则(rules of association)只有在这个限定区域内才能保持其调节能力。最后，仪式的规则（rules of ritual）在有效组织的范围中除非能够有效阻止越界，否则就不能发挥作用。无论是从哪里出发的，我们都不可避免地会得出相同的结论，即排除的规则是所有其他规则决定性的、实际上也是最基本的适用条件。

在一篇很少被引用的文章[①]中，埃德蒙·利奇发展并改进了一种开创性的思想，关于对清晰且实用的概念系统的需求与填补或抑制“边界认知”的需求之间的紧密联系。由于这篇文章的篇幅特点，这个讨论只停留在“词语的”（verbal）概念上；然而在利奇展开的推理链条中不存在任何可以将这些基本发现延伸到所有文化现象的本质障碍，至少在文化现象的交流和符号功能层面上是这样的。相同的信息——对一小部分社会结构的相同认识——可以通过一个有意义的短语或行为的符号模式（sign-pattern）来被同等有效地创造和传递，并且我们几乎不能期待两组本质不同的生成性规则与两组可以互换的符码有什么关联。要求达到清晰的标准至少源自对秩序的更高需要，而不是来自单独一个符号编码的特定结构。我们因此可以从利奇详尽描述的语言学外衣下剥出他的观点，并将这一观点简单地（*tout court*）应用于文化现象。

① ‘Anthropological aspects of language: animal categories and verbal abuse’, in *New Directions in the Study of Language*, ed. Eric H. Lenneberg, University of Chicago Press, 1964.

秩序化涉及将根本上是连续、无形的认知之流变成一系列相互分离的实体。在这个意义上世界并不是先于人类的“既定”秩序，秩序的概念及随之的秩序实践都是为文化所施加的。“由于我的母语是英语，”利奇说，“因此**灌木**（bushes）和**树木**（trees）显而易见是不同种类的东西。如果不是之前被教成这样，我是不会这么思考的。”然而下面这段表述是目前为止最为重要的，因为它阐明了排除的规则在创造和加强任何文化秩序中起到的作用：“如果每个个体必须学会以这种方式构建自身所处的环境，那么至关重要的就是基本区分要清晰明确。在**我**（me）和**它**（it）或者**我们和它们**之间的差别一定是毫无疑问的。”人们不能依赖于世界本身天然的分散性，这个世界最终会明确自身以防止发生符号混乱；在符号模式与世界各部分之间不存在任何“自然”的联系，分水岭和区分线的清晰性必须经由文化手段来捍卫。利奇将禁忌列为这种手段之一：“禁忌抑制了对连续体的这些组成部分的识别”，这些组成部分与已经“命名的部分”或者更一般来说在文化上已经被标记的类别是不相容的。

100 上文中两个在分析上存在差别但属同类的现象被不公平地放在了同一个盒子里。的确，通过命名并使用“种特异性”（species-specific）及“已获得的”“泛化梯度”（generalization gradients）[①]就将大部分现实留在了其“原始”的前文化状态，一种未经命名且在文化上无关和被忽略的状态。这些部分在被文化

① Cf. Nathan Stemmer, ‘Some aspects of language acquisition’, in *Properties of Natural Languages*, ed. Yehoshua Bar-Hillel, New York, Reidel, 1971 , pp.208 ff. 泛化梯度是一个心理学概念，是对相似程度不同的刺激引起的不同强度的反应的一种直观表征。——译注

实践的符号学过程处理之前对人类来说如同不存在；而因为未被人类实践注意和触及，这些概念上的非存在（unbeings）也不可能损害到文化所驯化和同化的那一部分。因此，没有必要去“压制”它们，也没有理由去禁忌它们；事实上，如果压制文化上犹如不存在的事物，就会出现难以克服的问题。“非事物”（non-things）不能也无法成为禁忌的对象。相反，它们为未来的文化同化提供了无尽广大的处女地，在大多数情形下都以科学的探索和防御为前提。禁忌作为一种强大的武器并不会在缺少实践所赋予意义的地方发现自己的印记，正相反，它会在由敬畏和渴望激发并过载意义——尤其是在逻辑上相矛盾的意义——的地方发现自己的印记。现实的顽固连续性拒绝要将它进行一丝不苟、严整清晰划分的所有尝试；合并的操作必然会产生相互重叠的类别。“无人之境”并不会如“人满为患的地方”那样对文化实践造成致命威胁。禁忌是处理多余和含混的意义的一种尝试，而不是用来解释“在文化上半透明的”（culturally translucent）荒漠地带。

众所周知，与禁忌联系在一起的复杂态度具有模糊性，这种模糊性与禁忌为多义性的情境与对象所提供的制度化或本能的反应相匹配。这种复杂态度将不相容的态度联合在一起：敬畏与反感，赞美与憎恶，依恋与敌视，探险性的好奇与对控制的逃避——用霍尔特(Holt)的话来说就是“亲和”(abiance)和“逃避”(adiance)[①]。

① 分别指天然的靠近的倾向与天然的逃跑的倾向，参见以下著作：*Animal Drive and the Learning Process*, 1930. Also John M. Butler and Laura N. Rice, ‘Adiance, self-actualization and drive theory’, in *Concepts of Personality*, ed. J. N. Wepman and R. W. Heine, London, 1964, pp.81 ff.

对禁忌的复杂态度显然会让人想起从涂尔干开始在社会学文献中被称为“神圣”（the sacred）的东西。的确，确定禁忌与神圣这两个概念之间的差别并不容易。人们想知道长久以来将这两个类别分开讨论的习惯除了是对知识传统脉络的延续之外，是否还具备更坚实的基础。排除与包容（exclusion-inclusion）的规则在维持人类世界的可理解性与意义性方面至关重要，也最自然而然为神圣提供了焦点。这种神圣来源于禁忌行为的假设，受到排除与包容规则的驱使，似乎比通过建立神圣的堡垒而迫使其对象进入一种内在忠诚状态的涂尔干式的虚构社会更具有可能性。

宗教和神秘信仰对某些具有独特特征的被挑选之物的关注，在很久以前吸引了民族志学者和人类学家的注意力。被挑选出来的具有超自然神秘力量的物体，其存在状态具有的模糊性往往作为被挑选的主要标准之一，这一推测绝不是最近才出现的。列维－布吕尔（Lévy-Bruhl）分析了毛利人对经血的特有态度（可以说
101 与很多民族都一样），他们会赋予这种血可怕的意义即一个未完成的和不完整的人。它本可以变成一个人，但却没有，因此就会损害一个还未出生的生命。经血因此成为存在上和概念上的模糊性的典型表现，因为只有从未有过生命的东西的死亡才会如此。①如此一来，经血可以被划入表面上很不相干但又同样长期存在的一类现象，比如拒绝将宠物作为可食用的肉类，对人类教母（the human God-Mother）的狂热崇拜，对边缘人群的猜疑的焦虑，古代人居地域的地图上具有不祥之兆的“狮子”（ubi leones），或者

① Cf. Lucien Lévy-Bruhl, *La Mentalité primitive*, Paris, Presses Universitaires de France, 1947.

把守着“这个”世界和“另一个”世界之间脆弱界线的三头恶犬刻耳柏洛斯（tricephalous Cerberus）。

虽然在历史实践的过程中，只要在一种细致观察到的特征被赋予特殊重要性的地方，具有禁忌倾向的对象就会闯入其中，但某些领域似乎以一种几乎普遍的、独立于历史偶然性的方式格外遵循禁忌的程序。这些领域为随着历史变化的人类实践塑造了一个超越历史的永恒框架。这些领域尤其顽固地体现在人类的神圣实践中，不是因为围绕它们的现实本身比其他地方的现实具有更强的流动性和更弱的分散性，而是因为与其他界线相比它们的明确性以某种方式被很多已知的人类共同体强烈地强调。利奇很有说服力地探讨了其中一些被重点且几乎普遍守卫的区域：

> 首先，人体的分泌物常常是强烈禁忌的对象，尤其是粪便、尿液、精液、经血、剪下的毛发、修剪掉的指甲盖、身体的污垢、唾液、母乳。这些都符合这个理论。这些物质本质上讲都具有模糊性……粪便、尿液、精液等都是我又不是我。

它们是根本上不可分割的“我”的可分离的部分；当被分离出去时，它们变成了外部世界的组成部分——它们同时属于界线两边的世界，而这种不能克服的二元性侵蚀着界线的安全。[①]

> 从相反的立场来考虑超自然存在的神圣性……在逻辑上

① ‘Anthropological aspects of language: animal categories and verbal abuse’, in *New Directions in the Study of Language*, ed. Eric H. Lenneberg, University of Chicago Press, 1964, pp.38-39.

> 相区别的两个类别——这个世界 / 另一个世界——之间的鸿沟被禁忌的模糊性填充。这个鸿沟被一种具有高度模糊性的超自然存在弥合——神的化身、纯洁的圣母、半人半兽的超自然怪物。这些边缘的、模棱两可的生物让人深信其具有人与神之间的调节力量。它们是最受禁忌的对象，比神本身还要神圣。从一个区别于理论神学的客观意义上讲，圣母玛利亚，上帝的人类母亲，才是天主教堂所主要信奉的对象。

因此，对于耶稣基督，在基督教世界中对他本身的崇拜肯定要超过对圣父的崇拜，他具有作为一个人间的母亲诞下的圣子这个完全模棱两可的存在身份；他自己用明确的“人类之子”来称呼自己；在公认的定义中置入本质上的模糊性，这符合将耶稣推向神圣等级的顶端的做法。

102 很明显最重要的第三个边界地带是处在“我们”与“它们”之间的。抑制居间而模棱两可的情况是群体团结的必要条件，比如对作为区别于生物群落 (biocenotic) 行为类型的同系 (syngenic) 行为类型的应用的抑制，对于异族的关系也适用。[①]这个重要领域中边界问题的存在在两套不兼容的行为和态度模式之间制造了巨大的张力——这种张力好比能使棘鱼将头埋进沙子里的那种压力，当入侵者接近它的巢穴边界时，它不知是选择在一个土著的好战立场上去将入侵者逐出领地，还是选择摆出一个排外之地的漫游者的防御姿态。在这个背景下要注意，利奇反对列维－斯特劳斯对文化内部具有“非此即彼”(either-or) 绝对两分倾向的过

① 关于这个主题的更多探讨见以下著作：Z. Bauman, *Kultura i Spoleczenstwo* (*Culture and Society*), Warsaw, Panstwowe Wydawnictwo Naukowe, 1966, chap. 3 .

分强调——“这并不足以在我 / 它，我们 / 它们之间进行区分；我们也需要这一种近 / 远的刻度尺（graduated scale），更类似于我 / 不太像我”① ——这就显然站在了他自己主要的核心主张的对立面。存在状态的渐进性和中间性正是引起概念 – 行为大震荡的原因，而禁忌和神圣为这种震荡提供了恰当的补救。一个渐进性尺度的外观实际上来自可能的或显著的文化概念化倾向，文化的概念化将多样的边界整理成一组序列，而不是一系列以自我的观察为中心的同心圆：“我”与“它”之间的边界地带从这个意义上讲就比“我们”与“它们”之间要“更窄一些”，因而“我们”与“它们”之间就要比“这个世界”与“另一个世界”之间的边界地带“更窄”。很多除此之外的边界地带不可避免地被落下了，它们在这个“主观聚焦”（subjective-focused）的连续体中找不到自己的位置，比如，在物质的不同状态和形式之间的界线制造了它们的越界者即炼金术士、炼工、铁匠等这些半神圣化、半被驱逐的人物。无论以自我为中心来描绘世界的划分 [比如对他者进行详尽描述的社会学家阿尔弗雷德 · 舒茨和心理学家库尔特 · 勒温（Kurt Lewin）] 有多重要，这种行为及其产物都是通过采用一系列清晰明确、非此即彼的对立而起作用的，而这些对立恰恰构成禁忌和神圣的焦点。

的确，“我群性”（we-ness）与“他群性”（they-ness）的刻度属性（graduated nature），如果完全可以想象的话，会破坏人类在世界中的取向（human-orientation-in-the-world）的重要基础。“我们”互相之间至少尝试或者假装是非零和博弈（non-zero-sum-

① ‘Anthropological aspects of language: animal categories and Verbal abuse’, in *New Directions in the study of Language*, ed. Eric H. Lenneberg, University of Chicago Press, 1964, p. 63.

game)，而与“他们”之间的博弈则被期待和渴望是零和的。“我们”拥有共同的命运，一起富有或一起贫穷，然而“他们”却以我们的苦难为食，我们的成功只会令其受到伤害。“我们”应该互相帮助，而“他们”则坐等我们的失误。“我们”彼此理解，拥有共同的感受和思考,而“他们”则是不可理解的危险异类。“我群”(we-group）的边界——这一真相至少从萨姆纳（Sumner）起被清楚地表达出来——勾画出我们的理智和情感的安全界限，并且提供了连接我们的忠诚、权利与义务的框架。这里，也就是这个范围内部，秩序是已知的、可预测的和可控制的。而那里，也就是这个范围外部，则都是黑暗的和不确定的。尽管如此，要是“这
103 里”和“那里”之间的边界地带可以被明白无误地标记,那么“我群”即便是在“他群”的近旁也能相安无事。事实上,如果“他们”在此前并不存在,“我群”也会发明出一个“他们”。任何“我群”都需要一个“他们”作为不可或缺的互补和定义自身的工具。“他们”以其自身的特殊方式而具有可用性和功能性,因此即便不是“我们”想要的,也是“我们”可以忍受的存在。然而我们仍想不出“我群”制造出“局内的局外人”（inside-outsiders）也就是既不属于这里也不属于那里的边缘人会有什么益处。

伊恩·霍宾（Ian Hogbin）告诉我们，布萨玛（Busama）的一个店主雅各布（Yakob）幻想自己在不离开本地村庄的情况下成为一个受尊敬的欧洲式的商人：

> 人们很不喜欢他，以至于会因为我跟他讲话而指责我。如果我花一两个小时在动物身上他们就不会这么愤怒，但他

> 们常因为我从他那里买盒烟而严厉地批评我。“他是一个想要像白人那样表现的黑人，你不应该助长他这么做。”他们常常这样告诉我。①

在一种完全不同的文化中，比如麦卡锡主义时期的美国，一个大学教授莫顿·格罗津斯（Morton Grodzins）指出了政治上的雅各布们的可恨之处——不忠：

> 忠诚为［个体］提供了据以组织其经验的部分框架。如果没有这一框架，他无法建立简单的习惯性反应。他会面对在生活中所有时刻作出新决定这一无尽无望的复杂任务。他很快会退化到野蛮和随意的矛盾状态或混乱而犹疑不决的徘徊状态，这些状态最终将导致疯狂。②

对边缘人的命名会因不同的时代和不同的社会而变化；这些命名反映出历史原因所致的、对观念和概念进行的独一无二的选择，它们是一个特定时期中特定文化符码所特有的。有时被定性为模糊且因此是边缘的人群被贴上女巫或男巫的标签：“女巫与其指控者”。对此，菲利普·迈耶（Philip Mayer）写道：“本是应该互相喜欢的个体，但事实上却并不如此……女巫本质上是一个潜在的敌人而非一个表面上的朋友。”最重要的是，“女巫会背叛她们的邻居和亲人；但不会伤害陌生人或远处的人”③。虽然如此，很奇

① *Social Change*, London, 1958, p.108.

② Morton Grodzins, *The Loyal and Disloyal, Social Boundaries of Patriotism and Freedom,*University of Chicago Press, 1956, p. 6.

③ Philip Mayer, ‘Witches’, in *Witchcraft and Sorcery*, ed. Max Marwick, Harmondsworth,Penguin, 1970, pp.47, 55, 61 .

怪的是，女巫被认为充满往外发散的邪恶力量，而且这种力量可以说会自发且没有指向性地四处蔓延。在这个公认的宇宙观框架中，“牺牲”（victimage）按照肯尼斯·伯克（Kenneth Burke）所认为的那样是社会团结不可或缺的伴随物[①]，并化身在女巫的形象中。然而这种宇宙观只为超越所有具体意识形态的规则的运转提供语言媒介，正如阿道斯·赫胥黎（Aldous Huxley）所说：

> 在中世纪和近代晚期的基督教世界中，巫师及其顾客
> 的境遇恰好类似于希特勒时期的犹太人，斯大林时期的资本
> 家，以及身在美国的共产主义者及其追随者。他们被当作一
> 种外来力量的代表，他们肯定是不爱国的，最坏的则是叛国
> 者、异教徒、人民的敌人。在过去，死刑是用来惩罚这些形
> 而上学意义上的卖国贼的，而在当代世界的大部分地方，死
> 刑是用来惩罚那些政治层面和世俗层面的恶魔崇拜者（devil-
> worshippers）的，一些地方指“赤色分子”（Reds），另一些地
> 方则指反动分子（Reactionaries）……这类行为模式在任何特
> 104 定时刻都先在于激发它的信仰，并比这些信仰本身要更长久。
> 现在很少人会相信存在魔鬼；但当魔鬼如同其对立面一样成
> 为不容置疑的现实时，很多人都喜欢像他们的祖先那样行动。[②]

这些“很多人”的真正目标是“这里”与“那里”、“内部”与“外部”、“正确”与“错误”相接触的那片凶险恐怖的区域。边缘人之所以时而被憎恶时而被赋予超人的力量，是因为他们代表着这个全人

---

① Cf. ‘On Human Behaviour considered “dramatistically”’, in *Permanence and Change*, Los Altos, California, Hermes, 1954.

② *The Devils of Loudun*, Harmondsworth, Penguin, 1971 , pp.124-125.

类都存有的最深刻、最强烈的恐惧的永恒源流。

边缘（marginality）的概念有着很长一段令人印象深刻的知识史。以盎格鲁－撒克逊的形态出现时它可能是“陌生人”（der Fremde）的直系后代，两位伟大的学者自身的生命历程或许就这个概念为研究边缘性及其社会－文化作用的学者们提供了典型的案例，这个概念在他们的整个社会科学体系中占据了重要的位置［格奥尔格·齐美尔1908年的《社会学》（*Soziologie*）；罗伯特·米歇尔斯（Robert Michels）1929年的《爱国主义》（*Der Patriotismus*）］，对二者而言“陌生人”（既不是外来人也不是外国人——他是“同住的外人”，是“局内的局外人”，他们对这个身份着迷并将它作为最重要的社会学主题）是一种“永恒的社会形式”（zeitlose soziale Formen）。米歇尔斯1929年那个引人注目的预言在很久之后即1960年成为现实，他说陌生人的重要意义在于其存在“是未知的代表。未知意味着缺乏联系和陷入反感的羞怯。一句荷兰的谚语说：未知造就敌意。排外产生于陌生感，陌生感指两个环境之间缺乏关联性”[①]。对齐美尔和米歇尔斯来说，陌生人的问题首先意味着他的弱点即社会身份的不确定性以及他的弱点对群体对待陌生人的态度和行为起到的影响，群体负责将陌生人塑造成他特有的角色。但与此同时，陌生人离经叛道、亵渎神明的角色被越发强调了。舒茨会说，陌生人犯下的不可原谅的罪过是破坏了舍勒（Scheler）所说的相对的世界自然观（*relativ natürliche Weltanschauung*），这个世界自然观“为群体内部的所有

① Robert Michels, *Der Patriotismus, Prolegomena zu seiner soziologischen Analyse*, Munich, Duncker und Humblot, 1929, p. 120.

成员呈现了一种充分连贯、清晰一致的外观，这给每个人一次理解与被理解的公平机会”。陌生人的罪过在于以下事实，他“没有共享……基本前提 [以及] 他总是会对他所接近的群体的所有成员不会产生疑问的每件事都提出问题”[1]。陌生人威胁的最终根源因此在某种程度上被改变，现在的根源在于他对“正常”人不会提出的奇怪问题的嗜好，在于他对那些对“普通”人来说就是世界的属性而非他们的世界观的特征进行争论的嗜好。陌生人的确切存在不仅是模糊了我们与他们之间被渴求的清晰界分；陌生人，好像第一项罪名还不够，他变成了被迫成为整个地震的震中，因为他所挑战的并非一个而是所有组成这个可理解的世界的特征。“陌生人”这个词变成了一类行为的名称而不是一种存在状态。一个人如果在身体上（不一定，也可能是精神上的）所归属群体的相对的世界自然观对
105 他而言“不是一种庇护而是一个冒险的领域”[2],那么他与曼海姆式的（Mannheimian）自由漂浮的知识分子（free-floating intellectual franc-tireur）有一种着实显著的共同之处，即隐藏着的、无情的“伪装者，谎言和意识形态的入侵者，内在思想的相对论者和贬低者，世界观的粉碎者”[3]。牺牲守护着共同体的团结并且总是笼罩在不忠的边界地带，在这里牺牲被重点看作一种比模糊存在的边界群体更为广泛的现象；它是所有敢于向共同实践所施加的秩序所具有的

① ‘The stranger’, in *Collected Papers*, vol. II: *Studies in Social Theory*, The Hague, Nijhoff, 1967, pp.95-96.

② ‘The stranger’, in *Collected Papers*, vol. Ⅱ : *Studies in Social Theory*, The Hague, Nijhoff, 1967, p. 104.

③ Maurice Natanson, ‘Knowledge and alienation, some remarks on Mannheim’s sociology of knowledge’, in *Literature, Philosophy, and the Social Sciences*, The Hague, Nijhoff, 1962, p.170.

“本质上的”、超人的、一劳永逸的特性进行质疑的那种人。

值得注意的是，处理边缘现象的学者常常陷入一种大众偏见的陷阱，即相信可以入侵存在意义上不同领域的入侵者具有超人能力的那种根深蒂固的大众信仰；进入一个自己不属于其中的领域中的跨界行动或许在通常意义上被视为模范，但原型形象则是男女之间原本对立的性别侵犯，被当作评价侵犯者聪明、机敏和活跃性能力的最终标准。科学家除了可以不受原型曼荼罗（mandalas）的影响，却很少能够成功撼动对无家可归的文化流亡者的迷信崇拜的痕迹。伟大的吉尔伯特·默里（Gilbert Murray）将希腊人迸发出的奇迹般的创造力归结为爱琴海的日耳曼征服者固有的边缘性。[①]芝加哥学派的社会学家曾经为他们对“边缘人格类型”的设计而激动不已。走进罗伯特·帕克（Robert Park）的故事中，我们会看到边缘人“生活在两个世界，在两个世界中，他都或多或少是陌生人”，因此他的人格导致了“精神的不稳定，自我意识的膨胀，坐立不安以及心神不宁”。由此我们转向了经验话语的范围中。但我们突然又被要求跳到一个意想不到的结论上来，即“正是通过边缘人的思维……我们可以更好地研究文明和发展的过程”[②]。按照这一方法，彼得·盖伊（Peter Gay）近来将魏玛共和国的文化创造力的瞬间爆发归结为碰巧发现自己置身于其中的局外人的一些不安。[③]的确，我们很难忽视人们对文化杂交可以产生艺术能量的一贯坚信，这与对**美国**黑人拥有不可比拟的

① Cf. *The Rise of the Greek Epic*, Oxford, 1907, pp.78 ff.

② ‘Human migration and the marginal man’, American Journal of Sociology, vol. 33, 1928, pp.881-893.

③ 参见标题本身就叙述了这个故事的书中（*Weimar Culture: The Outsider as Insider*, New York, Harper & Row, 1969）。

性能力的坚信具有显著的相似性；或者就此而论，相信长期存在的边缘人、犹太人具有超自然的机敏，以及吉普赛人拥有魔法知识，也是如此。

在迄今出版的关于边缘人最全面的研究中，只有埃弗里特·斯通奎斯特（Everett V. Stonequist）对“种族混血儿”表达了同情和怜悯。同时，他还虔敬地认为所谓“文化杂交”在推动人类发展方面起到了关键作用：

> 由于边缘人介于中间的状态，他也许会成为一个针对主流群体及其文化进行精准评论的有才干的批判家。这是因为他将局内人的知识和洞见与局外人的批判性态度结合起来……他善于发现主流文化中的矛盾和“虚伪”。道德伪装和真实成就之间的差别会自动跳进他的视野。[①]

106 为杀戮和消灭“无根的知识分子”所掷出的石块，已经被拦截、重塑和改造成独特而有力的权杖。这种自我陶醉的情绪正好与大众的恐惧相反，用卡尔·曼海姆（Karl Mannheim）的习语来说就是“享有特权的认知视角”，这是它最终也是最充分的表达。知识分子应该为他们免于群体意识（*groepsbewussyn*）[阿非利卡人（Afrikaaner）[②] 的典型特征] 而自豪；正是由于这一所谓的缺陷，他们可以无视对国家、共同体、阶级、种族的狭隘忠诚。因此，任何只要足够有能力跨越世俗边界的人都能与决定论展开对话。

一个边缘人事实上是如何的，凯瑟琳·玉川（Kathleen

① *The Marginal Man: A Study in Personality and Culture Conflict*, New York, Scribner,1969, pp.154-155.

② 阿非利卡人是南非和纳米比亚的白人移民后裔。——译注

Tamagawa）这样告诉我们：

> 以下这些就是事实。在美国，我是日本人；在日本，我是美国人。我有一个东方人父亲，他希望我像西方人一样生活，还有一个爱尔兰母亲，她希望我像日本人那样生活……我开始理解，人们是按照群体、社会、国家以及整个种族的标准进行思考的，他们想的都不一样。不被接纳、不受欢迎的人，比如我自己，必然会永远处于其外……我是一个招人喜欢的日本洋娃娃还是一个威胁呢？[①]

在这个关于分裂而痛苦的自我的辛酸故事背后，隐藏着急切守卫抵挡入侵者（他们鲁莽地在界碑之间安营扎寨）的边界的共同体的禁忌仪式。受到“最小努力法则”（law of least effort）[②]的控制[③]，人类的思想倾向于让他们的实践服从于简明易懂、非此即彼的规则。但是成功的二分法意味着中心对边缘的压制。一群美国社会科学家在 1954 年[④]列出了封闭群体用于维持其界线的几种方法，具体如下：

> 加入小圈子的入会仪式；在一个成员退出之后重新介绍一个成员到团体中的净化仪式；仅小圈子成员可以参加的

① *Holy Prayers in a Horse's Ear*, Crown, 1952. Quoted from Sociology through Literature, ed. Lewis A. Coser, Englewood Cliffs, N. J., Prentice-Hall, 1963, pp.319, 320, 323.

② 也称为齐夫法则，它假定动物、人甚至设计良好的机器，都会自然地选择付出努力最小的问题解决路径。——译注

③ Cf. G. K. Zipf, *Human Behaviour and the Principle of Least Effort*, New York, AddisonWesley,1949.

④ Leonard Broom, Bernard J. Siegel, Evon Z. Vogt, James B. Watson, ‘Acculturation: an exploratory formulation’, *American Anthropologist*, vol. 56, 1954.

> 秘密活动；家乡的本土性仪式；培养定义自我的观念，比如民族中心主义或种族主义；公布领土范围或拉下孤立主义者（isolationist）的“窗帘”（curtains①）；指定联络代理人或外来的“经理人”；高度评价自己所属群体的语言或方言；建立法律上的界限。

与此同时，弗洛里安·兹纳涅茨基在他的教育社会学研究中指出，任何群体在决定授予新人以“正式会员”资格时都会用到很多防御措施和权宜之计——尤其是精心设计的过渡期仪式，在这一期间“候选人”被置于安全距离之内并且同时处在密切的监视之下。②显然所有这些精心多样的方法和手段都有一个共同之处，就是群体倾向于以一种不迁就于任何中间情形以及令人困惑的、有争议的解释的方式，将世界整齐清楚地划分为两部分且只有两个部分。一些简单的例子可以显示出这种倾向是如何出现在实际行动中的。

如埃文斯－普理查德所说，努尔人（the Nuer）曾认为他们像动物一样的怪物－孩子（monster-children）是被错放进人类子宫的河马，这种判断使得努尔人将长相怪异的婴儿扔进最近的河里，也就是他们真正的同类河马所生活的地方。循规蹈矩的犹太
107 人热衷于保持其清晰可见的群体边界，会排除掉那些十分危险的半犹太怪物——他们认定母亲是犹太人而父亲不是犹太人的后代依然是犹太人，而如果母亲是非犹太人，那么无论父亲是否是犹太人，其后代毫无疑问都不是犹太人。在解释为何这项犹太人聚

① Curtains 还有灾难的意思。——译注

② Cf. *Socjologia Wychowania* (*Sociology of Education*), vol. I: *Wychowujace spoleczen',stwo* (*The Educating Society*), Lwów, Książnica Atlas, 1928.

居区的传统应该写入国家法律并加以巩固时，以色列总理直接表示“这个国家不允许外族通婚”。1935 年 9 月 15 日，出于虽然结构上相同但意识形态上对立的原因，一个高度文明的中欧国家的权威宣布：“任何犹太人与德国公民及其同族血缘公民之间的婚姻一律被禁止。即便不受这个法律规制范围的婚姻也是无效的，包括为了规避这一法律而在国外结成的婚姻关系。”[①]

解决边缘人这个恼人问题的方法几乎不限于任何特定的文化传统或历史时期。在欧洲，实际上可以轻易在所有的历史时期找到问题的不同版本。它是一个不可动摇的信念，比如在中世纪，“尽管在一个理想的亚里士多德的意义上，所有形式都可以被认为是在努力使自己完美，这个完美化的过程如果要涉及任何世俗意义上的变动，那么只会发生在每个标准类别的概念边界地带，而不会是一个类别到另一个类别的变动”。可以说，“能够纵向穿过‘大段’时间而传播的特质，即通过终极产物来维持传统的时间上的文化统一性，被普遍认为是好的……另一方面，严格意义上的传播，或者说，横向水平且跨地域的文化传播则被视为不好的”[②]。这种认为世界有序和凝聚的世界观在实践中有其对应物，在有序而凝聚的法人团体中这种与之相互对应的特性被严丝合缝地密封其中。只要每个人都自愿坚守自己的位置，就不会有人会因为他人的怪异而感到不安。实践中近乎完美地凝聚在一起的结果就是特有的文化盲目性，中世纪即是以此著称。这种神秘的免疫力造成了去

① Quoted from Louis L. Snyder, *The Idea of Racialism*, Princeton, Van Nostrand, 1962, p.164. 这两种情况明显不属于同一个功能类别，因为在德国犹太人本身具有黏性，并且纽伦堡审判的意图是清楚地标记出边缘人，而不是防止边缘情况的发生。

② Margaret T. Hodgen, *Early Anthropology in the Sixteenth and Seventeenth Century*, Philadelphia, University of Pennsylvania Press, 1946, pp.434, 257, 258.

往圣墓教堂（the Holy Sepulchre）的朝圣者在经过陌生地域时完全无视他们所碰到的生活方式的奇怪之处。这使欧洲人以迟钝的平和眼光看待哥伦布从大西洋彼岸带回来的所有奇怪生物。也正是这种免疫力，激起当时的知识精英将对异域方式的过度敏感指责为“猎奇”（*turpis curiositas*）。

随着日新月异、高度不稳定的现代世界的出现，各种类型的永久稳定性不再是理所当然的；在简略的道德戒律的帮助下，它们不再足以清除少数的越轨行为。人类世界的秩序性远不是自然而然受到保证的，现在这种秩序性变成一种需要持续和积极关心的问题。现在他者在物理位置上的靠近，当与文化渗透以及对各种形式的易变性和变形能力的不安结合在一起时，就变得具有威胁性。即使犹太人在中世纪时期让人恐惧并鄙薄（在基督教世界里的犹太人始终具有一种与生俱来的边缘性：他们是异教徒，是至少一半圣经的创造者；是上帝的亲属和谋杀者；是神圣的来源
108 ，拒斥了他们的后代并为后代所拒斥），但正是中世纪秩序的腐朽将犹太巷（*Judengasse*，特权和社团自治的象征，尤其为犹太人自己所渴望并应他们的要求而被承认）变成了一个被隔离的犹太区，由教皇保罗四世在1555年设立强制性的边界。[①]雷蒙·阿隆(Raymond Aron）指出，反犹主义——一种严格意义上的现代现象——的产生与犹太人离开其隔绝地而现代性就此出现的巧合有关；所有有理由惧怕变化的人，以及那些因从前可靠、崇高且不可改变的秩序日渐消逝而感到惊恐的人，很容易将恐惧制造成的

① 关于随着现代的到来发生在欧洲犹太共同体身上的事情的清晰描述见于以下著作：Howard Morley Sachar, *The Course of Modern Jewish History*, NewYork, Dell, 1958, chapter I: ‘The Jew as Non-European’.

武器对准这样一群其边缘性与出现的混乱能够充分对应起来的人。在好战的理性主义与顺利发展的经验科学的时代 [特雷弗 – 罗珀 (Trevor-Roper) 近来恰当地将这一对显著矛盾带进公共视线]，突如其来的“猎巫行动”(witchhunting) [①] 显得非常不合时宜，但如果放在传统秩序的衰微带来的强烈集体焦虑的相同背景下就会变得易于理解。相似的，巴基斯坦人和西印度群岛人对不列颠群岛的侵扰恰逢帝国主义力量的消失之际，这种力量曾为很多英国人提供了构建其秩序安全感的原材料。人们可能会因此倾向于聚焦西印度群岛人和亚洲人作为“隐形敌人”的可怕力量，这种敌人给英国未来带来的危险比“德意志帝国制造无畏舰或建立纳粹主义武装的那些年” [②] 更大。

19 世纪见证了大量为了防止现代性的杂糅破坏人类世界的和谐构造的种种尝试。然而，只有当我们把目光从戈比诺(Gobineau)式的或休斯顿 · 张伯伦 (Houston Chamberlain) 式的拙劣的“科学性”废话转向真正营造智识氛围的人的见解时，这一趋势的真实规模和重大意义才是可以估量的。比如麦迪逊·格兰特(Madison Grant)，当他坦率地表述“一个白人和一个印第安人的混血是一

① “猎巫行动”原指搜集女巫与巫师施行巫术的证据并将被指控的人带上宗教审判法庭。这类现象曾广泛存在于 12—16 世纪的欧洲，无辜的边缘人群较容易因被指认为女巫或巫师而被迫成为为一些天灾人祸负责的“替罪羊”。如今“猎巫行动”主要用于指代道德恐慌及政治迫害。——译注

② 这的确说明了那些直觉性地觉察到主顾们会对无序产生怨恨的政客们（尤其是具有小资产阶级风格的右翼政客）多久会明确一次“敌人”的潜在模糊性与不可定义性。拉 · 罗克 (La Rocque) 为民众贡献出领导力量不啻于是让他们与“当代世界的极大痛苦”进行战斗 (Le Flambeau, September 1932)。德里厄 · 拉 · 罗谢勒 (Drieu la Rochelle) 则通过强调多里奥特 (Doriot)“接触到了”“伟大的未知力量”来宣传多里奥特具有非凡的智慧 (*L'Emancipation nationale*, April 1937) (J. Plumyère et R. Lassierra, *Les Fascismes français* 1923-1963, Paris, Editions du Seuil, 1963)。

个印第安人；一个白人和一个印度人的混血还是印度人；任何一个欧洲种族与一个犹太人的结合还是一个犹太人”[1]的时候，这就比现代种族主义的创始人的不人道行为更具代表性地反映出对恢复明确性标准的普遍愿望。事实上，格兰特与他所处时代的“智识风俗”完全符合。伦敦人类学协会博学的成员们曾在 1985 年的一次讨论中采用了一些简单的前提，根据弗雷德 · 普洛格（Fred Plog）和保罗·博安南（Paul Bohannan）的说法就是：“假如‘土著’变得‘文明’了，这一事实或许应该归于‘文明的’（或许是非法的）的祖先”，或者“这种变化可能是‘有名无实的’或纯粹表面化的”，因为“土著”与“文明”本质的真正混合只可能产生一个怪物，“他们似乎会符合和保留白人所有的恶习而只会保留很少白人的优点……坦白说，我发现每个信基督的女性黑人（negress）都是妓女，每个信基督的男性黑人（negro）都是小偷”[2]。

然而，模糊性最为不祥并令人畏惧的地方在于它的隐藏性——
109 这一点可能会让人们无法及时找出它。这正是爱德华 · 德鲁蒙（Édouard Drumont）这个法国反犹主义“战士”最担心的：“我们很容易意识到，通过服装无法辨别的犹太人更能产生影响，因为他们没那么容易被发现。在行政部门，在外交部门，在保守党报纸的办公室里，甚至是在穿着教士服的牧师中间，他们都能不受怀疑地生活。”[3]最有效但也最简单的办法就是明显地标出危险的模糊地带。早在 1815 年，弗里德里希 · 鲁斯（Christian Friedrich

① Louis. L. Snyder, *The Idea of Racialism*, Princeton, Van Nostrand, 1962, p. 76.

② In *Beyond the Frontier, Social Process and Cultural Change*, ed. Paul Bohannan and Fred Plog, New York, Natural History Press, 1967, pp.124, 134.

③ *La France juive*, English trans. by R. H. S. Philipson in *The French Right*, ed. J. S. McClelland, London, Jonathan Cape, 1970, p.103.

Rühs）提出“全世界称为犹太人的人”[恩斯特·莫里茨·阿恩特（Ernst Moritz Arnt）创造性的表达]，他们的衣服上都应该被打上一块黄色的补丁。[①]纳粹立法者最大限度地利用了这个点子，制定法律要求六角星要同时出现在犹太人的衣服上和他们房子的入口，并强制将“Israel”和“Sarah”分别加在犹太男性和犹太女性的名字前面。

这种方法看起来万无一失，但并非最为方便可行。另一种方法则是“心理标记”，意在刻意培养——事实上已经煽动到歇斯底里的程度——对模糊性的本能恐惧。有句谚语说，恐惧有一双大眼。这个方法就是为了让这双眼睛睁得尽可能大。驱逐未受到公正对待的嫌犯所造成的损失比不能成功辨认伪装的敌人带来的损失要小得多。这就像是如果人们不能用警示灯，他们就常会满足于将搜寻的光束扩大一些。[②]

> 毒蛇的本性就是爬行，拥有鳞状皮肤，以及分泌毒液的灵活的空心牙齿；而人的本性则是具有认知能力的、宗教性的和社会性的动物。所有的经验都是这样告诉我们的；而且据我所知，什么都不能与这种经验相违背。如果一个人想证明毒蛇的本质特征是拥有翅膀和甜美的声音，而海狸的本质特征是独自生活在最高山的峰顶，那他就自己去证明好了。

任何不把这个建议当回事且不相信“本性”（最终会证明其存在）

① Cf. Hans Kohn, *The Mind of Germany, The Education of a Nation*, New York, Harper & Row, 1965, pp.77, 94.

② *La France juive*, English trans. by R. H. S. Philipson in *The French Right*, ed. J. S. McClelland, London, Jonathan Cape, 1970, pp.41-42.

具有强大力量的人都会被告知一个法国公爵的惨痛经历。这个公爵“不顾母亲的眼泪，娶了法兰克福罗斯柴尔德家（Rothschild）的女人。他叫来他的小儿子，从口袋掏出一枚金硬币给他看，小儿子的眼睛亮了。‘你看，’这个公爵接着说，‘闪米特人的本性暴露无遗了’”[①]。道德政治规范（“人应该与同类待在一起”）、对刻板印象的认知习惯、神话，合起来一道阻挡着人类世界边界的入侵者。

《存在与虚无》（*L'Être et le neant*）的美国译者黑兹尔·巴恩斯（Hazel E. Barnes）女士恰当地选择了“slimy”（黏滑）一词作为萨特所提出的著名概念“le visqueux”的英文对应词。[②]在最近一版《韦伯斯特新国际词典》（*Webster's New International Dictionary*）中，这个词被解释为“黏性的、黏滞的”，但同时也列出了其他含义：“卑鄙的、冒犯的、粗俗的。”几乎没有其他词能将一种没有形状的、胶状物一般的软泥体形象，与厌恶的感觉融合得如此准确和彻底。

> 如果我手中拿着的东西是固体，我想放下它时就可以放
> 下；它的惰性象征着我的全部力量……但是黏糊糊的东西则
> 110 改变了这种关系；这种自为性（the For-itself）突然受到折损，
> 我张开双手，想要摆脱黏滞，但它紧黏着我，拖扯着我，吸
> 附着我……我不再是能够终止这个占有过程的主人。它持续
> 存在。一方面，它就像是被占有物的至高服从，像是一条将自
> 己完全交予主人的狗的忠诚，即使其主人不再需要它；另一方

① *La France juive*, English trans. by R. H. S. Philipson in *The French Right*, ed. J. S. McClelland, London, Jonathan Cape, 1970, pp.88.

② Cf. p. 695 of the French original; pp. 600 ff. of the English translation, *Being and Nothingness*, London, Methuen 1969.

面，在这种服从深处却是被占有物对占有者偷偷摸摸的占据。这是一种“有毒的占有”；“这种黏物就像是在噩梦中见到的一种液体，它的所有性能都被某种生命激活，并且转而反对我”。这之所以是一个噩梦，是因为“接触这种黏物就有被溶解于其黏性的风险”。这种黏物的陷阱就在于它的流动性；它具有“根本上的模糊性”，它会“畸变”，是“对流动性的模仿”。它的存在方式是奸诈的、占据的和贪婪的，这就是为什么“只要保持与黏物相接触，发生在我们身上的一切都好像显示着这种黏性就是整个世界的意义，或者作为自身存在物的唯一形式”。

弗雷泽（Frazer）试图通过将粪便、经血或剪掉的指甲和毛发碎屑归于巫术这种所谓主宰着原始思维直到被现代性战胜的迷乱逻辑来解释具有巫术属性的原始信仰，从弗雷泽开始我们已经走过了相当长的一段路。曾经在我们看来，不成熟思维的可悲缺陷似乎最终在现代理性的力量面前毫无抵抗力地退缩了，现在我们把它看作人类实践更具普遍性的规则，正是因为奇怪才尤其明显，这一规则显然已经远远超出了“原始”文化的领域。这一点已经由玛丽·道格拉斯清晰全面地阐述出来：

> 当我们诚实地反思我们繁忙的清洁打扫活动时，就会知道我们其实并不主要是为了预防疾病。我们是在分离、设置边界，并对我们试图从物质性的房子中创造出的家作出看得见的声明。如果我们试图让洗手间的清洁对象远离厨房的清洁对象，并且让男人用楼下的厕所而女人用楼上的厕所，那么我们本质上与布须曼人（Bushman）的妻子在她到达一个

> 新营地时所做的事情一样。她会选择在一个地方生火，并在这个地方插上一根棍子。这个行为为火确定了方向，分出火的右面和左面。这样，家就被分为男性的和女性的两个部分……我们与布须曼人之间的区别并不在于我们的行为基于科学而他们的行为基于象征。我们的行为也具有象征意义。真正的差别在于，我们不会在不同的情境中应用同一套有力的象征符号；我们的经验是碎片化的。我们的仪式创造出很多小小的、相互之间不相关的子世界，而他们的仪式创造出同一个、在象征层面上具有统一性的世界。[1]

差别存在于两种类型的社会结构之间，而不在于两种不同的人类实践结构之间。两类结构中都存在着以自己的方式发起对黏性的敌意，同时存在着为周遭世界施加任何可以算作人类秩序的东西的彻底性和一致性。仅在一种情况下，“周遭世界”足够小和足够合适到可以被一套秩序设计囊括；其他情况下，它则包含了很多相互交叉的面向，每一个面向都拥有一种一定程度上自治的生活，并为意义的固定提供了一定程度上自治的语义领域。多样的象征符码替代了连贯而统一的符码，但对符号的意指和解码过程还基本维持原样。

111 玛丽·道格拉斯是坚定而忠诚的涂尔干主义者，至少就她的著作《洁净与危险》而言是这样的。她坚信，任何意义都以社会为前提（*nihil est in sensu, quod non prius fuerit in* society）。任何时代的人在他们的家中和靠近他们身体的脆弱区域中都古怪地坚

① *Purity and Danger*, London, Routledge & Kegan Paul, 1966, pp.68-69.

持与无序做对抗，就此道格拉斯假设这是出于维持社会团结的长期需要。努力使自身存续下去的正是“社会”，它通过让人们以一系列用以对抗无序的象征性的、仪式性的斗争把信息带回家，从而保持自身结构的完整，或者强制人们在行为上尊重它。人们不会害怕一种非“社会性”的无序；事实上，人们几乎不会将一系列安排视为“无序”，除非这种安排不是清理唯一的“客观性”混乱的象征性举动也即违反社会结构。修剪指甲只有在象征着对群体边界的侵犯时才是一种具有威胁性和激起恐惧的事件。应当说，有一种符号系统可以悄悄将清理行为转变为一种保护社会阶层这种所指的能指。“除非我们准备在身体上看到社会的象征，看到社会结构的力量和危险在身体上进行的缩小版的再生产，否则我们将无法解释关于排泄物、母乳、唾液和其他类似物质的仪式。”①梅奈纽斯·阿格里帕（Mcnnenius Agrippa）这段无处不在的隐喻的确是不朽的。

然而，如果人类物种不存在一种进行有序化实践的习性，很难想象社会或者说任何类似人类关系的有序网络最初是如何产生的。从低等动物到人可追溯一条漫长且几乎连续的发展线，这条线是依有机体对环境的适应性过程具有的变化性本质所形成的。这条线与精神特性的水平也就是智力相平行：“有机体具有的更加普遍的功能，”皮亚杰说，“即组织性、适应性和同化能力——这些在认识领域都能被找到，在那里它们扮演着同等必要的角色。”②这两种结构——身体的适应性和智力活动——事实上

① *Purity and Danger*, London, Routledge & Kegan Paul, 1966, p. 115.

② *Biology and Knowledge*, English trans. by Beatrix Walsh, Edinburgh University Press, 1971 , p. 212.

是同构的，因为智力的本体同时包括本能的、遗传的部分和后天习得的部分，无非是伴随着同化的适应过程，只不过这个过程的完成不需要环境中不可扭转的“物质性”变化和身体在适应中发生的有机性变化。有机体在进化过程中运作能力的拓展似乎伴随着智力构成上的一致变化。这种变化至少发生在两个方面：(a) 有机体能够有效辨认的对立的数目的增长，也即作为独特行为模式的发布者；(b) 与物种与生俱来的本能相比，由后天习得的行为辨别能力所起的作用相对增强。从两个方面讲，这个过程在人类物种中到达顶峰。但是两个发展趋势如果结合在一起，将会产生用人造秩序补充自然秩序的需要和能力。

112 有机体越是能对更多的对立进行有意义的区分，它所同化的环境就越是“丰富”，就越是涉及更多的内部组织的对应结构；然而有机体对环境状况的细微摇摆也就越是难以容忍。蠕虫只能区分很少且很普遍的对立，比如干－湿、明－暗，这使得它们的确能在自身结构不发生显著变化的情况下在大范围的环境变化中生存下来。从某种程度上说，它们是明智的物种，能够“完美适应”几乎无限范围内差别很大的各种环境。然而，作为多样行为模式的代价，这种舒适且天然稳定的情形会随着认知上可区分的对立数目的逐渐增多而急剧变化。有机体不可避免地变得对可接受环境的范围越发挑剔，接着会对环境的波动越发难以容忍；对不稳定环境的依赖程度的加深，意味着对行为的灵活性程度要求更高。物种在生理上的适应越“特殊”，对一套新的环境需求的相反的进化反应就越不可能发生。简言之，在认知和行为上越发丰富的有机体，事实上拥有的却是被削弱的生存能力。只有一种方法可以弥补这个矛盾的缺陷，即通过将适应的冲击从物种层面转移到个体层面，从本能层面转向习得层面。然而即便像后天学习这么强有力的工具（即变得对新的符号对立敏感并使其具有意义，也即赋予它们相应的对立模式的反应）也只具备有限的适应性价值，并且仍然只限于一种单一的然而也是被广泛认知的环境，一种对物种来说可以被敏锐且有效地进行调节的环境。"有机体在演化过程中所能获得的可能性的日益增加"，这是皮亚杰在继伦斯(Rensch）之后发现的对演化进程的最佳衡量标准①，而只有在物种将环境（现在在自身意义上前所未有的丰富，因此不可能凭借自身保持"稳定"）保持在划定演化适应边界的参数范围内的能力能够作为学习能力的补充时，这种可能性才可能增加。对一个高度敏感、拥有丰富符号及行为多样的物种而言也许可以实现生存环境的优化，但只有通过主动创造一种人为的（也就是伴随着物种自身活动）稳定环境的方式才能实现。换言之，这种优化需要秩序化的实践。是人类实践及其所有功能上必然的生成规则，而不是符号驱动的人造物，似乎才构成了人类社会的前提条件。

粪便、经血及剪掉的指甲和毛发不必然象征着讨厌、神秘甚至是可怕的街头暴动或政变。对我们而言它们之所以是它们——几乎是出于本能的——是因为它们具有的"黏滑"的符号学身份。它们既不属于这里也不属于那里；它们入侵了以清晰性作为其秩序基础的边界。它们与狐狸和老鼠一样具有这种不忠的特性，狐狸和老鼠本属于"荒野"，但它们却强行来与我们共同生存；或者

① *Biology and Knowledge*, English trans. by Beatrix Walsh, Edinburgh University Press, 1971, p. 123.

与陌生人一样，他们尝试调和不可调和的东西，即是外来人同时
113 也是本地人。它们的“黏性”（sliminess）与其实体存在无关；它们是人类实践的产物，而非“天生”的黏滑。“黏性”的特性填满了人造差异的重合地带（尽管可能是在不同程度上的填满）。在这种遗传－符号而不是象征的意义上，这种黏性将自身定位成一种社会活动，或者更准确而言定位成一种人类的秩序化实践。

利奇在他的经典研究《有魔力的头发》（*Magical Hair*）中详尽分析了一个人类实践具有会生产黏性的固有特性的启发性案例。如果选择一种特别的发型来表示一个人的社会地位（作为一个可以区分社会结构中这一部分和其他部分之间的符号），那么一个具有某种发型的人就会与不具有这种发型的人在种类上区分开来（由一套独特的权利义务来定义）。但创造一个涉及剪发的造型程序，就是一种有效赋予一个人新的关键特性的创造性行为。因此，剪掉的头发除了具有“天然的”黏性之外还收获一种全新的由实践产生的黏性，并且它们的魔力被加强和放大了。它们不仅跨越了“我”与“非我”之间几乎是前文化的边界，而且处在旨在区分两种不同社会地位的不可跨越的围墙两边。“分离行为……不仅创造了两个类型的人，同时创造了第三种实体，一种被仪式分离的实体。”①我们可以说它的地位像经血一样难以忍受，虽然模式被颠倒过来：如果经血没有被排出，那么一个新的生命就会诞生；而如果头发没有被剪掉，一个人就会保持他之前的地位。经血意味着未出生生命的死亡；仪式性的剪发意味着已死之人的重生。被

① 'Magical hair', in *Myth and Cosmos, Readings in Mythology and Symbolism*, ed. John Middleton, New York, Natural History Press, 1967, p. 98.

剪掉的头发的魔力与“制服荣誉”的奥秘、对暴发户的轻视以及对双重身份隐藏着恐惧的敬仰属于同一类。

因此，实践先于人们对于黏性的感知。二者的关系似乎能为一种富有成效而充满重大发现可能的研究提供一种宽泛而多维的框架。我们所提倡的这种视角，一方面是提出对其他分析框架所得出的很多结论进行一次重新安排，另一方面也的确要求一种全新的研究设计。两方面的任务都超出了本项研究的容量。唯一能做的是在这里勾勒一个综合性的大致轮廓：

(1) 实践与对黏性的感知的关系的第一个维度可以概括为“文化密度”(cultural density) 这个概念。正如我们所知，每种文化对其认知领域中的某些部分是具有相对丰富、精致和细微的区分的，而余下的部分则相对没有这么丰富。在富有意义的对立尤其集中的区域即使最细微的色调也被注意并标记，这些区域可能组成了某种特定实践类型的核心。这些领域当中的其中一些很容易被归为生物的生存技术，越是容易这样似乎就越接近这个社会维持其存在的水平。在具备原始技术的社会实践中最不确定的部分就是涉及人与自然之间关系的部分，黏性的禁忌区域常常集中在自然现象方面。而在像早期西欧的封建社会，这样的社会似乎主要是通过在营养不良的大部分人中保护若干吃得饱饭的人的实践来组织，而文化事项则在增加精确的社会区分和禁止社会流动方 114
面设计得尤其巧妙（如果我们将人类看作一个全球社会，那么那时看到的景象将与现代无差别）。随着在相对富裕的条件下阶级差异渐渐丧失之前的重要性，随着日新月异的变化为有意义的同化做出最强硬的抵抗，文化密度的焦点转向了代际领域，当前“黏滑”的年青一代具有感染力的奥秘为这个假设提供了具有说服力的证据。当然，所有这些都是密度焦点（density foci）的大概类型，它们并不排除——事实上包含着——在类型中实际可以作出的更加多样的具体选择。在研究的初始阶段，我们不希望提出关于文化现象的任何技术或社会－结构上的定论；从我们的意图来说没有什么是被排除在外的，因为本研究所不断强调的前提就是人类存在的所有面向都来自人类实践这一相同的源头。当分析实践的时候人们最好拒绝并放弃以下这种普遍的倾向，即把在实践过程中存在的、在分析层面上有区别的面向划分为原因和结果。如果忽视或没能做到这一点，那就会受到必然的惩罚——在两个同样具有充分理由但又同样片面的立场之间进行又一轮枯燥乏味的争论。

众所周知，比如，范·盖内普（Van Gennep）所说的过渡仪式（*rites de passage*）以及雷蒙德·弗思所说的 telectic 仪式（“脱掉旧的穿上新的”）①的频率和复杂性随着现代、复杂和高度流动的社会的出现而急剧降低。已经有很多人类学家评论过这个现象。在马克斯·格拉克曼（Max Gluckman）关于仪式的著名理论中，他将曾普遍发生的仪式的突然消失归因于以下事实：在我们的社会中，一个人向新角色的过渡大部分情况下会伴随着身边相互作用的群体的变化；新群体和旧群体都只知道这个个体的一个角色，因此对一个个体新的社会特性的公开宣布（这是过渡仪式的本质）

① ‘Verbal and bodily rituals of greeting and parting’, in *The Interpretation of Ritual, Essays in honour of I. A. Richards*, ed. J. S. La Fontaine, London, Tavistock, 1972, p.3. 关于 telectic 仪式的表述，该书中原文为：“也许，按照她的思路，我们可以创造一个术语——‘Telectic Rites’，借用希腊语中脱旧穿新的概念，来指代问候和离别这样的行为。这种仪式适用的社会场景是一个人的到来或离开。”——译注

就是多余的了。潜在的推论可能是这样的：普遍存在和高频发生的仪式是为了满足小型自给自足社会的要求，在这种小型社会中的个体具有多重角色，个体在功能不同的交互环境中扮演着不同的角色，但这一切却是在同一个群体中发生的，这些角色之间常常相交，尽管是在不同层面上；在现代的复杂社会，一个个体可能扮演的角色的旁观者、信息接收人、合作者都随着扮演不同角色的不同时刻而改变；所谓的仪式不仅因此失去了很多功能，还变得多余，同时对意识不到其结构性情境的观众而言也失去了意义。结果就是，这些仪式不再由社会结构“决定”，并因此逐渐萎缩。

上述解释看似可信——这要归功于它所采用的所有决定论概念的敏锐和精巧——但可能经不起实践方法论的检验。诚然，具有小规模、自足的多层网络的紧密社会互动的情境会“压制”行 115
为十字路口的符号的显著性和清晰可见性。然而，个体从一个角色向另一个角色的轻松转换以及紧接着从他的同伴那里获得的充分回应，构成的正是过渡仪式承担的功能。这里讨论的社会类型是仪式实践从其他事物中创造并保存下来的。这种表面互惠性的影响经常由“因果之间的相互作用”这个不合逻辑的概念来处理，这个概念显然是对传统决定论的讽刺而非救赎。整个关于原因与结果相联系的思想假定原因独立于结果的发生或不发生而存在，但这恰恰不是我们所分析的案例中的情况，因为它就此而言不存在于任何实践的领域。

我们试图理解的实践与黏性的关系同样也不能用传统的功能术语来处理。功能主义的规划如果作为一种解释性的方法论就是把目标弄巧成拙了。它不会满足于在经验上可以到达的单元或逻辑上可以想象的系统之间建立交流网络，它希望用“需求”“先决条件”这样的词来解释其中某些单元的出现，或者只是被一些其他单元或作为一个整体和超实体的“系统”决定。伊恩·贾维（I. C. Jarvie）正确地注意到，在选择系统作为根本的参考框架时功能主义的规划很难符合自己夸下的海口，“它并未超越它打算解释的事实”①，并且它所提供的并非我们通常所指的“解释”（即将所解释的对象简化为一条更具普遍性的规则）。这一点非常重要，功能主义本质上不适合处理人类实践的原因比功能主义在面对从“先决条件”推出“功能”（而不是功能主义实际上所做的，从“功能”的存在假定“先决条件”，这与它的明确计划相反）的任务时所遇到的可疑尴尬更甚。它们深入功能主义方法论的核心，即将分析单元分成因变量和自变量，这是被功能主义吸收和同化的决定论的方法论的遗产，就像欧内斯特·内格尔（Ernest Nagel）将它分为一个系统的G's（目标）和SC's［状态坐标（state coordinates）］。② G's以很多不同方式具体化了，我们可以列举几种最流行的具体化的G's：一个特定的社会关系网络的存续，一个核心价值集合的稳定性，对一种特定身体政治的维持。每种情况的方法论立场几乎都相同：一些重复性的人类实践模式是通过指出它们在服务于“G”时所起到的作用来解释的。在这个意义上，推理过程根本上的逻辑框架与被决定论传统神圣化的逻辑框架具有惊人的相似之处：它们仔细审查的一些事件

① 'Limits to functionalism and alternatives to it', in *Theory in Anthropology*, ed. Robert A. Manners and David Kaplan, London, Routledge & Kegan Paul 1969, p. 199.

② Cf. rancesca Cancian, 'Functional analysis of change', in *Theory in Anthropology*, pp.204-212.

中，第一个事件被赋予了首要的角色，第二个事件则会被赋予次要和派生的角色。两种解释计划的一个区别在于决定论的目标是从第一个事件推出第二个事件，功能主义实践则是从第二个事件 116
推出第一个事件。然而，当面对实践的辩证方法论，无论这个差异唤起了如何的智力激情，它都没什么重要性了。实践的方法论彻底反对优先处理社会过程中任何可进行分析性拆分的面向：从它的角度来说，社会过程中的“社会结构”面向和“文化”（在概念意义上与“社会结构”区分）面向是不可分离且抗拒所有“等级化”（hierarchization）的，就像一个符号事件中的能指和所指一样。

从他们所关注的“文化密度”的角度（最强烈的反黏性行动所聚焦的角度），不同文化共同体的分化如果从实践方法论的角度来处理就可以得到最好的解释。对于跨越任何一个文化共同体界限的实践——用决定论的话来说——自身的规则可以通过参考其生物种类的演化根源或生物－神经科学的基础来“解释”，或者用功能主义的话来说，当它们与世界的前人类本质相一致时它们的适应性价值也就因此凸显出来。但是决定论或功能主义的方案都不能对特定文化中这些规则的具体用途做出解释，一种不会因为被指责具有笼统性和片面性而受到影响的解释。我们最好将近来也许不再流行的博厄斯反对忽视历史的警告铭记于心，而不必始终抓住文化共性这一最具影响力的相反观点不放。让所有坚持把决定论或功能主义方法应用到历史实践的尝试落空的是它们在本质上的不可预测性，这种不可预测性不一定与“必然性”相冲突[就像生物演化或智力发展的特殊交汇点中的情况，这种交汇点被皮亚杰继拉朗德（Lalande）之后称为“媒介过程”（vection）][1]。无论发生什么都被决定论分析框架的纯粹逻辑决定，然而任何还未发生的、任何还未完成的事件都不能从已经落定为事实的东西中明确推导，因为之前的事件限制而非决定了它们在诸如生物演化、知识增长或整个人类历史这些过程中的发生次序。只有正式的实践共相，它的“生成规则”才构成了人类历史坚不可摧的核心；甚至可以说，只有当我们有意将视野限于人类物种的生命历程——这本身是一个更广背景下的历史事件——才能合理地提出这一点。

（2）对黏性的多样反应的第二个维度与构成“小心路滑”这个警告标志的材料有关。这是一个大问题的具体案例，涉及文化项目符号（cultural item-signs）如何通过多样物质制造出来，以及这些中间物与这些项目所标记和生产的社会－文化差别之间的关系。我们已经在第二章中讨论了这个问题更一般化措辞的版本。我们在第二章指出，非语言的文化符号无论在语言中的位置如何，都经不起与所指相联系的能指的任意性检验。大多数文化项目无论是实践的造物还是实践的模式，都以不止一种符号学的
117 方式与人类生命历程产生联系。在当下语境中，重要的是分配到每个特定方式的相对权重可能改变，这要视文化密度焦点的变化而定。

在查尔斯·鲍尔金（R. Charles Boelkin）和乔恩·海泽（Jon F. Heiser）近来对攻击行为[2]的一项全面研究中，他们提到地位

① *Biology and Knowledge*, trans. by Beatrix Walsh, Edinburgh University Press, 1971, pp.122-123.

② ‘Biological bases of aggression’, in *Violence and the Struggle for Existence,* ed. D. N. Daniels, M. F. Gilula, F. M. Ochberg, New York, Little, Brown, 1970, p. 43.

受到威胁是引起攻击性反应的主要刺激之一。一个人的固定地位是通过过剩的符号来保持和强化的，大部分在互动仪式中被定型化：

> 同一组织中两个不同等级的人之间，较低等级的人常会通过如下行为表示对上级的服从：比如开门，在狭窄的走廊中跟在后面而不是走在前面；在饮水机前、酒吧里或者上开胃菜时让上级优先品尝；主动去拿咖啡；少说多听；还有无法一一列举的很多方式。

在上述描述中，鲍尔金跟海泽关注了那些直接保证个体地位的符号，即他人对这个个体做出的行为。但是这些符号在符号学的意义上与其他秩序化的、划定且保卫边界地带的符号属于同一类，它们是有意义的、可预测且因此能够保证事件的安排。当确保个体地位的符号被收回时，个体对环境的确定感和控制感就受到了威胁。但是如果任何其他的“大门”安在“边界地带”（用库尔特·勒温的话来说）[①]的任何区域并受到要么是“非人格化的”也就是公开规则的约束，要么是特定人格化的“守门人”的管束，那么对互动至关重要的所谓相同的感觉就会处在危险中且失去控制。因此我们可以假设对“越界”的范围进行一种相应的扩展，鲍尔金和海泽的如下总结可以适用这种情形：

> 当一个上级发现与其等级接近的下级不再表现顺从，并采取了与平级之间才会采取的行为模式(即产生了一种典型的“黏

① Cf. *Field Theory and Social Science*, New York, Harper, 1951 , pp.186, 157.

性”状况）时，他会首先觉察受到挑战。意识到自己的地位受到威胁，被威胁的个体可能会发起各种各样的压制手段，用来“杀杀这个出头鸟的威风”(put the upstart in his place)。

攻击性反应的倾向可能由各种事件引发和激起，这些事件除了都会发生“越界”之外很难找到其他共同特性。特尔玛·维内斯（Thelma Veness）[①]以出色的洞察力解释了在过于拥挤的环境中因侵犯“个人空间”而引起的常见的攻击行为，他认为这来自一种丧失身份的内在恐惧。任何进入“个人空间”的事物都会自动变得黏滑并释放出禁忌的刺激。现在，我们应该当心对“个人空间”的概念做太多字面上的理解。很多心理学家尤其是行为学家倾向于从直接的、地形学意义上的“物理上的接近”来定义这个概念，从他们对于具有广泛基础的行为习性（为人类与其他动物所共有）的兴趣来看，这种倾向就是可以理解的；但人类生存的空间很大程度上是象征性的，而人类所具有的区分的习
118 性（proclivity to discriminate）——动物只有在自然提供的媒介中才会使之成为现实——被人类置于象征性的画布，这通常无法用“物理性的”空间或时间来绘制。因此“个人空间”代表了地位的安全和身体的安全，“生活空间”代表了群体边界的安全和放牧及狩猎领地的不可侵犯性；然而在符号世界之外很难想象会有一个大范围的概念边界，所以它与动物世界最多只有一点微弱的联系。

需要重申的是，很多象征性地标记边界的问题被认为是很敏

---

① Cf. ‘Introduction to hostility in small groups’, in *The Natural History of Aggression*, ed. J. D. Carthy and F. J. Ebling, New York, Academia, 1964.

感的，因此很多黏性的产生最终依赖于人类实践，相反对越界的容忍和对不相符、不恰当的混乱符号的滥用也具备同样的敏感性。符号所附着的物质首先事关技术。但是一些普遍由自然提供的长期存在的东西（头发、面部装饰、手臂和胸部的形状等）[①]在很多情况下都显然是第一选择，几乎所有物质的变动都要取决于实践过程所处理的主旨。重要的一点是并非所有的“天然”差异在所有的情况下都会被必然地认作边界的标志，只有被共同实践赋予社会意义的才会成为这样的标志。不久以前，青少年穿着的都是缩小版的普通“成人服装”，正是因为青少年被社会定义为缩小版的“成年人”，并且为其与已建立的成人标准的接近性所衡量。服装标准已经发生了巨大的变化，随之而来的是，这些标准确实放弃了旧有的青少年处在变成成年人之前的“见习期”的观念，并使得代际边界周围出现了大量重大的社会区别。同样，有丰富证据表明在古地中海肤色并不会引起人的注意，且几乎不会被认为足够重要到要记录在案。在人种混杂的罗马帝国社会差异并不与“天然”差异相重合，并且人与人之间的“天然”差异也完全不会被留意。罗兰·巴特认为，相信人类实践的产物是不可侵犯的自然法则，是一个“将历史变为自然”的神话。[②]即使是在具备“明显是自然”（obviously natural）差异的情形下，比如在男人和女人之间的差异，这个规则都少有例外，因为这个规则是遍布世界和跨越历史的。现代的实践通过挑战在服装、求爱和交往的角色、社会习惯、服从的等级制度等方面被认可的性别对立，

① 参见艾布尔－艾贝斯费尔特（Irenäus Eibl-Eibesfeldt）所做的杰出的比较研究（*Love and Hate*, London, Methuen, 1971）。

② *Mythologies*, English trans. by Annette Lavers, London, Jonathan Cape, 1972, p.129.

乐此不疲地侵蚀着我们对这一稳固建立的差异看似坚定的信任。这并非因为边界符号由于最近潮流的起伏而突然变得模糊或丧失了吸引力，这种情况中真正发生的是推开边界本身，正如所有特定符号丧失其意指能力的相似情况；这些符号虽然没有仍然在物理意义上存在，但不再是界碑，而它们无序的徘徊也不会在被入侵领域形成“黏性”。

（3）我们希望简要评论的最后一个维度是，个体与群体在一
119 个可以被合理作为单一文化的整体中的差异。衡量对文化定义的黏性的容忍度不存在统一的标准。对黏性所作出的反应的问题与所谓对不确定性或安全感所作出的反应的问题共存，比如压力下的行为或期待落空的影响等。关于这些主题的研究有很多，并且在心理学家之间广泛达成了以下共识，即以个体（强调童年、胎儿期经验以及在基因型上的个体差异的个人传记）和群体（合作的频率和质量、信息的可获得性、支配关系等）为基础的可变因素会在以上这些方面改变人的行为，虽然在所涉及的量的大小以及涉及的机制方面没有达成同样广泛的共识。然而，普遍达成共识的是，对模糊性情况的忍耐度与个人和群体的风险成反比；虽然可以轻易积累同样丰富的证据来证明风险和创造力之间的紧密关系，但这显然代表着缺乏对传统分类的尊重。我怀疑我们对这个问题的可信知识的进步从 1954 年开始就淘汰了戈登 · 奥尔波特作出的以下结论，即对模糊性的不宽容出现任何特定凝聚（particular condensation）的情况中，“只能通过了解每个具体例子的历史背景才能最大限度地理解这个问题”[①]——这就意味着

① *The Nature of Prejudice*, New York, Doubleday, 1958, p.249.

要诉诸实践。鉴于心理学的发现还没有作出任何定论，因此接下来一切探讨都必须视为对这个领域的尝试性探索，而不是精确的假设。

之所以就这个主题没有成功达成一个广泛认同的观点，可能是因为一种出现在某些关于模糊性反应的研究中未被注意到的混淆。这明显是因为任何特定研究人员的视野都被缩小到一种单一而普遍化的模糊性之上，被视为对模糊性的宽容态度之类的东西可能只会被证明是对黏性的敏感性的一种“主题转移”(thematic shift)。这可能是因为个体或群体对世界进行秩序化的所有努力，在挑战到他们更多的邻近社会的主流态度时就被压缩成一个或很少的特征；因为这些特征也仅是这些特征会长期保留，因此他们有充足的理由确信它们可能决定群体实践的整个结果——比如，可能为群体找到在社会结构中提供整个世界观的焦点的位置。人们可能会怀疑，不同群体或不同类型的个人是否能够根据他们总体上具有相同的对各种各样的模糊性的厌恶程度而被完全分类。情况更可能是（由于群体实践的特性和个人的癖好），那些最被强烈厌恶的模糊性的中心或那种令人极度恐惧的黏性所分布的地方并不相同。

那种认为激进运动（radical movements）显示出尤为强烈的不宽容态度的看法，至少是部分地基于某种视觉上的假象。因为整个激进群体的社会存在依赖于那些还未实现的群体目标的提升，并且这些目标只能作为一种几乎不受常识性现实保证 120
的方案（不像它们建立更好的对手，这些对手得到了大众“理性”的接受），所以一种独一无二的情感张力必然聚焦于同一项任务，必然为守卫群体的纯粹性和边界的清晰性投入特别的关注。整个群体的实践实际上围绕着“我们－他们”之间的界线（以其他脆弱和敏感的边界为代价，也就是大部分激进运动中个体在群体中那众所周知的消融）展开，伴随着挑选出仅是为伤害所有其他人的“我们”，不过这些行为在“日常”情境中时有变化。也许是特殊实践的逻辑而非特殊个体的自我选择，才能够清晰地解释激进群体的古怪行为。事实上，在对社会发起的激进战争中一个群体的困境没有为自由的态度留下任何空间，罗兰·巴特恰当地称之为“一种基于公认地位的智力平衡”①。激进运动的实践恰恰是关于“非公认的”（de-recognizing）的公认地位，首先不仅是这些地位，还有被计划的整体，其中激进运动应该被放在整个计划中的哪个位置，都远没有得到公认。那种广受认同的认为激进分子和激进群体对模糊性具有强烈不宽容性的观点，很难与许多激进运动中那些众所周知的对各种神圣分类的挑战和跨越相符合；他们所宣称的所有不宽容事实上只是释放在“只要不是和我们一起的，就是反对我们的”这个著名准则所表达出来的警觉中，也就是意味着要将唯一重要的边界上的黏性扫除干净。

在此我们遇到了一种重要特征，无论如何它都会被划入“激进的阵营”中去。正如大众智慧——并为很多思想自由的学者所强调——所说的“极端之间相互联系”（*les extrêmes se touchent*），左翼和右翼的激进主义都能被刻画在一个无所不包的“好斗的不宽容”的形象中。它们只有从自由主义的视角来看才真正相遇，

① *Mythologies*, trans. by A. Lavers, p.152.

自由主义的世界观是相信一个安全和为人广泛接受的世界，其中每个人都待在他公认的位置上；宽容被自愿地扩展，因为它几乎不是必要的。当宽容（对已确立秩序的宽容，或更是对所有人的宽容，因为每个人都承认这种宽容）对不宽容（对已确立秩序的不宽容，或更是对大多数人的不宽容，因为大多数人都承认这种不宽容）的视角被采用，事实上右翼和左翼的激进主义分子就在相当奇怪地向对方靠近。在这种视角下，试图在左右之间画出一条清晰界线的努力是徒劳的。在某种意义上，这种终极失败来自挑选了一个与这项任务不相符合的认知视角的原罪。与学术领域的观点相反，在激进主义的左翼和右翼之间存在相当清晰的标准来保证二者的传统差别，（虽然在声明具有这个标签的组织之间并不必要）无论有多少墨索里尼（Mussolinis）和多里奥特[①]（Doriots）可以被拿出来作为一种具有误导性说服力的证据。

我们希望尝试性地提出如下区分：右翼激进主义的显著特征是一种广泛传播的、具有非特定指向性的、无定形且分散的不宽容。它对具有威胁性的黏性的敏感并不是由其试图强加于世界的 121
计划引起的，而是由迄今为止与现实不一致的发现引起的；相反，它选择了具有稳固惯常性的现实，这种现实遍及世界，很容易被发现，反映在大量相互强化的事件中，作为唯一可忍受的（或者说，唯一可居住的）世界，它具有可预测性和显著的明确性。右翼激进主义本质上缺乏任何偏离常规路线的计划，事实上它受到对异

① 雅克·多里奥特（Jacques Doriot，1898—1945），法国政治家，在被法国共产党开除后成立人民党，与人民阵线敌对，二战时候成为著名的法西斯主义分子。——译注

常、陌生、未物化和未知的恐惧驱使，害怕与现实背道而驰的想法。右翼激进主义不能超越占据优势地位的现实，这就是为什么它会害怕对不可挑战的垄断和现实智慧的质疑，所以就需要对明显的也即谜一般的事物进行审查。因此，右翼的不宽容就像它所捍卫的现实一样没有焦点。事实上它在观望着现实与未来相遇之处的埋伏。

有一种社会类型（而不是阶级）的身份注定成为右翼激进主义的主要储备军的角色。从马克思开始，这种类型被称为小资产阶级（petit-bourgeois）。再次引用罗兰·巴特的话，“小资产阶级是不能想象他者的人。如果他面对面地遇到他者，他会置若罔闻，忽视并拒绝他者，或者把他者变成他自己。……这是因为他者是会威胁到他存在的一桩丑事”[①]。小资产阶级意义的无限宇宙没有给他者留有位置，因为小资产阶级的本质就是普遍地、永久而单调地重复反映同一种存在模式；常态（the Average）被提高到普遍性的绝对高度。常态的模式就是黏性的模式；事实上，常态就是黏性的原型。常态会反刍（ruminates）它碰到的每件事，会吞食、消化并改变每个碰巧出现在它嘴边的东西。就像阿尔卑斯山的草场被一群贪婪的山羊吃光，被常态削平的世界全部变成了无趣枯燥的荒原。任何无意间泼溅在常态那危险而平整的平面上的事物都消失无踪；常态实际上通过分解周围所有的事物并将它们转化为自己的一部分来获取力量，而且源源不断，永无尽头。常态并非唯一和不断扩张的实体，其真正特征在于“贪食”是向它敞开的唯一一种存续方式。它要么是吞掉并同化所有它接触的事物，要么就会死去。对常态来说，世界的其他部

① *Mythologies*, trans. by A. Lavers, p. 152.

分干脆地分为可以被吞噬的物质以及要不断与之残酷斗争的敌人。它没有为自己留下仔细区别及细想其画布上色调和纹理的任何余地。为了让自己为纯粹的、无形状的一般性所构成，小资产阶级禁不住将它的敌人看作大魔王，一种无所不能的撒旦的力量，一个它所有真实和虚构的威胁形成的综合体。小资产阶级贪婪地抓住丹·斯穆特（Dan Smoot）关于政治世界复杂性的简单（因为普遍）原则："我将福利国家的增长等同于社会主义，将社会主义等同于共产主义。"[1]他们或者可以仔细阅读约翰·伯奇协会（John Birch Society）[2]发布的公报中的统计数据，其中显 122
示1958年20%~40%的美国是由共产党控制的，到了1959年是30%~50%，1960年是40%~60%（对应的估计在不列颠1960年达到50%~70%）。[3]他们或者热心收听关于全部集中在敌人上的可怕新闻，其中宗教叛乱者、西印度群岛的"清道夫"、哈罗德·威尔逊（Harold Wilson）、报社记者、大学老师、公民权利的鼓吹者、南非垒球队以及制造麻烦的学生们，被他们混在一起化成如同一种地狱般的存在。

这种将所有怪异且超出常态的事物简单混杂在一起的混合物很容易控制和监视，而且强大到足够引起必要的高度警觉，它导致了尼尔·斯梅尔塞（Neil J. Smelser）所称的"歇斯底里的信仰"（hysterical belief），"即赋予环境中的某一模糊性因素以一种具有

① Quoted from Daniel Bell (ed.), *The Radical Right*, New York, Doubleday, 1964, pp.15-16.

② 约翰·伯奇协会（John Birch Society）是美国一个支持反共主义并提倡有限政府的团体，成立于1958年。——译注

③ Quoted from Alan F. West, 'The John Birch Society', in *The Radical Right*, ed. Daniel Bell, p.243.

威胁性和毁灭性力量的信仰”[①]。乍看起来，被激起的歇斯底里很难为寻求治疗深度焦虑的心神不宁的人提供有效的治疗手段，因为它只会放大真实或虚假的危险而将恐惧推向几乎不能忍受的极限，无法让经受恐惧的心灵得到安抚。然而，事实上歇斯底里是一种药物（medicine），并且对此十分有效。它通过两种方式抚平病症。再次用斯梅尔塞的话来说，第一种方式是通过建立某种程度上的“稳定性”：

> 歇斯底里信仰通过假设一种普遍和绝对的威胁来消除引起焦虑的模糊性。这样一来，原本只是模糊和不确定的威胁变成了一定会发生的伤害和破坏。歇斯底里的信仰以这种方式来构建情境并使之变得更加可以预测，即使构建过程会导致严重的悲观主义或强烈的恐惧。在模糊性的情境中，一个人之所以会感到焦虑，是因为他不知道应该害怕什么；拥有歇斯底里的信仰，一个人至少确信他所害怕的是什么。

这个现象比小资产阶级将非常态（out-of-average）进行普遍化的倾向要广泛得多，就像《午间的黑暗》（*Darkness at Noon*）中的男主人公痛苦地学到的，“所有已知的肉体痛苦都是可以忍受的；如果人们事先确切知道会发生在他们身上，他们就会像忍受一个外科手术一样来忍受它，比如拔牙。真正糟糕的只有未知”。另外，歇斯底里在控制由黏性的存在引起的焦虑方面万无一失：通过将它与毫无掩饰的、人尽皆知的公敌混在一起，歇斯底里的信仰使黏性丧失了最具毒性的尖牙和缺乏固定形状的奸诈，因此将所有

① *Theory of Collective Behavior*, New York, Free Press, 1963, p. 84.

东西“各归其位”，包括受到威胁的自我的完整性。简言之，就像克拉克洪针对这些普遍化的、说明一切的敌人的情形提出，“巫术信仰最显著的‘功能’之一就是为令人费解的问题提供了答案——因为费解，所以很令人困扰”[①]。

汉斯·托奇（Hans Toch）对右翼社会运动（“它们假定的前提是人类正在被一种强大且无处不在的阴谋征服”）的讨论展现了一个普通人是如何偶尔表现出对阴谋论的独特偏好的：

> 除了为紧张感提供一个具体目标，阴谋论还能简化相信
> 阴谋论的人的推理系统和他对社会性的因果关系的观念…… 123
> 在阴谋论中，因果关系变得集中化（所有事件都可以归咎为同一群密谋者），而且因果关系本身被整合进来（因为密谋者被假设*知道*他们正在干什么，并且对其行动产生的后果是*有打算的*）。[②]

阴谋论满足了小资产阶级进行普遍化的条件，这些条件源自小资产阶级的存在模式；小资产阶级与右翼激进主义之间紧密联系的频繁强化并非偶然。然而，奥林·克拉普（Orrin E. Klapp）将我们的注意力引向了另一个同样常常释放小资产阶级焦虑的阀门，而且这种情况下无需残忍和无所不能的阴谋，“尤其在物质繁荣但有一种被欺骗的感觉，往往又不知道究竟哪里出现了问题的时候”，这些人可能会想从深层而又模糊的焦虑中被解救出来，那种“关心服装和自我装饰的‘尖叫的自尊’，关心情感姿态的反叛风格，

① *Navaho Witchcraft*, Kluckhohn, Bacon Press, 1962. Cf. Marwick (ed.), *Witchcraft and Sorcery*, New York, Penguin, 1970, p.221 .

② *The Social Psychology of Social Movements*, London, Methuen, 1971 , pp.45, 51-52.

而不是关心实际作用、英雄崇拜、迷信等类似的东西”[①]。第一个解决方法（也就是阴谋论）和第二个解决方法之间的重要区别在于第一个方法是向外的，第二个方法是向内的。小资产阶级可能尝试（在内心）缓解他者的异质性；也可能让自己做相反的工作，即尝试通过用大量冗余的警告符号来强化自己的身份从而将这种身份凸显出来。无论选择哪种方式，其意图和结果都是惊人相似的，就是在“我们－他们”之间划出一条清晰明确的界线，由此在普遍的“我们”与异常的、反叛的、难以同化的“他们”之间那种假设的明显对立得以加强。

目前我们已经处理了旨在恢复或加强那些被削弱或侵蚀的界线和身份的防御机制，这些都是典型的右翼实践；以及那些意在守卫一个不寻常的新计划脆弱的初始身份的方案，这是典型的左翼实践的特征。然而常与现代性概念相联系的新趋势正在西方世界抬头。根据将每种怪异事物归入已经具有意义的分类中的天然倾向，这个趋势经常被描述为已被我们的世界观完全同化的分类中的新样本，无论称之为“新左翼”或是“新法西斯主义”。事实上，这个新趋势很难被划到任何一类。将这种新趋势等同于这个光谱的任何一端的尝试之所以很容易受到挑战，以及之所以可以迅速找出一堆反对这种明确分类的观点，是因为划分这个新趋势的特征事实上并不能用“左－右”来描述。现代性的趋势与二者都背道而驰，并且以自由主义的懒散和漫不经心的宽容而不是老掉牙的陈词滥调同时赋予了左和右二者以矛盾性和共同性的主张。这个趋势并不能通过它在提议提高反黏性的堡垒和炮塔时所处的

① *Collective Search for Identity*, New York, Holt, Rinehart & Winston, 1969, p.vii.

位置来区分，事实上它否认了抗争的必要。而且，它否认黏物具有黏性；它要连接不可逾越的，超越无法通行的，弥合不可相容的。按照最近阿尔弗雷德·威勒纳（Alfred Willener）的描述，超现实主义开创者以及开创性的现代主义运动的计划也许提供了一个相当典型的模式：

> 在此前被当作彼此无关的领域之间建立联系，以便从必 124
> 然发生的震动中创造出对感性的颠覆。……在不同领域之间不存在墙壁，或者至少那些仍然存在的藩篱可以被撞倒，而且撞倒它们的工作必须开始。①

人们可能必须仔细辨别先锋派（*avant-garde*）的激进构想，那种公然且毫不羞耻地提出“对抗整个稳定运转的繁荣社会”，对抗迄今所有关于有意义的秩序的神圣化原则（并且因此使先锋派远离民众，将潜在富有战斗性的人限制在“活跃的少数派、主要是年轻的中产阶级知识分子”当中）②以及可能对抗或许没有那么显眼和刺眼但侵蚀着既存大众习惯的更加深入的变化。作为“活跃的少数”的先锋派可能甚至宣称“对线性时间、逻辑和历史本身的迅速解除”并要求“一种新的原始生活方式”，“向一个永无止境的游戏投降：一场必须打破所有规则的游戏，包括打破所有规则本身的这项规则也必须被打破”③。考虑到先锋派那缺乏节制的自恋以及将其他人的忍耐力放入测试可能会发现的虐待狂式的狂喜，“多数人”可能会被赶进自我欺

① *The Action-image of Society*, London, Tavistock, 1970, pp.218-219.

② Herbert Marcuse, *An Essay on Liberation,* Harmondsworth, Penguin, 1972, p.57.

③ In *Bamn*, ed. P. Stansill and D. Z. Mairovitz, Harmondsworth, Penguin, 1971 , p.170.

骗这一过时的、生锈的防卫盔甲中。先锋派所过度表现出来的热心和决不妥协的轻率，事实上可能导致传统小资产阶级对混乱而不确定情境的反应的复活。这再次使现代社会的真正趋势显得更加晦暗不明。在这种情况下忽视弥漫在现代生活中的新的实践模式尽管是可以获得理解的，却仍是一个不能被原谅的错误判断。正在缓慢而不规律地出现的是对黏性的一种新的容忍度，事实上是对跨越重要的意义边界的容忍度。但我们远不清楚，是否只有迄今为止公认的特定边界才是现在的符号学剧变所挑选出的唯一牺牲品，或者现在的混乱是否预示着对过去的实践模式的全面修正。然而这是第一次，我们至少有一个微茫的机会，由《拿破仑法典》在两个世纪以前所骄傲宣布的“非婚生子女不得请求其父认领”（la recherche de la paternité est interdite）[①]的原则可以转变成一种人类思考和行动的新形式。目前作出最后的判断还为时过早。如果这个机会成为现实，那么人类文化将要面对一场过去最激烈的剧变都不能匹敌的革命，因为它的一个面向至今没有被真正挑战过，这个面向总是能从革命的躁动和骚乱的深水中成功且完整地暴露出来，这就是人类实践的结构。

文化与社会学

文化在社会学中受到了公认的不公正待遇。考虑到文化在传统上曾被作为高雅风格（纯文学、高雅的音乐和艺术、休闲活动）

① 此译法参见李浩培等译的《拿破仑法典》（商务印书馆 1979 年版）。——译注

的领域，或延伸到包括整个人类和 / 或社会存在，因此没有被削 125
减为一个“分支的名称”，这种情况下文化充其量被当作多余的东西来对待。

文化的概念最先由美国文化人类学家带进现代社会学话语的领域中，原本被作为一种内在的、共有的、彼此一致的规范用来表示社会整体秩序的理论－方法论前提。英国人类学家则在“社会结构”的标题下成功地处理了同样是日常单调、重复和可预测的人类活动过程，而他们的美国同事则将“社会结构”作为规范的层面而非行动者的层面来认识。的确，这种对于文化的重要理解诞生在英格兰，是爱德华 · 泰勒爵士（Sir Edward Tylor）带动了社会科学家将“文化的状况”作为“人类思想和行为的规律的研究对象”来研究，这样就可以解释“遍及所有文明的一致性”以及文明的“发展或演化阶段都是先前历史的结果”[1]。但这主要还是克拉克洪和凯利在 1945 年对美国半个世纪的经验和讨论所做的总结，将文化定义为“一个被历史性创造的、为了生存所做的明示或暗示的计划系统，总是被一个群体的全部或特定成员在一个特定的时间点共享”[2]。正是在那时美国人类学家中建立起牢固的观念，认为文化“显示出一种可以被科学方法进行分析的规律性”[3]，也就是说文化是有秩序的、系统性运作的实体。尽管文化的概念在已经确立的美国用法中是“规范取向的相互性”(mutuality of normative orientations)，但它在帕森斯的行动者理论（theory

① Edward B. Tylor, *Primitive Culture*, vol. l, London, Murray, 1891 , p.1 .

② Cf. ‘The concept of culture’, in *The Science of Man in the World Crisis*, ed. Ralph Linton, Columbia University Press, 1945, pp.78-107.

③ Melville J. Herskovitz, *Man and His Works*, New York, Knopf, 1948, p.625.

of action）中则被首先当作文化传统。[1]无论是作为行动者取向的一个对象还是一个要素，这里的文化被看作先于行动的现实，在实际行动开始之前就是完全定型和固定的。如果要详尽说明文化概念的使用方式，克拉克洪可能会将其描述为“一种历史的沉淀”并且强调其具有“系统性的特质”，他坚定地认为文化“除非考虑到这个系统性的特质，否则文化不能被作为用来预测的概念工具”[2]。而自始至终，“文化”这个词当在泰勒开创性思想所划下的思想限度之内被使用时，没有传达出关于“社会系统”也包含在这个概念中的任何信息。就像社会系统这个概念，“文化”这个词也反映了表达以下模糊观念的需要，即关于人类生活中各要素的相互联锁和相互衔接，以及个体生命历程中的内在一致性和个体间互动的连贯性；它代表着有希望预测人类对一般性偶然事件的反应，以及有希望建立关于人类生命活动具有根本上的确定性本质的假设。[3]

以上这段陈述并不具有特别明显的真实性。难道“文化”一词的用法不是象征着人被同时视作“自己过去的创造物的奴隶和主人”[4]？难道社会学对文化的沉迷只是在于过分强调整套文化的创造性面向？难道作为人类独特特征的文化还没有成为公认的人
126 类创造其世界的特有能力？难道考虑到“文化学家”的方法相对

① Cf. *Toward a General Theory of Action*, New York, Harper, 1962, pp.7,16.

② ‘The study of culture’, in *The Policy Sciences*, ed. Daniel Lerner and Harold D. Lasswell, Stanford University Press, 1951.

③ 公平地说，文化概念的确为“社会系统”的观念增添了一些东西，就像很多其他“冗余概念”（residual concepts）一样，无论何时需要在系统被选定具有的基本属性的框架中解释一些偏离或仅仅是无法解释的变化，文化概念就会起到有效的作用。从“社会系统”的理论视角看来，文化的偶然性通常——也比较适合——对这些“不规则性现象”负责。

④ Lewis A. Coser and Bernard Rosenberg, *Sociological Theory*, New York, Macmillan, 1964, p.17 .

于简单的行为主义决定论的惰性机制所具有的主要和自觉的优势，这项能力还没有被分配以重要位置吗？

关于第二个想法，文化概念被假设固有的主动性、创造性、自由这些要素的虚假性正在变得昭然若揭。创造性的观念习惯性地通过对所有文化事物的“人造”起源进行的仪式化参考，被作为“自然的”反面来处理。偶尔一种额外的情形会被指出，即选择，这个要素被人类方式和手段的明显多样性证明。然而，两种看法都不会对宣称文化概念具有的“行为主义”本质增加多少说服力。就文化的“人类起源”来说，它能够像它“人造的”镣铐守卫囚犯的自由一样有效地支持人类的创造性。彼得·梅达瓦(Peter Medawar）爵士在他的宣告里的的确确地抓住了“人造”主张的要点，即“人与老鼠的行动之源之间存在的本质差异”（这是文化概念所通常代表的）在于“老鼠没有传统”，导致的结论就是只有人类的演化“不是通过遗传进行的”，“信息的传递是通过非基因渠道代代相传的”[①]。第二种看法没有很大区别：人类的选择自由只会在回顾中得到公认，即在决定已经作出并且随后被文化吸收之后，比如当它的后果已经开始通过一种暗示着自然的力量印刻在人类行为上。要成为不同于特殊的、异常的、不规范和不适合科学处理的对象，一个“文化”项目必须已经被绑进某种秩序化的安排中：它必须作为现实的元素，作为确凿无疑的成就。只有这种现实才可能服从科学性的审视，并且对文化现象实行科学化处理一直都是社会学家不可动摇的野心所在。在文化学家的职业

① Cf. P. B . Medawar, *The Uniqueness of the Individual*, London, Methuen, 1957, pp.141-142.

信念当中，卡普兰和曼纳斯不情愿地承认，“我们必须修正对完美理论的渴望，并且接受非 100% 确定的事物”[1]；他们闷闷不乐地同意阿纳托尔·拉波波特的观点，“社会科学家的目标必须比物理学家的要低一些”[2]；但如果被要求接受物理学和社会学并不一定属于一个统一体，并且二者的区别不仅仅是量上的，那么他们是无论如何也不会让步的。而且如果有人试图质疑他们的如下确信，他们一定会激烈反对，即物理学为所有想要赶上来的学术努力提供了一种不可逾越的理想，即便不是在方法和研究策略上的理想，也至少是在它所达到的精确度和预测能力以及为人类武装的控制能力上的理想。

让我们明确一下所要攻击的目标。最近周围散布了太多关于现代科学的哲学地位的废话，这主要“归功于”舒茨版“现象学”的追随者所带来的热烈争论。[这些好斗者很少能达到跟他们所
127 批判的著作相同的深度，却把天真假扮成自我确信；他们对“实证主义”的简要看法——他们是否了解实证主义都很可疑——越来越多地仅建立在对舒茨进行引用以及同伴之间互相支持的基础上。[3] 人们不能抗拒将这一情况与历史上的情况进行对比的诱惑。诚然，具有相似行为的先例在科学的历史上并不多，但在教会的历史上却很常见，无论是神圣的还是世俗的教会。忠诚的基督信徒只能从教父的作品中引用的片段了解到像塞尔苏斯（Celsus）

① *Culture Theory*, Englewood Cliffs, N. J., Prentice-Hall, 1972, p.15 .

② ‘Various meanings of theory’, in *Politics and Social Life*, ed. N . W. Polsby, R. A. Dentler and P. A. Smith, Boston, Houghton Mifflin, 1963, p.79.

③ 人们可以在以下这本书中为这种很难算是学术行为的行为找到一个近乎达到“实验室清洁水准”的纯粹例子：*New Directions in Sociological Theory*, by Paul Filmer, Michael Philipson, David Silverman and David Walsh, London, Collier-Macmillan, 1972.

那样的早期基督教评论家的观点。作为这些教父之一的德尔图良（Tertullian）说："在耶稣基督之后我们不再需要好奇心，就像在福音书之后我们不再需要探寻一样"。] 卡普兰和曼纳斯，或者其他我们所引用的作者都不代表现代科学中某类特殊的、被狭隘划定的阵营，这类阵营可以通过贴上一个比如实证主义这样的限制性标签而与科学的其他部分明显地分离出来。从整体上看，这些学者的行为和他们所提出的假设不仅在现代科学中是完全合理和典型的，而且的确构成了科学框架（正如它历史性地出现在西方）中唯一受到承认的行为和方法论计划。现代科学是古希腊技术（Τέχυη）主张的唯一继承人和唯一的逻辑成果，古希腊技术认为客观自足的宇宙可以支撑人类目标取向的控制能力与野心。弗朗西斯·培根详尽赞美了科学的效用，称科学为技术知识唯一的稳固支点，而奥古斯特·孔德（Auguste Comte）的至理名言"知道是为了预测，预测是为了可以做到"远不是一个特定哲学流派的一家之言，而是忠诚地反映了自科学诞生之初就存在的一种态度，而且这种态度会一直与我们在一起，渗透在所有的科学努力中。实证科学从为其命名的《实证哲学教程》（*Cours de Philosophie Positive*）的作者自己为其赋予的意义上讲是一个具有如此广泛和重大影响的纲领，以至于一个斯金纳主义者①（a Skinner）无法将其限缩为（或者更糟，混同于）对非感觉实体进行的古怪而随意的排除。它的基本前提依然是整个科学的奠基石。这一点应该被

① 伯尔赫斯·弗雷德里克·斯金纳（Burrhus Frederic Skinner，1904—1990），美国心理学家，行为学家，作家，发明家，社会学者及新行为主义的主要代表。斯金纳发明了著名的斯金纳箱，引入了操作条件性刺激来解释这一现象。他改革了激进行为主义并且创立了自己的实验型研究心理学——实验型分析行为学。——译注

加以重视，因为它不仅仅是一个处在危险中的微妙定义。这个术语之所以笼罩着迷雾，部分原因在于人类的健忘，部分原因在于党派斗争的无常变化，但这迷雾近来已经以超过任何知名讨论的速度蔓延开来。

正如尤尔根·哈贝马斯（Jürgen Habermas）正确指出的，培根－孔德式的“实证科学”纲领首先意味着“把知识从兴趣中解放出来”[①]。这并不是说随后的认知活动都脱离了所有的人类兴趣。“脱离兴趣”[或者后来称之为的价值中立（wertfrei）]的知识的真正思想必然以人类功利的、实用的意图为基础。这种知识从一开始就是勇敢的杰作（*tour de force*），旨在于宇宙化的、自给自足的秩序内部为成功的人类活动探索指导原则。即便意识到自身的动机，这种知识也一定会将起到激发作用的兴趣的实际影响隐藏在
128 探究的过程中，它所记录的事实模型中，以及其塑造的理论结构中。否则，全部努力倾注的目标以及它的任何工作成果都会被扼杀在摇篮中。因此它必须对自己的工作睁一只眼闭一只眼，并且巧妙但又坚定地拒绝将其注意力集中在探寻的过程上。它希望透镜薄到（或至少假装薄到）完全透明的程度；如果可能，最好让自己完全消融在先验的客体中，这是获得可靠知识的唯一权威和希望。兴趣的地位并没有在科学领域中遭到否认：兴趣可以被看作科学探索的对象——在这种情况下没有人能对其合法性进行质疑。作为行为对象和作为激发这个行为的态度[②]，价值（values）正是从

① *Knowledge and Human Interest*, Heinemann, 1972, p.306. English trans. by Jeremy J. Shapiro.

② Cf. e.g. William L. Kolb, ‘The changing prominence of values in modern sociological theory’,in *Modern Sociological Theory*, ed. Howard Becker and Alvin Boskoff, New York, Dryden Press, 1957, pp.93-132.

这两个方面进入常规社会学的调查和话语当中的，当然这两个方面充满了人们的兴趣；但是它们所充满的兴趣是探索客观对象的兴趣。就此而言，科学立场并不回避所研究客体的本质的问题，但它真正要坚决解决的是探寻主体的本质的问题。正是主体必须保持价值中立的科学理想“为主体提供一种从激情中获得的陶醉的净化”①。没有什么可以阻挡探寻的主体心甘情愿地让自己服从先验客体那不容置疑的现实。

因此人们必须对以下两个方面作出区分，一方面是这样那样的科学实践体或这样那样的科学哲学的附加性特征（adventitious features），另一方面是科学立场本身的必然属性，它足够普遍到可以包括经验分析科学和诠释学的策略。类似于将被调查人类的主观性经验作为受到承认的“事实”证据加以容纳或排除的特征，限定了与“原始材料”状况相一致的认知对象的主体，或者决定概念必须与原始材料相连接的方式的规则必须获得科学话语的承认，这些都属于第一个范畴；然而无论对这些采用多激进和强硬的态度，它们仍然属于培根－孔德式的重要原则所划定的“客观科学”的广阔范围。但是，关于“抽象”的应然和“实在”的实然之间不可逾越的鸿沟的假设，关于在认知和证明过程中对客体的无条件至上性的承认，以及在认知主体这一方的全然的中立和冷静的假设，这些构成了第二个范畴；它们的确是科学态度不可或缺的组成部分。最后一个假设具有被压抑的自我意识的所有印记，但是正如哈贝马斯的准确观察，这种虚假的意识都有一个重

① *Knowledge and Human Interest*, Heinemann, 1972, p.306. English trans. by Jeremy J. Shapiro.

要的保护功能即去除对自我欺骗的防护，且不留下任何可以揭穿“法西斯主义”物理学的荒谬的东西。[1]实证科学及其所有假设——甚至是它顽固和任性的自我蒙蔽——都是在技术统治下人类兴趣
129 能够得以满足的唯一方式。

然而，接受这个并不等于接受实证主义，除非愿意将实证主义定义为科学态度。从历史上讲，实证主义曾经是一个主流的哲学流派，主张科学是唯一有价值的知识，是唯一值得人们关注的陈述的可靠来源；认知只有服从实证科学的规则，才不会付出无效的（甚至是有害的）的努力；除了那种通过实证科学及依其假设获得的现实，没什么能被理解和认识。由于禁止从关于现实的断言中得出规范性结论的规则一直都是实证科学的基石，在实证主义主张中存在着不可化约的固有的不确定性。实证主义必然是一种规范性的态度（normative attitude），并且正是这一特征（即规范性）被它贬损为是在认知层面上多余和不相关的。由于藐视可能为它提供那种任意赋予超验现实以权威的手段，实证主义注定要作为一种信念的行动（an act of faith）继续下去。

一个强有力的例子可以佐证以下见解，即实证主义是一种异化社会（alienated society）的自我意识。的确，人们可以在这种社会产生的生活方式与关于世界本质及知识的起源和功能的实证主义假设之间看到一种显著的一致性。

异化社会将人类生活的公共领域和私人领域明确地区分开来。但是从这种区分开始，私人领域被一道持续变宽以至于不可逾越

① *Knowledge and Human Interest*, Heinemann, 1972, p.315. English trans. by Jeremy J. Shapiro.

的鸿沟分成了两个部分。被称为“社会”的现象夹在这两个部分中间，它以这个裂隙为生并在难以愈合的伤口中日益兴盛，阻止着每一个部分产生自发的意义。私人领域的第一个部分是一个人所拥有的进行独一无二的工作的天赋，第二个部分是对他独一无二的需求的满足。这两个部分之间的天然联系已经被无可挽回地破坏了，现在能从第一部分通向第二部分的公共领域是“社会”。为了填补二者之间的鸿沟以及恢复它们最初的统一所做出的持续不断和永无定论的努力，可以被看作人类对社会进行关注的无尽源泉所在，也是人们不断假设社会具有实在性的无尽源泉所在。

创造和控制的分离——这是异化的精髓——以社会的现实及其精神形象为基础。创造活动是人类得以控制其存在于世界的唯一方式，也就是完成同化与顺应这个辩证过程的唯一方式。[①]随着控制从创造活动中剥离出来并且移植在先验的领域当中，人类成果的残余作为一种完全缺少其本来意义的行为呈现于其主体面向。主观性本身变得无意义和不重要，因为在生命历程的部分中找不到明显作为一种私人范畴的自我赋予的意义。先验的公共领域——“社会”——变成了施加控制的唯一场所。一个人只有通过利用储备在公共领域中的控制的资源才能使他残缺的、不完整 130
的存在变得完美。个体主观性的生命历程只有通过将主体转变为控制中的客体才能完整实现；只有承认公共领域具有不可置疑的权威，个体才能获得虚幻的主体性。

实证主义哲学忠诚地反映了这个异化的人类世界的现实。它

① 关于这个过程的辩证性参见以下著作：Jean Piaget, *La Naissance de l'intelligence chez l'enfant*, Neuchâtel, Éditions Delachaux et Niestlé, 1959. Also published as *The Origin of Intelligence in the Child*, trans. M. Cook, London, Routledge & Kegan Paul, 1953.

从将认知主体消解于认知客体的先验性中获益。在精神的理想化世界中它对在人类境况的现实中已经完成的事物进行再创造。这是一个权宜之计，将主体较好的一部分转变为权威控制的客体并且让其他部分无意义且不相关。在人类和其世界之间关系的认知面向的实证主义观点与其实践面向的异化现实之间的紧密协调性，也许是实证主义主张具有惊人的生命力和说服力的重要原因。正如哈贝马斯所宣称的，实证科学的繁荣可能扎根在人类对技术的不朽兴趣中；实证主义作为一种世俗哲学所获得的显著成功建立在对被控制剥夺的主观创造力的历史性压制之上，也建立在将创造力简化为纯粹的技术性（作为压制的结果）的基础之上。实证主义思想的确在“直觉性的自明之理”，或任何对它来讲是异化社会一员的东西中发现了一种温暖而有共鸣的回应；但是这种直觉性的自明之理并不是从超时间的“自然态度”中产生的（或者说，它看起来更像哲学上的绝对主义的寻求者）；正如皮亚杰提醒我们的，它“只是意味着主观性的确定性”[①]，并且主观性的确定性往往可以被追溯到由共同知识阐明并组织起来的共同经验的重复性与一致性。

因此，实证主义不止是哲学家的专属哲学和科学家的专属实践。它的认识论根源和价值论萌芽被紧密地编织在一个异化社会人类生命历程的脉络中。实证主义基本信条的无处不在（要归因于它们在异化实践当中的稳固根基）可以被很多带着天真愿望的评论家充分证明，这些为实证主义所严格限制其认识论的评论家

① *Insights and Illusions of Philosophy*, London, Routledge & Kegan Paul, 1972, p.20. English trans. by Wolfe Mays.

默认接受将需要转变成美德的权宜之计，即通过这种方式实证主义将主体与其世界（其异化的世界，我必须不断重复指出）的多面关系化约到认知层面上。实证主义思想的限制性实践所引发的错误在于相信反对实证主义只能在这个层面上上演、斗争和取胜。只有实证主义及其敌人都诉诸异化社会达成共识，这个错误才变得更容易理解。

反实证主义者太不认真且太不自信了（虽然他们的用词具有 131
补偿性的强烈意味），以至于无法揭穿这个错误。这个悲剧在于以下困境：要么是最终接受不受实证主义衡量的另一种科学（但并不质疑现实客体的至高权威，只是重新安排认知焦点）；要么是不仅拒绝实证主义的“帝国主义”，同时也拒绝实证科学的思想本身，冒险接受不请自来和不受待见的同盟者不可靠的陪伴。人们可以用这两个基本类别对这些不走运的反实证主义进行分类。

二者都假设了一种由异化社会塑造并经受实证主义共识性的“自明性”（self-obviousness）所训练的精神应该有的样子，即个体及其世界的关系——至少出于探究的目的——从根本上讲是认知层面的关系。也就是说，它可以被完全在认知领域进行的操作改变。对抗实证主义的斗争应该从“幻觉”“迷思”“本质”“虚假意识”以及它们对此的否认等这些方面进行。反实证主义抨击的频率和强度直接由对社会现实本身而不是对其哲学的反思激发，由对被压抑的主体性的实践和受到贬损的隐私性的不满而不是哲学家在认识论上对主体进行忽视的不满激发。但是，实证主义哲学的胜利达到了效率上最壮观的高度，由此这种哲学起到了避雷针的作用，拦截了旨在劈向它所描述的社会世界的雷电。随着导弹从他们设计好的轨道上发射，异化社会的主要堡垒，“实然高于应然”不可妥协的至上性的真正基础，也就可以真正完好无损地出现了。

那种挑战实证主义社会科学特殊构造的热情，在详尽阐述涂尔干思想时获得了支配性的地位，“认识论上的人”(epistemological person）的立场不再需要对实证主义真正的重大原则的质疑。实证主义毫无可能放弃实然相对于应然之至上性的信仰，也绝不会怀疑研究者应该具备价值中立的美德。这种趋势不但在关于我们或其他任何社会的优点或缺点的面前保持沉默，而且剥夺了自身的智识手段，这种手段本来可以作为其合法的组成部分使它能够包含任何可以达到这种效果的陈述。由于它的基本范畴具有完全形式化的、非本体的本质，它不能产生任何有力的支点可以强大到向任何人类社会历史性地呈现的模型提出控诉，而且找不到可以衡量一个社会的特性的标准。而这恰恰是实证主义所明确追求的思想革命。实证主义学派在攻击社会科学同僚时释放了它最强烈的愤怒和最具毒性的利箭。这个学派打算治愈和改造的正是这些同僚。否则将很难看到其他任何事是如何被重塑的，即使是作为一种彻底成功和全面的思想改革的结果也一样。实际上，实证主义并不打算教育人们应该如何建造自己的社会，它的唯一目标是探索从远古时代开始人们事实上做了什么，它并不指望新获得的自我意识会对所谓“存在于世界中的人”(man-being-in-the-
132 world）在认识论上的一般属性形成任何影响。这个有意为之的思想改革唯一带来的新影响尽管转瞬即逝，但是可能已经重新唤醒了我们对生活于其中的社会世界的异化本质的滞后意识；尽管我们被引领着撤退到前马克思主义的立场，它已被抛弃已久，从这个立场出发异化及其压倒性的力量以哲学的方式被视作一种本质上的精神活动。马克思所反驳的正是布鲁诺·鲍威尔（Bruno Bauer）等提出类似观点的作者："思想的指导永远不能超越既定的情境，它们只能超越既定情境的思想。思想绝不能够完成任何事。思想要借助应用实践之力的人来变成现实。"[①]他重申：

> 意识的一切形式和产物不是可以用精神的批判来消灭的，也不是可以通过把它们消融在"自我意识"中或化为"幽灵"、"怪影"、"怪想"等等来消灭的，而只有实际地推翻这一切唯心主义谬论所由产生的现实的社会关系，才能把它们消灭；历史的动力以及宗教、哲学和任何其他理论的动力是革命，而不是批判。

这种革命在同样的论证过程中被马克思定义为"环境的改变和人的活动或自我改变的一致"[②]。

如果这个实证主义学派的某些好战分子存有希望，希望通过该学派自己提供的手段归还被威胁和破坏的主体性及其逝去的尊严（或者说从未拥有的尊严），那将是愚蠢而无用的。这当然不符合孔德的哲学或涂尔干的方法论原则，也就是让个体的主观世界从属于"客观"社会的高压专制统治。而且即使在孔德和涂尔干受到公开指责和批评的那一刻，这一"暴政"也不可能消失。

至少从一方面讲，这种反实证主义的背离似乎比它的哲学对

① K. Marx, F. Engels, *The Holy Family*, Moscow, 1956, p. 160.

② K. Marx, F. Engels, *The German Ideology*, Moscow, 1968, pp.51, 660.

手以更具影响力和更高自我抛弃程度的方式支持了异化世界。它在认知思想上与实证主义一样具有对中立性和价值无涉的不懈追求。但是，反实证主义将这一规则的有效领域拓展到了一般的实证主义或者说普通的实证科学实践者所不敢想的前沿地带。实证科学的价值无涉被限于在对价值、理想以及任何被归为科学之外的应然的荒野中的对超验现实的封圣行为。但是实证科学会愤怒地拒绝任何以一种相似的平和性看待“现实”的真知的问题的建议。相反，实证科学的整个规划以及就此而论的科学的整个规划都建立在不可动摇地坚信存在一种根本上的可能性，即可以从关于现实大量的矛盾解释中挑选出一种相较其他更真实、充分和值得信赖的解释。这是“认识论上的人”的探索者所不会接受的。被实证主义社会科学家尊为“社会现实”的东西被这些探索者降到一种偶然的、“成员们”“典型化”工作的多样副产品的地位；并且
133 最重要的是，这种现实的属性并不能通过这种客观的、可触摸的和可感知的副产品来断定（如果是如此，那么这个学派就只是当前众多社会过程理论中的一种，而并不会因为其具有反叛性而显得特别）；现实是学派成员们对出于协商或“正在完成”的共同领域所持观点的唯一属性。然而，这些观点无可否认是多种多样的，原则上没有任何东西能够防止它们之间相互矛盾。但是也找不到可以区分它们之间对与错的标准，事实上这个学派很难用它认为合法的语言来表达正确的定义。“正确”与“错误”，“真实”与“虚假”，如果要硬塞进它的词汇表中则显然是不合适的。人们不能一直在对这个学派的准则保持忠诚的同时还声明其“对情境的定义”是错误，或者甚至尝试提出某一特定“定义”的特定持有人受到

了欺骗、蒙蔽、愚弄或者只是显露出他容易受骗和愚蠢的本性的问题。因此这个学派无法为一个追寻不存在的目标的人提供指导。当一切因为都是“经验的”而具备同等正当性的时候，人们就不能依赖任何手段作为逃出困境的可靠方法。

实证主义与异化社会之间的紧密联系在实证主义的专门信仰中找到了自己的表达，即唯一有效的知识是不包含兴趣且因此也是价值无涉的知识。对于这种对生命历程超出了人所能控制的范围的人类境况的自满的默许，对实证主义的所谓挑战者们也诚恳地接受了。他们对实证主义的打击被错误地引向了实证主义对客观真理的崇拜，也就是实证科学，这个哲学领域中唯一不存在争议的堡垒，它为我们的文明贡献了最多的财富。实证主义的挑战者们近来似乎又开始过滤实证主义侵蚀智力后所留下的最重要的沉淀物，只是为了揭露他们想象中要谴责的哲学的重大原则，即这些原则的起源和存续其实都要归于异化社会的现实。

如果仅限于单纯的哲学批判，仅将实证主义哲学作为唯一目标，而为这种哲学提供恢复能力和所坚守的常识的异化社会则被默认为不可逾越的现实，那么对这些原则的攻击将不可能完全成功。无论是在实践中还是认知上，实证主义都与社会共兴衰，社会为所有权威具有超验地位这一主张提供了力量。瓦解实证主义支配地位的基础的方式不是通过质疑人们是否有将兴趣与知识相融合的权利，而是要通过挑战“真实”（real）作为知识有效性来源的垄断地位。安东尼奥·葛兰西（Antonio Gramsci）会说，政治经济学的“自然”法则在民众于异化社会所习惯的日常、单调、例行的方式活动中完好地保留着；依据他们的这种行为，人们可

134 以很容易地将所观察到的现象的明显重复性作为一种可靠知识的基础。但是，这种所谓的坚实基础会在民众从他们麻木的服从状态中解放出来并开始“不寻常的”“非法的”“不大可能”且“没有保证”的冒险之时顷刻颠覆。实证科学不可能告诉我们民众创造力的突然迸发，更无法像预测试管中的溶解现象一样“预测”他们的行为。实证科学最擅长的是描述现实，而当它被要求讨论可能性时则永远不在状态。但愿带着所有毋庸置疑的成就的实证科学并不是人类需要且能够创造的唯一知识。正是在这一点上，我们认为该轮到文化的概念上场了。

我们基于以下关于文化概念的控诉开始当前的思考。文化的概念被社会科学挪用之后被控诉过度缩微到只能涵盖人类行为可预测的、日常的、制度化的面向。文化现象已经被“超验现实”(transcendental reality）的领域顺利接纳，这已经是完成了的，而“超验现实”的领域可以也仅可以被实证科学恰当处理。实证科学在文化的概念中找到了一个格外认同的“亲戚”，这个“亲戚”看起来是兴趣的缩影，它或明示或暗示地使科学项目开始运作。卡普兰和曼纳斯根据广泛接受的用法将文化描述为“一种初级机制，通过这种机制人类得以从适应环境走向控制环境”①——这是对异化社会产生的“技术功能”进行的一种功利主义的、唯命是从的完整表述：除非向真实性所具有的权威投降，否则你将无法实现自己的目标；然后你才能够控制它，也就是通过遵循它的规则来实现对你最有利的事情；换言之，就是切下最肥的一块肉为己所用。文化是对强硬且坚固的现实的一种适应，只有适应才能让它

① *Culture Theory*, Englewood Cliffs, N. J., Prentice-Hall, 1972, p.77.

变得有用。只要现实的超越性、至上性和压倒性仍然作为一种不受挑战的重大范式，那么对于这种适应性具有“创造性”本质的反复重申就是一个“空心环”(a hollow ring)。创造性归结为纯粹的利己、聪明和取巧，是狡猾的人显露出来以将不友好的环境转为已用的东西。机灵的股票交易员或圆滑的商人为这种特定的创造性提供了一种现成的模式，正是严酷、残忍、暴力的异化世界构成了人类生存的条件。但是，正如我们希望与哈贝马斯一起反对的：

> 社会不仅仅是一个自我维持的系统。力比多 (libido)，这种个体表现出来的诱人的自然力量，将自身从自我维持的行为系统中超脱出来，而受到乌托邦式的满足的驱使……纯粹的生存从根本上讲始终是一种历史现象。因为它要符合社会将自身作为一种美好生活的标准。[①]

世界上所有的人类活动至少在两个方面超越了纯粹的生存逻辑：人们着手进行的一项计划的存在价值通常完全按照他们评估这项计划的吸引力的一系列标准来推进，而且推动他们前进的总是一种**应当实现**的理想状态，而不是**可以实现**什么的认识。 *135*

马克思在很久以前就详尽地讨论了人类的这种显著特性（而且也正是我们希望在宣称人类是唯一“文化的动物”时所希望找准的唯一特征）。

> 诚然，动物也生产。动物为自己营造巢穴或住所，如蜜

① *Knowledge and Human Interest*, Heinemann, 1972, p.312-313. English trans. by Jeremy J. Shapiro.

> 蜂、海狸、蚂蚁等。但是，动物只生产它自己或它的幼仔所直接需要的东西；动物的生产是片面的，而人的生产是全面的；动物只是在直接的肉体需要的支配下生产，而人甚至不受肉体需要的影响也进行生产，并且只有不受这种需要的影响才进行真正的生产；动物只生产自身，而人再生产整个自然界；动物的产品直接属于它的肉体，而人则自由地面对自己的产品。动物只是按照它所属的那个种的尺度和需要来构造，而人却懂得按照任何一个种的尺度来进行生产，并且懂得处处都把固有的尺度运用于对象；因此，人也按照美的规律来构造。
>
> 因此，正是在改造对象世界的过程中，人才真正地证明自己是**类存在物**。这种生产是人的能动的类生活。通过这种生产，自然界才表现为**他的**作品和他的现实。因此，劳动的对象是**人的类生活的对象化**：人不仅像在意识中那样在精神上使自己二重化，而且能动地、现实地使自己二重化，从而在他所创造的世界中直观自身。①

当人类处在自由状态，也就是没有要确保其生存的手段的直接需要，且没有来自生理需要的沉重压力，此时的创造力是最好的。事物的秩序恰好与文化认同和适应性生存所隐含的制度相反。人类的创造力并不会在应对敌对环境的压力时产生，实际上创造力只有在压力减弱或者完全消失时才能得到完全发展。这让我们马上想到亚伯拉罕 · 马斯洛（Abraham H. Maslow）提出的具有相同

① *Early Texts*, ed. D. McLellan, Oxford University Press, 1971 , pp.139-140.

主旨的现代版本，即匮乏性需求（deficiency needs）与成长需求（needs of growth）之间的区别，前者是人与动物都具有的，后者只有在匮乏性需求得以满足之后才会涌现（“成长并不只被看作对基本需求的逐渐满足以至于到达使其‘消失’的程度，而且被视作凌驾于这些基本需求之上的特定的成长动力，比如天赋、能力、创造倾向、体质上的潜能”）。只要原始的、动物的匮乏性需求还激发着人类，那么“有机体的主要目标就是摆脱恼人的需求，从而停止焦虑，实现一种平衡、稳定、静止，一种没有痛苦的休息状态……[相反] 对成长的欲望没有被需求的满足缓和，反而被需求的满足调动起来……成长的动机为了遥远且常常是难以达到的目标而保持着张力……新经验不是通过任何外在标准证实*自身*。它是自我证成的，自我确认的”[1]。

只有成长的动力，比如文化，才是人类所真正特有的。适应性的、为生存奔忙的人还不是完整的人；只有为存在于世界中的真正的人类存在方式扫清道路时，他们机械的、强制性活动才获得了人的意义。人性是唯一超越生存层次产生的已知规划，它能够超越决定论王国，让实然从属于应然。人类的文化远不是一种 *136*
适应的技艺，而是拆毁作为人类释放创造力的最大障碍——适应的藩篱——的最勇敢的尝试。文化与特定的人类存在同义，是为从需求中解放出来的自由与创造的自由作出的无畏冲击。它是对安稳的动物生活的果断拒绝。用桑塔亚纳的话来说，文化就是一把不断刺向未来的利刃。

① *Toward a Psychology of Being*, Princeton, Van Nostrand, 1962, pp.24, 27-29, 43.

换一种稍微不同的方式讲，文化代表着埃尔文·斯特劳斯在将人称作“一种会探寻的存在”时出现在他脑海中的那种东西，人会“突破感知现象的范围”并且“超越即时的现在”[①]。或者说，文化代表着梅洛－庞蒂的“模糊的人类辩证法”所意指的那种事物：“它首先通过社会或文化结构呈现，它们的外观正是拜它所赐，也正是在社会或文化结构中它囚禁了自身。但是如果产生它们外观的活动没有把抵抗和超越它们当作自己的意义，那么它的使用对象和文化对象将不会是现在这样。”[②]从这个意义上讲，文化组成了以下的人类经验，即它不断缓解着理想和现实之间的不一致性，通过不断暴露现实的局限和不完美而使得现实有意义，不断将知识和兴趣相融合；或者不如说，文化是一种人类实践模式，这种模式中知识和兴趣是合二为一的。与实证科学的立场相反，文化的立场建立在以下假设上，即现实的、可触摸和可感觉的存在——已经完成、沉淀并且客观化了的存在——既不是唯一且最为权威的，更不是知识所感兴趣的唯一对象。现实的未完成性、不完整性和不完美性及其缺陷性和脆弱性加固了文化的地位，正如毋庸置疑和至上权威的现实支持了实证科学一样。

在异化社会中，文化所具有的这种不可动摇的本质常会被遮蔽和隐藏起来。随着控制中心安全地转移到个人能力 (*qua* person) 所及之外，所有关于文化上的突出的、不受约束和难以驾驭的假

① *Phenomenological Psychology*, London, Tavistock, 1966, p.169.English trans. by Colin Smith.

② *The Structure of Behaviour*, London, Methuen, 1963, p.176. English trans. by Alden L. Fisher.

设都作为与社会无关的另类偏差呈现出来。正如马尔库塞所说：

> 先进的工业文化中主导性的思想及研究风格倾向于将这些规范化的概念等同于它们在社会现实上的普及，或者不如说它们以社会将这些概念转变为现实的方式作为规范来尽可能地加快这种转变；未转变的残余被认为是淘汰掉的漏网之鱼。①

在一个异化社会中，与超验现实的专制性具有智性相关性的事实是，文化要求只有作为现实所谓的属性或描述时才能维持其智性地位及尊严。这就相当于假设这些文化要求被合并为一个既成存在（accomplished Being）。任何足够明确拒绝这一假设的说法都被驱逐到“不可化约的主观性”的范畴，且被变为一种纯粹私人的、不可交流的事件，被编造成关于孤独的、具有悲哀渴望的不满足的自我的永恒悲剧，而只能通过罔顾社会现实所能获得的那种自 137
由的安抚性哲学才得以缓解。在这个完全人格化的、固执的主观性的外表下，这一既成存在被作为一种人类的集体性计划而从文化的范围中驱赶出来。它被剥夺了对所有文化来说都最重要的属性，即它的评判能力，基于其被假设和被争取的凌驾于现实的至上性。将文化未完成的内容转到主观的人所具有的自我完善和自我解放上，意味着在人与人之间的、社会性的层面上向现实不可撼动的至高无上性妥协。马尔库塞会说，与异化社会相关联的实证主义，“用其概念和方法指代生活在被管控的世界中的人们那被

① ‘A redefinition of culture’, in *Science and Culture*, ed. Gerald Holton, Boston, Houghton Miffin, 1965, p. 225.

限制和压抑的经验，并且将非行为的概念贬低为形而上学的混乱。由此，诸如自由、平等、正义、个体思想的历史合法性恰恰在于它们还未完成的内容——也是因为这一点它们不能被适用于既定的现实，现实从未也不能将它们进行合法化，因为它们正是被应该实现这些思想的制度的功能拒绝了”。

文化的历史作用针对于这种拒绝，也在于重建这些制度的不懈努力。文化只能作为对现存社会现实进行的理性和实践上的批判。

现在，社会学正如它历史性地出现并形成的那样，作为一种实证科学它渴望与其他无可指摘的学科共享所有的希望和焦虑。它接受科学标准的普遍效力。正如韦伯所说，“社会学是关于探索而非发明的学科”[①]。它的目的只在于对一类现实进行解释，无论这种特定种类的现实的特征和唯一性是什么。实证主义最近变成了一个时髦而令人满意的标签，只要人们不喜欢其他社会学家明示或隐含的方法论前提，就把这个标签贴上去。然而这种情况不应该降低我们对以下事实的警觉，即无论是真正的还是假想的实证主义者以及他们主张理解社会学（*verstehende*）的对手都无条件地赞同实证科学的根本性原则，比如价值中立或解释所具有的因果关系本质 [正如朗西曼（Runciman）恰当指出的，“当通过自由选择目标这一最有效的方式遵循自我意识的追求时，人类行动是更容易解释而非更不容易解释的”[②]]。无论是通过社会学

① W. G. Runciman, *A Critique of Max Weber's Philosophy of Social Science*, Cambridge University Press, 1972, p.16.

② W. G. Runciman, *A Critique of Max Weber's Philosophy of Social Science*, Cambridge University Press, 1972, p.17.

家值得称赞的谦逊，还是通过他们仍然没有痊愈的自卑情结，我们都通常倾向于忽视并贬低社会学受限于实证科学范围时所积累的大量技巧上有价值的知识。并且，社会学在追求记录事实和科学解释中越是精确和熟练，就越是可能出现接连爆发的不同意见，这些意见不亚于是对整个社会学纲领的全盘否定。就好像一种近乎神经质的自虐和自我恐吓的倾向嵌入了作为一种人类追求的科学的社会学的结构中。就好像社会学的发展必然永远像它至今所呈现出来的那样曲折和忧虑重重，并且伴随着永恒的循环和倒退。

社会学循环上演的奇特戏剧太不重要了以至于没有被认真对 138
待。但是，更不为人所知且仍然没有得到清晰理解的是，很多试图将社会学从跑步机上单调疲乏的循环中解放出来并带上直线轨道的努力都是没有结果的，因为从一开始它们就掺杂了对社会学规划真正本质的误解。这些努力在于对现实焦点永无止境的重新定位——从人类情境到对它们的定义，周而复始。无论焦点当前的定位如何，它总是被作为一个已经完成的、完整的、本质上彻头彻尾的现实置于一个学者面前，即处在一种可以通过实证科学手段处理的状态中。对于探索的思想而言总是有一项任务横在面前，就是在人类现实的范围内理解人类现实，（套用黑格尔众所周知的格言）就像理解“失去生命脉动的尸体”①。

然而，重点是就人类事务而言我们相信受到这种方法论限制的认知视野足够涵盖所有相关主题，这种信念只能建立在人类世

① ‘A corpse which had left behind its living impulse’, Hegel, *The Phenomenology of Mind*, London, Allen & Unwin, 1964, p.69.English trans. by J. B. Baillie.

界会永远保持它的“自然”特性的假设上，这就相当于假设社会也会永远维持在异化状态。只有这样，人类生活的逻辑才会不断强化实然凌驾于应然的至上性的表面合理性。文化作为对现实的批判性拒绝，可以合理地不被视为一种自治的、具有稳固基础和可靠标志的知识，而是最多被看作实证研究的众多对象之一。在对文化这种智识上的贬损当中我们可以轻易地发觉人们对于文化在实践中的卑微地位的精神映射。正如赖特·米尔斯所忧虑指出的，社会学想象力的消失仅是对一种过于成功地保卫了自身结构性原则的社会现实的必要补充。随着控制工具被安全地放在人们远不能触及的地方，在将所谓自由（liberties）、社会公平和虚假的个人主义神圣化的现存制度中消除文化对自由（freedom）、平等、主观性的呼求将是没有任何困难的。对于向现在提出未来导向的挑战的文化立场也是一样；对未来直白的歌颂被贬低为一种猎奇——未来是为已经完成且限定的现在所捕捉、所具体化、所囊括、所嵌入的。这种被压缩在现在肤浅的即时性中的快时尚风格取代了未来取向的主导性文化规范。一些作者学着广告人将骗局变成大众信仰，并将现在丢弃和丧失了赋予意义的文化的单调、空虚、乏味和混乱称为“未来恐惧”（future shock）。结果就造成了“现代进步的危险，这种现代进步奇怪在既没有过去也没有未来，由此仅沉迷于保持服从”[①]。

在人类状况和生活中，文化是唯一将人类现实的知识与人类对自我完善的兴趣合二为一的面向。文化也是唯一坦然于自己的

① John O'Neill, *Sociology as a Skin Trade:Essays Towards a Reflexive Sociology* , New York: Harper Torchbooks, 1972, p.19.

党派性及其偏见的知识。文化也因此是唯一足够勇敢到可以为世界提供意义的知识，而不是让人粗暴地相信（或假装相信）意义 139 就躺在那里，是现成的和已完成的，仅等待被发现和了解而已。因此，文化是异化的天然对手。它不断地质疑现实自诩的智慧、静好和权威。

因此，我们的主张是不应将文化的作用作为社会学探究的众多范畴或者说对象之一，而应理解社会学借用文化立场可能开启的广阔认知空间。采取文化立场并不需要排斥那种支撑着实证主义纲领的态度，然而它的确隐含着要超越被这种态度合法化的问题和方法论工具的范围。在不挑战将知识和现实之间的一致性作为真理的科学追求的同时，文化立场拒绝默许实证科学的狭隘态度，也拒绝其宣称的只有那些我们以过去的方式可触及的、已完成的、可感知的经验现实才能称为有价值的知识的标准。虽然认为未来具有不可还原为过去的特性，文化的立场仍然承认现实的多样性。它按照实证科学探究现实的方法探索了一系列领域，其中包括可能的、潜在的、向往的、渴求的甚至是不大可能出现的世界。这种社会学的观念很接近约翰·加尔通（Johan Galtung）曾迟疑地提出的建议，但是很遗憾我们的学科至今似乎还没有注意到它。社会学家的任务之一，加尔通说道：

> 不只是为了揭示可以解释经验存在的机制及预测会发什么。社会学应该逃脱经验存在的束缚和狭窄范围的预测，从而进入所有可能的社会范围。也就是说，人们应该假设经验上发现的社会秩序只是所有可能秩序中的其中一个，所以即

> 便碰巧发现了，也不应该被给予过分的重要意义……对于科学应该具有实现预测的目标，这没有什么好争论的，但我们感到应该存在一种关于思考方式的争论，关于总是在问“在这种条件下会发生什么”而永远不问“可能发生变化的整个范围有多大以及在这个范围中出现不同状态的社会系统的条件是怎样的”。我们需要揭示机制以解释和预测，但是对于那些想要构建一种社会秩序的人来说，这些机制对打开可能性的范围也是必不可少的。①

所有生灵中只有人类能够挑战他所面对的现实，并且需要更深层次的意义、公正、自由和良善——无论个人还是集体。从这个意义上讲，文化对人类来说是独一无二的。因此，规范和理想并不是会蒙蔽人类认清自身状况的现实的形而上的前理性思维残余。相反，规范和理想提供了一种唯一的视角，从这种视角出发人类的自身状况被视作人类现实并获得了人类的维度。只有采用这一视角，社会学才能除了作为一门科学之外上升到人文学科的高度，并由此摆脱那个萦绕于社会学历史的看似不可解决的古老困境。

140 到那时，也只有到那时，社会学才可以与人类实践直接接触 [否则，就会出现像朱尔斯·亨利（Jules Henry）所说的那种窘境，即“人文学科可能在所有地方脱离人性。显然，由此人类将会厌恶人文学科”]。实践不会在实然和应然之间进行区分，把“在外部”的前者视作强大而毋庸置疑的，把“在内部”的后者视作脆弱而可疑的；它也不会在知识和兴趣之间作出区分，把前者作为可靠

① In *Sociological Theories in Progress*, vol. I, ed. Joseph Berger, Morris Zelditch Jr. and Bo Anderson, Boston, Houghton Mifflin, 1966, p.179.

而值得歌颂的，把后者作为残缺和可耻的。人类通过文化得以处在一种持续的反叛状态，正如阿尔伯特·加缪（Albert Camus）所说，他在反叛状态中同时实现并创造自己的价值，这种反叛不是智识发明，而是一种人类的经验和行动。[①]只要人类实践保持着亵渎神明和不可战胜的反叛本质，卡桑德拉[②]式的（cassandric）关于世界将会失去意义的预言就会且一定会受到轻视，并且丧失其凶险、麻痹的作用。世界的无意义性只是以一种扭曲的方式说，异化社会就是强迫人卑躬屈膝地向所谓的正确和赋予世界以意义的能力（只有**他**才能拥有这项能力）投降。而将其任务和视野局限在实证科学的人类知识，将要对支持和强化了这种丧失人性的投降负责。

正如离经叛道而又罗曼蒂克的马克思主义者阿纳托利·卢那察尔斯基（Anatol Lunacharsky）所说：

> 马克思不可能成为一个世界中心主义（cosmocentric）的思想家，因为对他而言人类实践才是唯一真实的世界……我们唯一确切了解的事物就是人类，我们从自身内部可以感受到人类的生命、心跳和富有张力的能量。对我们而言，这是创造一切的力量，是鼓舞我们的源泉，是鲜活的真理，是美，是善，是这一切的根源。[③]

① Cf. Thomas Hanna, *The Thought and Art of Albert Camus*, New York, Henry Regnery, 1958, p. 79.

② 卡桑德拉（Cassandra）为希腊、罗马神话中特洛伊的公主，阿波罗（Apollo）的祭司。因神蛇以舌为她洗耳或阿波罗的赐予而有预言能力，又因抗拒阿波罗，预言不被人相信。——译注

③ *From Spinoza to Marx* (orig. 1925). Quoted from the Polish edition in *Pisma Wybrane*,vol. 1 , Warsaw, Książka i Wiedza, 1963, p.110.

主题索引

人名索引

译后记

译者隐藏在译文背后，但译者总是存在的。一个译后记的作用，大概就是袒露这一存在，同时做出一些坦白。鲍曼复杂幽深的思想，总是以长难句的形式表现出来，偶尔穿插诗意化的类比和欲抑先扬的幽默。为了最大限度地还原鲍曼的思想与个人风格，在忠于一长串形容词、副词的逐个翻译与遵循中文表达习惯中的某种简练之间，我总是会选择前者，尽量把个人发挥降到最低。拿不准的疑难概念和词句，郑莉老师之前的译本提供了宝贵的参考，最后译有不同之处，留给读者斟酌。文中出现的法文、德文、希腊文等，请教了精通这些语言的朋友，他们是李依霙、武逸超和严赋憬（蛋哥），谢谢他们的帮忙。

这本书首次出版于 1973 年，1999 年重印时，鲍曼添加了长达 49 页（英文原版）的导言。书中讨论的很多现象和问题其实并未过时，鲍曼对它们的论述，如今读来仍旧十分犀利，应该不会让文化研究、文化人类学、文化社会学等领域的朋友们感到失望。这本书能够重新回到读者的视线，离不开中国人民大学出版社编辑们的努力，希望再版本身的价值能够让翻译中可能出现的错漏和瑕疵得到原谅。

苏婉

2022 年 2 月于上海

Culture as Praxis by Zygmunt Bauman

English language edition published by SAGE Publications of London, Thousand Oaks, New Delhi and Singapore, © Zygmunt Bauman 1999

Simplified Chinese edition © 2022 by China Renmin University Press.

图书在版编目（CIP）数据

作为实践的文化 /（英）齐格蒙特 · 鲍曼（Zygmunt Bauman）著；苏婉译 .-- 北京：中国人民大学出版社，2022.4

（社会学译丛）

ISBN 978-7-300-30438-0

Ⅰ . ①作…　Ⅱ . ①齐…②苏…　Ⅲ . ①文化社会学 - 研究　Ⅳ . ① G05

中国版本图书馆 CIP 数据核字（2022）第 042472 号

社会学译丛

作为实践的文化

［英］齐格蒙特 • 鲍曼 (Zygmunt Bauman)　著

苏婉　译

Zuowei Shijian de Wenhua

出版发行	中国人民大学出版社		
社　　址	北京中关村大街 31 号	邮政编码	100080
电　　话	010-62511242（总编室）		010-62511770（质管部）
	010-82501766（邮购部）		010-62514148（门市部）
	010-62515195（发行公司）		010-62515275（盗版举报）
网　　址	http://www.crup.com.cn		
经　　销	新华书店		
印　　刷	涿州市星河印刷有限公司		
规　　格	145 mm × 210 mm　32 开本	版　　次	2022 年 4 月第 1 版
印　　张	10.875 插页 3	印　　次	2022 年 4 月第 1 次印刷
字　　数	231 000	定　　价	59.00 元